# Die unzivilisierte Zivilisation

*Horst Kurnitzky* ist Philosoph, Religionswissenschaftler und Architekt und lebt als freier Autor und Publizist in Berlin und Mexiko. Er ist Autor von *Die Triebstruktur des Geldes* und *Der heilige Markt* und veröffentlichte zahlreiche Artikel u.a. in *Freibeuter, Kursbuch, Lettre International* und der *Frankfurter Rundschau*.

Horst Kurnitzky

# Die unzivilisierte Zivilisation

Wie die Gesellschaft ihre Zukunft verspielt

Campus Verlag
Frankfurt/New York

Die Deutsche Bibliothek – CIP-Einheitsaufnahme

Ein Titeldatensatz für diese Publikation ist bei
Der Deutschen Bibliothek erhältlich.

ISBN 3-593-36776-9

Das Werk einschließlich aller seiner Teile ist urheberrechtlich geschützt. Jede Verwertung
ist ohne Zustimmung des Verlags unzulässig. Das gilt insbesondere für Vervielfältigungen,
Übersetzungen, Mikroverfilmungen und die Einspeicherung und Verarbeitung in
elektronischen Systemen.
Copyright © 2002 Campus Verlag GmbH, Frankfurt/Main
Umschlaggestaltung: RGB, Hamburg
Satz: Fotosatz L. Huhn, Maintal-Bischofsheim
Druck und Bindung: Druckhaus Beltz, Hemsbach
Gedruckt auf säurefreiem und chlorfrei gebleichtem Papier.
Printed in Germany

Besuchen Sie uns im Internet: www.campus.de

# Inhalt

Die Mont Pèlerin-Gesellschaft. Freiheit versus Knechtschaft. Historische Grundlagen des Marktes: Opfer-Geld-Tausch. Luca Pacioli, ein Held der Renaissance. Kapitalismus und doppelte Buchführung. Adam Smiths Konzept. Tausch und täuschen. Hermes, der Gott der Diebe und Kaufleute. Ökonomischer Fundamentalismus. Neoliberalismus, ein Pseudonym. Vom Gewinnprinzip zur Globalisierung. Die unsichtbare Hand, eine Schicksalsmacht. Der befreite Markt und seine Widersacher.

Ziel der neuen Ökonomie: Austerity und Geldwertstabilität. Quellen der Sparwut. Sparen durch Vernichtung. Ein Konzept des 20. Jahrhunderts: die soziale Wirtschaftsverfassung. Etymologisches über das Sparen. Renaissance destruktiver Sparmaßnahmen.

Globalisierung der Gewalt. Kriege und Bürgerkriege. Fremdenfeindlichkeit. Kampfsprache der Wirtschaft. Kriegsmoden und Kriegsspielzeug. Aggression und Autoaggression. Gewalt und Geschlechterspannung. *Free Market* als Kampfplatz. Gournays Motto. Überleben, ein Naturgesetz. Kapitalkonzentration und Gewalt.

Emigration und Kultur. Austausch und Welthandel. Kolonialwaren: Tabak und Rum. Der Tango zum Beispiel. Tomaten und Kartoffeln. Gesellschaftsbildung durch Kaffee. Globalkapital. Vermarktung der Einheitskultur. Mediale Globalisierung. Standort Global Village.

Omnipräsenz im Cyberspace. Zeit ist Geld. Das Schicksal der Primärsinne. Wir glauben, was wir sehen. Das virtuelle Bild, eine Halluzination. Kultplatz im Internet. Das Museum: Ort der Erinnerung oder Hall of Events? Eine Welt des Verschwindens. Elektronischer Mystizismus. Heimkehr in die Netzgemeinschaft.

Die Börse als Modell. Thales von Milet, ein erster Monopolist? Von der Handelskompanie zur Aktiengesellschaft. Die Kapergesellschaften – Fortsetzung des Handels mit anderen Mitteln. Tulpenfieber in Holland. Futures und Derivate – Wetten über Wetten. Schneller, schneller, schneller. Der Crash von 1929. Die Gesellschaft der Zukunft – eine Aktiengesellschaft.

Aberglaube und Massel. Tyche und Fortuna, zwei Schicksalsgöttinnen. Zufall und Notwendigkeit. Orakel der Pythia. Hasard: wie die Würfel fallen. Lotto und Lotterie: Unternehmen der Geldbeschaffung. Machiavelli: Dammbau gegen das Schicksal. Weltmarkt, Gewalt und Glaube. Zivilisation in der Krise.

# Vorwort

Wir sind Zeugen einer schweren Krise der Zivilisation, deren Konsequenzen noch gar nicht abzusehen sind. An die Stelle möglichst gewaltfreier Formen der Konfliktlösung, die einem Regelwerk von Vereinbarungen und Gesetzen folgen, tritt zunehmend der Einsatz direkter Gewalt, um eigene Interessen durchzusetzen. Egal ob es sich um Raub und Überfälle, religiösen oder ethnischen Wahn, um terroristische Angriffe von Gruppen oder Staaten auf Individuen oder um die Durchsetzung ökonomischer Interessen mit den Mitteln außerökonomischer Zwangsgewalt handelt: Es gilt das Recht des Stärkeren, und der bewaffnete Kampf droht zur weltweit bevorzugten Form sozialer Auseinandersetzung zu werden.

Das Ziel, in einer um fortschreitende Zivilisierung bemühten Gesellschaft den Ausgleich von Interessen zu suchen und die Menschenrechte der einzelnen Individuen zu schützen, ist der Durchsetzung egoistischer Gruppeninteressen geopfert und die Sicherheit der Individuen zu einer Privatangelegenheit gemacht worden, wenn sie nicht im Gefolge der Forderung nach öffentlicher Sicherheit einem Staatsapparat als wohlfeiler Vorwand dient, die Freiheit der Individuen einzuschränken. Wir erleben eine Globalisierung der Gewalt, gegen die sich Bürger bewaffnen und mit festungsartigen *Gated communities* zu schützen versuchen, Kriege und Bürgerkriege, die sich wie Flächenbrände über Ländergrenzen hinweg ausbreiten und ganze Gesellschaften auslöschen. Der Genozid gehört längst konstitutionell zu den Instrumenten des religiösen Fundamentalismus und des ethnischen Totalitarismus.

War es über Jahrhunderte die Gesellschaft, welche die Rahmenbedingungen der Wirtschaft bestimmte und den inneren Frieden des

Marktes garantierte, so entscheiden heute partikulare Interessen wirtschaftlicher Macht über alle Formen des sozialen Lebens bis ins Detail des individuellen Alltags. Tendenzen, die dem Prozess der gesellschaftlichen Entwicklung seit der Zeit der Renaissance, also seit Beginn der Weltwirtschaft innewohnten, bringen das Gefüge der Gesellschaft zur Explosion, um einem neuen Verhältnis von Wirtschaft und Gesellschaft zum Durchbruch zu verhelfen. Das uneingeschränkte Gewinnprinzip der neoliberalen Wirtschaftsauffassung mündet in letzter Konsequenz in eine Aufforderung zur physischen Gewaltanwendung.

Die Assoziation freier Individuen in einer Gesellschaft, in der jeder Einzelne immer auch die Gattung repräsentiert, wird zugunsten von wiederbelebten und neu erfundenen sozialen und religiösen Gruppen aufgegeben. Religionsgemeinschaften und Ethnien erkennen weder die Menschenrechte noch sonst einen Universalismus an, sie sind von Feindbildern und Ausschlussverfahren geprägt. An die Stelle eines *Contrat Social*, der Individuen und Gesellschaft verbindet, ist ein allein an wirtschaftlichem Erfolg orientierter Partikularismus getreten. Wo einmal emphatisch für das selbstbewusste Individuum geworben wurde, wird heute dem vom Gewinnprinzip rationalisierten Egoismus das Wort geredet. Darum konnte Margaret Thatcher, die eiserne Lady des Neoliberalismus, auch sagen, dass es so etwas wie eine Gesellschaft gar nicht gebe. Mit dem Individuum als selbstbewusstem, verantwortlich handelndem Subjekt verschwindet auch der Privatbereich, er wird so öffentlich, wie alles Öffentliche zur Privatsache. Damit ist die Gesellschaft als historisches Subjekt aufgegeben. Genau genommen handelt es sich um einen Subjekttausch, in dessen Folge nicht mehr die Gesellschaft der privaten Wirtschaft ihren Rahmen absteckt, sondern umgekehrt die partikularen Kräfte des Marktes den Fragmenten einer in Auflösung begriffenen Gesellschaft ihren Platz zuweisen.

Die aktuelle Metamorphose der Gesellschaft scheint Ergebnis eines radikalen Bruchs mit ihrer eigenen Geschichte zu sein. Sie nimmt Abschied von einer Utopie, die seit über 200 Jahren das große Ziel der Politik des Okzidents war: eine demokratisch verfasste Gesellschaft autonomer Individuen, welche die Formen ihres Zusammenlebens selbst bestimmen. Durch Deregulierung der Wirtschaft und der daraus resultierenden Konzentration ökonomischer Macht in wenigen Händen wird die Gesellschaft von großen Wirtschaftsunternehmen beherrscht, die global agieren, politische Kampagnen finanzieren, Politiker korrumpieren und demokratische Wahlen zu einer Farce werden lassen. Von kommerziellen Werbeunternehmen konzipierte Wahlpropaganda ist vom Show Business der Eventkultur nicht mehr zu unterscheiden. So wird Politik zu einer Ware der Unterhaltungsindustrie, und das Wahlvolk wählt – ohne jede Sachkenntnis – Politiker wie Popstars.

Mit der Abwendung von Aufklärung und Reflexion haben die Verfechter des radikalen Wirtschaftsliberalismus zugleich alle humanistischen Ziele aufgegeben und sich in Apologeten rücksichtsloser gesellschaftlicher Konkurrenzkämpfe verwandelt. Wie das Risiko zur Leitkultur erhoben wurde, hat sich die Börse in ein Modell für die Gesellschaft verwandelt. Der Kampf ums Dasein in seiner nackten Form breitet sich auch in der so genannten zivilen Gesellschaft aus. In weiten Bereichen bestimmt das Gegensatzpaar *Winner-Loser* das Verhältnis der Individuen zueinander. Die damit verbundenen sozialen Zerstörungsprozesse provozieren jedoch nicht eine Reflexion über das Verhältnis von Wirtschaft und Gesellschaft oder über die Lebensperspektiven und Ziele der Individuen, sie bereiten allein einer Reihe um Einfluss kämpfender Heilsbewegungen den Boden. Diese sind die wahren Erben der totalitären Bewegungen des 20. Jahrhunderts, Organisationen, die von ihren Mitgliedern Unterwerfung und die Aufgabe jedes Eigensinns verlangen.

Katastrophenangst und -faszination begünstigen weltweit fundamentalistische Erlösungsbewegungen, die, wie im Mittelalter, gegen das Elend aufbegehren und einen Ausweg aus der allgemeinen Krise versprechen. Die Rückkehr zu zeitlosen Mythen und eine Tendenz zur Mystifizierung der Welt scheinen ein wesentliches Charakteristikum dieser Bewegungen zu sein. In diesem Zusammenhang fungiert der Neoliberalismus, also der Glaube, dass eine unsichtbare Hand das Schicksal von Individuen und Gesellschaft lenke und zu Wohlstand führe, als eine weitere Variante im Verein der neuen fundamentalistischen Heilslehren, die durch einen antiaufklärerischen Grundkonsens verbunden sind. Anstatt die Gesellschaft über sich selbst und ihre Ziele aufzuklären und ihre Perspektiven zu reflektieren, wird von einer dunklen, mystischen Kraft das Heil der Welt erwartet.

Ausgerüstet mit den Mitteln modernster Technik, regrediert die Gesellschaft auf autoritäre Sozialstrukturen, verbunden mit mittelalterlicher Schicksalsgläubigkeit. Während der Markt und die industrielle Produktion weiter wachsen und Technik und Naturwissenschaften auf dem eingeschlagenen Weg ihren eigenen Regeln folgend fortschreiten, scheint sich die innere Rationalität der Gesellschaft, die einst Markt und Technik die Ziele vorgab, aufzulösen. Was einmal gesichert erschien, eine Solidargemeinschaft autonomer Individuen und soziale Vernunft, verflüchtigt sich im Dunst fortschreitender Unsicherheit und Perspektivlosigkeit. Ohnmächtig werden die Individuen in einen zufälligen, von einer unbekannten Kraft bestimmten Zusammenhang verwiesen. Ihnen bleibt allein der Glaube an eine Schicksalsmacht, deren Launen sie hilflos ausgeliefert sind. Die Wiederkehr des Glaubens ans Schicksal zeigt nicht nur der Glaube an eine unsichtbare Hand als Schicksalsmacht, sie zeigt sich auch im heute modischen Hang zu Zauber und Magie und dem Interesse an Hasardspiel und Zufall als Entscheidungsträger. Schon die Beschwörung von Sachzwängen versucht eine unerreichbare Schicksalsmacht für eine Realität verantwortlich zu machen, die tatsächlich von Menschen verursacht und darum von denselben Menschen auch korrigierbar ist.

Das sich ausbreitende Ohnmachtsgefühl, hilflos einer staatlichen oder ökonomischen Gewalt ausgeliefert zu sein, führt zu einer Regression in religiös oder ethnisch organisierte Gemeinschaften, die dem verunsicherten Individuum scheinbar Sicherheit gewähren. Identität ist das magische Stichwort, das die Heimatsucher beherrscht, sei es mithilfe romantischer Wissenschaft oder in erfundenen Ethnien und Religionsgemeinschaften. Dem daraus resultierenden religiösen und ethnischen Fundamentalismus entspricht aufseiten der großen Industrie die Corporate Identity, in der die Mitarbeiter aufgehen und sich als Individuen auflösen sollen. Allen gemeinsam ist die Unterwerfung unter eine reale oder auch imaginierte Autorität. Endlich nicht mehr selber denken zu müssen, endlich nicht mehr selber entscheiden zu müssen, wird als Befreiung empfunden. Dazu gehört die Unterdrückung sinnlicher Empfindungen und Bedürfnisse, die ja einmal zur Gesellschaftsbildung geführt hatten und überhaupt Ausgangspunkt jeder sozialen Vereinigung waren. An ihre Stelle treten Fluchtbewegungen in Sucht und Religion, in eine virtuelle Realität, der die sinnliche Basis jeder menschlichen Assoziation ausgetrieben wird. Die Zerstörung der Buddhas von Bamijan verrät, wie die Verhüllung der unbekleideten Brüste der Justitia im Washingtoner Justizministerium, eine Seelenverwandtschaft von Glaubenskriegern, die sich durch Unterwerfung unter ein höchstes Wesen von jeder persönlichen Verantwortung befreien.

Der Wiederkehr von Glauben und Subordination entspricht eine fast stammesartige, autoritäre Organisationsform auch in kommerziellen Großunternehmen. Teamwork ist nur ein anderer Ausdruck für die Unterwerfung unter eine vorgegebene Struktur. Mithilfe von Firmenhymnen und einem Logo geführte Betriebsgemeinschaften sind wie die Mafiafamilien der Drogenbosse Formen wirtschaftlicher Organisation, die gegen Autonomie und Selbstorganisation der Individuen immunisieren. Was in der Firma, gilt auch bei den Konsumenten: verbunden durch den Spruch »come together«, bildet sich die neue Gemeinschaft. Der neue Mensch ist ein autoritärer Konformist ohne jeden Eigenwillen.

Nun wird behautet, dass nach den Terroranschlägen auf das World Trade Center und das Pentagon am 11. September 2001 die Welt eine andere geworden sei. Es gelte, die Werte der Zivilisation zu verteidigen. Aber mit welchen Mitteln und Zielen geschieht das? Ein manichäisches Weltbild, das in kindlicher Einfalt nur zwischen Gut und Böse unterscheidet, der Aufruf zu einem Kreuzzug gegen andersgläubige Fanatiker, die Einschränkung der Bürgerrechte und die tendenzielle Aufhebung der Gewaltenteilung zeugen nicht gerade von Zivilität. Eine Gesellschaft, in der seit Anbeginn Religionsfreiheit herrscht, allerdings verbunden mit einem unverkennbaren Glaubenszwang, eine religiöse Grundstimmung sozusagen, will nun zu Fundamenten zurück, die ihre Gründerväter zweifellos nicht zu ihrer Unabhängigkeitserklärung bewegt hatten: Auge um Auge, Zahn um Zahn.

*Defending civilization* hat der konservative Akademikerrat ACTA seine Sammlung »unamerikanischer« Äußerungen von Intellektuellen, Professoren, Studenten und Journalisten genannt. Aber welche Zivilisation soll hier verteidigt werden? Eine nationalistische, unzivilisierte Zivilisation – also ein Widerspruch in sich –, deren Bürger laut Umfrage, im Tausch gegen einige vage Sicherheitsgarantien, ihre demokratischen Rechte aufzugeben bereit sind und damit der Zivilisation eine Absage erteilen? »Wir müssen verstehen«, schreibt Lynne V. Cheney in einem Vorspann, »dass in Freiheit leben eine so wertvolle Angelegenheit ist, dass Generationen von Männern und Frauen bereit waren, dafür alles zu opfern.« Wenn zu derartigen Opfern aufgefordert wird, gibt die Zivilisation ihre eigene Basis auf, nämlich die unveräußerbare Freiheit der Individuen.

Eine Demokratie kann ohne Primat der Politik nicht gedeihen. Sie hat dem Markt den Rahmen abzustecken, um Verwilderung Einhalt zu gebieten. Demokratische Kontrolle der Regierung und der Kapitalflüsse und Banken, Regulierung, also Unterbindung der Konzentration ökonomischer Macht und nicht Deregulierung der Wirtschaft wären darum eine Voraussetzung für die Entwicklung einer humanen Gesellschaft. Sollte es nicht gelingen, politische und ökonomische Menschenrechte in einer nicht nur formal demokratisch verfassten Gesellschaft durchzusetzen und zu garantieren, könnte das 21. Jahrhundert das Jahrhundert der von partialen ökonomischen Interessen geleiteten Ethno- und Glaubenskriege in einem globalen Bürgerkrieg werden.

*Horst Kurnitzky, Mexiko-Stadt, im April 2002*

# I

# Der befreite Markt

Was allein zählt, ist die Tatsache, dass im Kapitalismus jeder seines Glückes Schmied ist.

LUDWIG VON MIESES[1]

Ich meine, dass das Gesetz von Angebot und
Nachfrage grundsätzlich wirksam wird. Wenn
zum Beispiel eine Nachfrage nach armen
Leuten besteht, wird das Angebot steigen, um
die Nachfrage zu befriedigen.

MILTON FRIEDMAN[2]

Endlich von der lästigen Ost-West-Spannung und der damit verbundenen bürokratischen Alternative der sozialistischen Planwirtschaft
befreit, begann der radikale ökonomische Liberalismus nach dem Fall
der Berliner Mauer die Reste der Fesseln abzustreifen, die ihm von
sozialen Bewegungen und Ökonomen wie Keynes in den letzten
hundert Jahren angelegt worden waren. Von seinem neuen Zentrum
Chicago aus trat er unter dem Banner des Neoliberalismus seinen
Siegeszug um die Welt an. Das erklärte Ziel war und ist, den Markt
dem freien Spiel der Kräfte des Wettbewerbs zu überlassen, diese
Kräfte als einziges Regulativ anzuerkennen und zur Quelle sowohl
gesellschaftlichen Reichtums als auch individuellen Wohlergehens zu
erheben. Das heißt nichts anderes, als eine der großen Errungenschaften der Neuzeit, nämlich die zivile Gesellschaft mit ihren sozialen Sicherungssystemen, die das Individuum schützen und dem Egoismus Grenzen setzen, durch das Prinzip *Jeder ist sich selbst der Nächste*
zu ersetzen. So konnte Margaret Thatcher, die eiserne Lady des Neoliberalismus, denn auch behaupten: »There is no such thing as a society.«

Als der Zweite Weltkrieg beendet war, halb Europa in Schutt und

Asche lag und die unterschwellige Feindschaft der im Krieg gegen
die Achsenmächte Alliierten längst in einen kalten Krieg eskaliert
war, traf sich, auf Einladung von Friedrich Hayek[3], eine kleine Gruppe von Ökonomen, Historikern und Schriftstellern, um eine Gesellschaft zur Verteidigung des Liberalismus zu gründen, die *Mont Pèlerin-
Gesellschaft*. Der Name bezieht sich auf einen Schweizer Berg am
Genfer See, wo das Treffen stattfand. Unter den Teilnehmern befanden sich Karl Popper, Ludwig von Mieses, Milton Friedman, Walter
Lippmann und Salvador de Madariaga, also Persönlichkeiten, die sich
zu den Werten des Westens bekannten.[4]

Das war am 10. April 1947. Es ist nicht übertrieben, diesen Tag als
einen Geburtstag des Neoliberalismus zu bezeichnen, wenn man davon ausgeht, dass die Mitglieder dieses Clubs die radikale Beschneidung der Staatsmacht zugunsten eines absolut freien Marktes, in Verbindung mit der Totalherrschaft des Gewinnprinzips, in der ganzen
Welt als Dogma der Wirtschaftspolitik durchgesetzt haben. Sie waren
Lehrer an den für Wirtschaftspolitik wichtigen Hochschulen wie der
London School of Economics oder der Chicago University, sie berie-
ten die Weltbank, den Währungsfond und viele Regierungen der Ersten und der Dritten Welt, und sie verfügten über eine äußerst einflussreiche Lobby.

Zwar war die Bedrohung durch Nazismus und Faschismus gebannt, doch der Liberalismus schien den Mont Pèlerinianern gefähr-
deter denn je: Das Sowjetimperium konnte die Achsenmächte in
Europa und Asien beerben, viele nach dem Ende des Krieges unabhängig gewordenen Kolonialvölker standen sozialistischen Tendenzen näher als dem Kapitalismus ihrer ehemaligen Kolonialherren,
und kommunistische Parteien hatten überall in der Welt, bis ins west-
liche Nachkriegseuropa, einen großen Zulauf zu verzeichnen. In ihrem Gründungsmanifest erklärte die Mont Pèlerin-Gesellschaft deshalb die zentralen Werte der Zivilisation für bedroht, weil solche
Tendenzen gegen den wertvollsten Besitz des westlichen Menschen,
seine Würde und Freiheit, gerichtet seien, vor allem aber, weil die
höchsten Werte des Liberalismus, Privateigentum und freier Wettbewerb auf dem Markt, in vielen Staaten nicht zugelassen oder zumindest behindert würden. Über den Kampf gegen den Kommunismus

zielte die Agitation der Mont Pèlerin-Gesellschaft auch gegen den Wohlfahrtsstaat, in dem sie so etwas wie eine Vorform des Kommunismus witterte.

Die dem Neoliberalismus zugrunde liegende Auffassung, dass die Freiheit des Menschen vor allem im Schutz des Eigentums und seiner ungehinderten Nutzung, verbunden mit dem ebenso ungehinderten Austausch der produzierten Güter, begründet liege, ist nicht neu. In der amerikanischen *Bill of Rights* wie im Menschenrechts-Codex der Französischen Revolution wurden schon jene Grundrechte schriftlich fixiert, die bis heute zu den unverzichtbaren Gütern jedes Rechtsstaats gehören: der durch unabhängige Gerichte gesicherte Schutz von Freiheit, Gleichheit und Eigentum. Als am 8. Juni 1794 der Bürger Robespierre, mit Blumenstrauß und Fackel bewaffnet, in Paris die Religion der Humanität verkündete, war es bereits allgemeine Auffassung, dass die göttliche Natur, der letzten Endes alles zu verdanken sei, auch jene Kräfte in sich berge, die Glück und Wohlergehen der Menschen verheißen. Ihr uneingeschränktes Walten allein garantiere, glücklich und in Frieden leben zu können. Das von liberalen Ökonomen davon abgeleitete Ziel war die Abschaffung jeder hiermit als künstlich deklarierten Beschränkung von Handel und Industrie, damit die Menschen frei seien, ihre persönlichen Interessen zu verfolgen. Der Glaube, dass die persönlichen Interessen der Individuen natürliche Interessen seien, also ein Stück Natur, das sich durch die Geschichte der Zivilisation unverändert erhalten habe, dass die äußere Natur wie die Natur des Menschen also nicht als Produkt eben dieses zivilisatorischen Prozesses zu gelten hätten, ist Teil des Fundamentalismus der neoliberalen Wirtschaftstheorie.

Die Interpretationsmacht, und damit auch zu Teilen die politische Macht, die bis dahin den Statthaltern Gottes auf Erden zugefallen war, ging in der Aufklärung auf die Vermittler von Natur und Gesellschaft über. Mit derselben Autorität, mit der die kirchlichen Führer den Willen Gottes verkündet und ihre Interessen durchzusetzen verstanden hatten, konnten nun die liberalen Revolutionäre das Buch der Natur zitieren, die Gesetze der Natur interpretieren und, wo möglich, zu ihren Gunsten in Anspruch nehmen.[5] War es vordem der gütige oder auch zürnende Gott, der Wirtschaft und Gesellschaft lenkte, so ist es jetzt ein Naturgesetz, das als dynamische Schubkraft hinter der Wechselwirkung von Angebot und Nachfrage steht.

Die neue Religion der Humanität, die allein den Menschen als höchstes Wesen anerkennt, hat damit, in Unkenntnis der Entwicklungsgeschichte der Psyche des Menschen und ihrer sozialen Überformung, Bedürfnisse, wie zum Beispiel etwas haben zu wollen, in den Rang von natürlichen Daseins- und Äußerungsformen erhoben. Damit wird der Natur eine Geschichte abgesprochen: Sie bleibt immer die gleiche. Ungehindert die persönlichen Interessen zu verfolgen, heißt auch, unbewusst der biologischen Natur, also dem Gesetz der Wildnis zu folgen, wo der Instinkt alles ist, soziale Reflexion und Verantwortung aber ausgeschaltet sind.

Den allmächtigen und wohl auch ungerechten Schöpfergott durch die nicht minder mächtige, auf jeden Fall aber unmenschliche Natur zu ersetzen, bedeutet nun allerdings, die Gesellschaft einem noch weitgehend unbekannten Subjekt auszuliefern, das wie der Gott als Urheber auch der menschlichen Gesellschaft anerkannt wird, aber nicht für Mensch und Gesellschaft verantwortlich ist. Die Natur steht in keiner menschlichen Beziehung zur Gesellschaft wie die Gesellschaft in keiner menschlichen Beziehung zur Natur. Es gibt weder einen Vertrag noch eine Balance zwischen der inneren und der äußeren Natur. Liebe und Hass, auf denen die Gesellschaft aufbaut, sind Äußerungen der inneren Natur des Menschen, sie können vielleicht Gegenstand naturwissenschaftlicher Untersuchung sein, stehen der äußeren Natur aber unvermittelt gegenüber. Die Wut auf einen im Weg stehenden Baum erreicht diesen nicht. Die Natur spricht nicht, sie ist kein gesellschaftliches Wesen. Für das Gewinnstreben ist sie allein Widersacher und Gegenstand der Ausbeutung.

Die Gesetze der Natur, die der Liberalismus auch für Wirtschaft und Gesellschaft reklamiert, sind von einem von Unterwerfungsabsichten und Ausbeutung geleiteten Interesse formuliert. Ihr vorläufiger Charakter − Naturgesetze werden von der Wissenschaft immer als Hypothesen aufgefasst − weist über die Erweiterung der Naturerkenntnis, das heißt von dem Bild, das wir uns von der Natur machen, vor allem auf den Fortschritt der Techniken der Naturausbeutung hin. Francis Bacon lässt in seiner *Nova Atlantis*[6] einen Vertreter des

Hauses Salomon – eine Geheimgesellschaft oder ein Konsortium, heute wäre es eine Mega-Company – den Zweck des Unternehmens so erläutern: Das Haus Salomon hat die Aufgabe, der Natur ihre Gesetze zu entlocken, um sie zum Wohl der Bewohner von Neu-Atlantis – vielleicht einer Aktiengesellschaft – zu nutzen. Mit anderen Worten, im Buch der Natur zu lesen bedeutet, Herrschaft sowohl über die äußere Natur als auch über die innere Natur des Menschen zu gewinnen. Wer ihren Namen kennt, das heißt, wer ihre Gesetze erfasst, hat Macht über sie, wie uns das Märchen von Rumpelstilzchen lehrt. Für die liberalen Revolutionäre der neuen Wirtschaftsordnung war die Natur ein Gott und ein Dämon zugleich, wie eine archaische Kultfigur, die es in Dienst zu nehmen gilt.

Das Ziel menschlichen Strebens wurde so vom Himmel auf die Erde geholt. Denn das von der Religion verheißene Paradies musste zwar immer noch durch Opfer erkauft werden, war aber nicht mehr ein Ziel jenseits des irdischen Lebens, sondern schimmerte wie ein Irrlicht am Horizont des gesellschaftlichen Fortschritts. Allein die Akkumulation gesellschaftlichen und individuellen Reichtums, also das Streben nach Glück – im Wirtschaftsleben die unbeirrte Verfolgung egoistischer Interessen –, führen ins gelobte Land. So jedenfalls sah es schon die Unabhängigkeitserklärung der Vereinigten Staaten von Nordamerika vor. Das Streben nach irdischem Glück war fortan nicht nur ein Menschenrecht, sondern Pflicht. Im Land der unbegrenzten Möglichkeiten sind bis heute Jugend, Glück und wirtschaftlicher Erfolg die entscheidenden Requisiten gesellschaftlicher Anerkennung und gewinnbringender Tauschverhältnisse.

Der Tausch ist nach allgemeiner ökonomischer Auffassung die Grundlage jeder Gesellschaft. Sie lebt davon. Menschen tauschen Gegenstände, Waren, Dienste, Ideen und Worte aus, selbst ein Händeschütteln, ein Blick oder das Zusammentreffen unterschiedlicher Kulturen können Tauschakte sein. Vom Austausch profitieren die Tauschenden, weil er ihnen etwas verschafft, das vorher nicht in ihrem Besitz war. Seit der Zeit der rationalen Philosophie im antiken Griechenland gelten Tauschverhältnisse als unverzichtbare Bedingung für das Zusammenleben von Menschen. Wie und warum in der Geschichte der Zivilisation Tauschakten eine derart zentrale Rolle zukommt, ist Gegenstand wissenschaftlicher Untersuchung und Spekulation, common sense der Ökonomen aber:»Am Anfang war der Tausch.« Ohne Austausch sind weder Wirtschaft noch soziales Leben möglich.

Der noch heute aktuelle Begriff vom Tausch als universeller Grundlage der Gesellschaft stammt aus der Zeit der Aufklärung. Daniel Defoe erzählte in seinem Roman *Robinson Crusoe*, wie man sich den Beginn sozialen Lebens vorzustellen hat. Robinson lehrt Freitag Wissenschaft und Technik, während Freitag ihm im Austausch dafür dient. Der Roman beschreibt die Auffassung von der Entwicklung der Gesellschaft, wie sie von Philosophen und Wissenschaftlern im 18. Jahrhundert vertreten wurde: Menschen vereinigen sich aus rationalen Gründen, organisieren ihr Leben vermittels Arbeitsteilung und Austausch. Sie emanzipieren sich dadurch von der Natur. Tiere denken nicht in Äquivalenten, sie haben weder einen Begriff vom Tausch noch von der Arbeitsteilung oder gar vom Gewinn. Von Hunger, Durst oder Brunst angetrieben, sind sie allein auf Befriedigung physischer Bedürfnisse aus. Der Tausch markiert sowohl die Grenze zwischen Natur und Gesellschaft als auch deren Überschreitung. Und das universelle Tauschmittel ist die Scheidemünze. Sie verbindet und trennt zugleich.

So wie das Geld alles verwandelt und das Unmögliche möglich macht, kann es die Gesellschaft auch in die Apokalypse, in die Selbstauflösung und schließlich in die absolute Wildnis der Gesetzlosigkeit führen. Es bringt Menschen durch den Tausch zusammen und trägt zugleich zur Selbstzerstörung der Gesellschaft bei. Ein Tauschmittel, das sowohl verbindet und verwandelt als auch durch kein sittliches Gebot einzuschränkende Begierden weckt, das zivilisiert und die gleiche Zivilisation zerstört. Oder wie Shakespeare Timon von Athen sagen lässt:

(Vierter Akt, dritte Szene)

Gold? Gelbes, glitzerndes, kostbares Gold? Nein Götter,
Nicht darum bat ich: Wurzeln, reiner Himmel!
Soviel von *dem* macht schwarz weiß, häßlich schön,
Schlecht gut, alt jung, feig tapfer, niedrig edel.
Ihr Götter, warum dies? Ach, Götter, dies wird

Fortlocken von euch eure Priester, Diener;
Männern zerrt es die Kissen unterm Kopf fort:
Der gelbe Sklave da
Wird Religionen binden oder brechen;
Er segnet die Verfluchten, macht den weißen
Aussatz zum Ehrenmahl, gibt Dieben Aufstieg
Und Rang und kniende Bewundrung und
Sitz im Senat: Das ist es, was die Witwe,
Die abgebrauchte, wieder in die Eh' führt;
Sie, die noch im Spital die mit Geschwüren
Zum Brechen reizte, wird vom Gold so duftig
Schön wie April! – Komm, du verdammte Erde,
Gemeine Hure aller Welt, die Zwietracht
Säest unter Völkern! Ich lehre dich das tun,
Was deine Art ist. –

Und weiter:

Du süßer Königsmörder, teurer Trenner
Von Sohn und Vater! Strahlender Besudler
Von Hymens reinstem Bett! Du tapfrer Kriegsgott!
Du, ewig jung, frisch, zart: geliebter Freier,
Von dessen Röte der geweihte Schnee schmilzt,
Der liegt in Dianas Schoß! Sichtbarer Gott du,
Der du Unmöglichkeiten eng verlötest
Und sie zum Kuss zwingst, der in allen Zungen
Zu alle Zwecken sprichst! Du Herzensprüfstein!
Denk es: Dein Knecht, der Mensch, empört sich; Nun lass
Dank deiner Kraft sie alle sich zerfleischen,
Dass Tiere herrschen auf der Welt![7]

Vermag ein einfaches Tauschmittel, das aus praktischen Erwägungen
oder weil es sich anbot, weil es handlich und bequem zu transportie
ren war, aus reiner Zweckmäßigkeit also zum Tauschmittel ausge-
wählt wurde, eine solche Wirkung zu entfalten? Ein historisches Produkt, das allein aus der Notwendigkeit des Austauschs hervorging?
Verkörpert das Geld einen Widerspruch, der nicht mehr aufzulösen
ist? Als Mittel endloser Tauschaktionen fördert es Wohlstand und
Reichtum der Tauschenden – das behauptet zumindest die ökonomische Theorie –, und als Verkörperung absoluten Reichtums ist es zugleich Gegenstand des scheinbar nicht zu bändigenden Triebwunsches, etwas haben zu wollen. Der im Tausch verborgene und mit

jedem Tauschakt transportierte Konflikt zwischen Gesetz und Triebwunsch zerreißt die Gesellschaft und führt zu Betrug, Machtkämpfen, Mord und Totschlag, solange er nicht von der Gesellschaft selbst
dominiert und gebändigt wird.

Vorformen des Geldes als Tauschmittel gibt es, seit Menschen sich
in Gemeinschaften organisiert haben. Als Tauschmittel verkörpern sie
Opferverhältnisse und sind meist stilisierte Werkzeuge oder Symbole
der Opferpraxis: Muscheln und Schnecken, die das weibliche Geschlecht symbolisieren, Messer und Beile, die als Schlachtwerkzeuge
dienten, Opfertierdarstellungen und deren Produkte, stilisierte Opfer.
Man könnte auch sagen, am Anfang war das Geld, denn es verkörpert
als Tauschmittel die Opfergrundlage der Gesellschaftsbildung.[8] Dass
es sich bei den Vorformen des Geldes oft um weibliche Geschlechts-
symbole und Schlachtwerkzeuge der Opferpraxis handelt, wirft ein
Licht auf die Ökonomie in primitiven Gesellschaften. Egal ob die
reale Mutter oder die Mutter Erde, immer ist es ein Schoß, dem der
ganze Reichtum zu verdanken ist. Er wird zunächst durch ein weibli-
ches Opfer erkauft.

Natürlich kann alles Mögliche als Tauschmittel dienen, Bedingung
ist nur, dass es in einem substanziellen Zusammenhang zum Opferkult steht oder zumindest einmal gestanden hat. Darum waren viele
Tempel in der Antike zugleich Münzstätten. Das Wort Münze stammt
von Juno Moneta, an deren Tempel im antiken Rom die Münzen geprägt wurden. Die Münzstätte – eine Bank? Die Priester – Bankiers?
Die Götter – Kapitalisten? Das Geld entstammt einem Opferkult,
verkörpert und symbolisiert ihn und weist noch als Tauschmittel auf
die Opfer, die für den Zusammenhalt einer jeden Gemeinschaft von
Menschen gebracht wurden und ständig wieder gebracht werden
müssen. Opfer von Mitgliedern der Gemeinschaft selbst und deren
Stellvertretern, Tiere, Pflanzen und was immer in den Kreislauf gesellschaftlicher Reproduktion als Lebensmittel aufgenommen wurde.
Dienste und Arbeit, Fabrik, Schule, Verwaltung, Militär und viele gesellschaftliche Verkehrsformen, die auf Austausch beruhen, werden
durch eine Vielzahl von Opferbeziehungen bestimmt. Darauf baut die
Gesellschaft auf. Nach verbreiteter ökonomischer Auffassung ist sie
eine Assoziation von Eigentümern, die sich untereinander in Tausch-

beziehungen befinden. Der Tausch wird durch das Geld vermittelt, so wie durch das Geld Waren und Dienste vermittelt werden.

Im Grunde ist jedes Geld schon Ersatz für vorausgegangene Opfer. Erst Frauen, Töchter, Söhne, also Menschenopfer, dann Schweine, Hunde und was immer an ihre Stelle trat. Unzählige Ersatzopfer und immer wieder Ersatz, das sind die Bausteine des Reichtums der Gesellschaft. Aber zuerst kommt das Opfer, dann der Tausch, er geht aus dem Opfer hervor. Wird das Opfer selbst schon als Tausch begriffen – ich opfere dem Gott, damit er mir Segen und Reichtum bringt –, verliert es seinen Opfercharakter und die Dynamik des Fortschritts von Ersatzopfer zu Ersatzopfer ihren Sinn.

Die ambivalente Einstellung zum Opfer wird erkennbar im Kult und dem Versuch, die Opfergesetze zu umgehen. Das Opfer bedeutet die Hergabe des Besten, geopfert zu werden, ist eine Auszeichnung. Helden, Heroen, Märtyrer zeugen von der Rolle des Opfers, das aber nicht leichten Herzens gegeben – kollektive Hysterien einmal ausgenommen – und wenn möglich vermieden wird. Rebellionen, Revolutionen, Betrug und Verbrechen sprechen für eine der Gesellschaft und den Individuen innewohnende Tendenz, einschränkende Gesetze zu übertreten und sich vom Opfergebot zu befreien, auch da, wo es sich um die Befreiung von Herrschaft oder individuellen Bedürfnissen im Wege stehenden Vorschriften handelt.

Andererseits garantiert das Opfer Teilhabe am materiellen Leben der Gemeinschaft, es ist so etwas wie eine Sozialversicherung und bietet Schutz vor äußeren und inneren Feinden, garantiert also ein friedliches Zusammenleben derer, die dem Opfergebot folgen. Es steht im Zentrum der Gesellschaftsbildung. Stämme, Gemeinschaften und Gesellschaften werden durch das Opfer zusammengehalten. Ein gesellschaftliches Leben ist nur um den Preis eines Opfers zu haben. Wie seine Stellvertreter und Symbole, verkörpert das Opfer ein Reproduktionsverhältnis, das ohne reale Opfer nicht einmal das physische Überleben der einzelnen Mitglieder der Gemeinschaft denken lässt. Der Ausschluss aus der Opfergemeinschaft kommt einem Todesurteil gleich. Das war in einfachen Stammesgesellschaften so und ist bis heute ein Grund für das Elend der Marginalisierten. Keine Arbeit, kein Lohn, kein Leben.

Opferkult und Mythos repräsentieren gewissermaßen Vorformen eines Gesellschaftsvertrages. Die Verpflichtung zur Teilnahme am Opferkult spricht für seine Unverzichtbarkeit. Auf ihm baut die Gesellschaft auf. Nur wer Opfer bringt, hat Anspruch auf einen Teil am Sozialprodukt. Im Geld werden Opfergaben verkörpert, symbolisiert und ausgetauscht. Die Obolen zum Beispiel, die Priester vor 2500 Jahren an griechischen Tempeln gegen die Opfergaben der Kultgemeinde eintauschten, sind Bratspieße, auf denen das Fleisch von Opfertieren aufgespießt und gebraten wurde. Der Schaschlik bewahrt bis heute diese Form des Opfermahls, das im antiken Rom als Dreiopfer von Schwein, Schaf und Rind praktiziert wurde – Fleisch, das auch auf den Spieß des Schaschliks gehört. Eine Handvoll dieser Obolen heißt Drachme, wie bis vor kurzem die griechische Währung. Sie erinnert an den Ursprung des Geldes aus dem Opferkult. Darstellungen von Opferhandlungen und Opfergeräten auf antiken Münzen belegen diese Genesis. Dass die Bank von England an einer Ecke des Gebäudes einem gottgeweihten Rundtempel aus Tivoli Reverenz erweist, Bankgebäude immer wieder auf Tempelformen Bezug nehmen oder auf der 10-Dollarnote ein klassischer Tempel abgebildet ist, vom Glaubenssatz auf der 1-Dollarnote ganz zu schweigen, ist weder Zufall noch beliebiges Dekor. »In God We Trust« heißt, zu jedem Opfer bereit zu sein. Das Geld steht für ein Opfer ein, und es ist zugleich imstande, jedes Opfer durch Austausch zu vermitteln. Nur wer genug Geld hat, ist vom Opfer befreit, er kann sich alles kaufen und lebt angenehm. Ein Motiv für den Egoismus.

Wo immer man in Geschichte und Vorgeschichte auf Zeugnisse von Menschen stößt, ob an Fundstellen von Feuerstätten, deren Flammen vor mehr als 500 000 Jahren erloschen sind, in steinzeitlichen Höhlen, die vor 20 000 Jahren verlassen wurden, in 3000 Jahre alten Ruinen der Antike oder 1000 Jahre alten Denkmälern amerikanischer Hochkulturen, überall findet man Hinweise auf Opferkulte: geopferte Grabbeigaben, die den Toten als Lebensmittel dienen oder Wertgegenstände, die ihnen erst Überfahrt und Eintritt in ein Jenseits ermöglichen sollten, auf Fels gemalte Jagdszenen und Opferrituale oder Opferaltäre und Schlachtstätten, die Reste blutiger Ritualopfer erkennen lassen. Die materiellen Opfer, Werkzeuge und Accessoires stellen das Opferverhältnis dar, sie sind Produkt und Symbol zugleich. Schamanen, Opferpriester oder Kultbeamte einer Religionsgemeinschaft exekutierten die Zeremonien des Kults und organisierten die Verteilung der Kulterträge. Sie sind die Stammväter der Bürokraten moderner Gesellschaften.

Ob es sich um prähistorische Formen der Gemeinschaftsbildung, einfache Stammesstrukturen oder die Reproduktionsformen aktueller Gesellschaften handelt, immer steht ein Opferkult im Mittelpunkt der Ideenwelt und ihrer sozialen Praxis. Der Opferkult ist Ausgangspunkt von Mythen und Zeremonien, die Opfer als Garantien für den Zusammenhalt und die Reproduktion einer Gemeinschaft fordern, er ist die Grundlage der ökonomischen Praxis der Kultgemeinschaft, und er verschwindet auch nicht, wenn ein Opfer durch ein anderes ersetzt wird, selbst wenn durch die Vielfalt von Ersatzbildungen schließlich die Präsenz des Opfers als Opfer verblasst. Es wird auch da gebracht, wo eine rationale Tauschgesellschaft sich scheinbar vom Opfer gelöst hat.

Der gesamte Komplex des Opferkults – der Mythos, die rituelle Darstellung der Opfernotwendigkeit, der Tanz ums Opfer, das *Agon*, also der Wettkampf als physische und soziale Zurichtung der Individuen, das Opfer selbst, die Rolle der Werkzeuge bei der rituellen Schlachtung, schließlich die Geldentwicklung, Markt und Tausch an den Tempeln, wo die Opfer veranstaltet wurden –, bildet den Springpunkt, um den sich alle Kulturentwicklung dreht. Was heute ohne erkennbaren Bezug zum Opferkult in der Gesellschaft erscheint, ist doch sakralen Ursprungs, stammt aus Opferverhältnissen. Sprache, Musik, Kunst und Technik gingen ebenso aus der Opferpraxis hervor wie Maße und Gewichte, mit denen der Anteil beim Opfermahl rationiert wurde, oder wie die Idee der Gerechtigkeit aus dem gerechten Zumaß des Opferanteils und die Zeiteinteilung nach dem Opferkalender. Alle Rationalisierungen, ob sie das Opfer in einen Nützlichkeitszusammenhang stellen oder Opferabstraktionen, wie Tausch, Maß, Zeit in den Rang opferunabhängiger, natürlicher Gegebenheiten erheben, verdrängen nur den Opferzusammenhang aus dem Bewusstsein, heben ihn jedoch nicht auf.

Die Manager und Impresarios, welche die Opferkulte zelebrierten, organisierten und überwachten, vererbten nicht nur die Kenntnis der Kultpraxis mitsamt der mythischen Begründungszusammenhänge; sie waren auch die Lehrer von Schülergenerationen, die Erfinder von Zahlen, Rechen- und Buchhaltungssystemen, die ersten Naturbeobachter, Astronomen, Verwalter und Konstrukteure von Bewässerungssystemen, Gräbern, Palästen und Monumenten, und sie schufen eine Schrift, mit deren Hilfe nicht nur planmäßiges Wirtschaften möglich war, sondern auch Erfahrungen weitergegeben und als Erinnerung aufbewahrt werden konnten. Sie ließen Hieroglyphen in Stein schlagen, fertigten Dokumente an, die Auskunft über Wirtschafts- und Herrschaftssysteme gaben. Sie schrieben die Anweisungen über das Ethos religiöser Gemeinschaften in die großen Referenzbücher der monotheistischen Religionen. Es waren Kultbeamte, Mönche und Bürokraten, die das wirtschaftliche und religiöse Leben großer Kulturen organisierten. Die Manager der Kulte waren zugleich Verwalter, Gelehrte und Ökonomen in einer Zeit, als Wirtschaft und Gesellschaft, durch Religion und Kult verbunden, noch als Einheit begriffen wurden.

In den großen vorderasiatischen Hochkulturen an den Ufern von Euphrat und Tigris, wo Verwaltungen mit den Abgaben der Bauern die Priester, Beamten, Handwerker und alle öffentliche Dienste bezahlten, wurde auch eine der ältesten Schriften nachgewiesen, die vermutlich aus einem noch älteren einfachen Buchführungssystem hervorgegangen ist. Es hat sich herausgestellt, dass die Tonkugeln, Kegel, Scheiben und Zylinder, die man in vorgeschichtlichen Siedlungen in Vorderasien gefunden hat, zu einem frühen Buchführungs- und Dokumentationssystem gehörten.[9] Sie trugen teilweise Schriftzeichen, die auf Opfertiere oder Abgaben schließen lassen. »Wir müssen es hier mit einer Art von operativem Hilfsmittel für bürokratische Zwecke zu tun haben, das spezifischen Gebrauch von Kieselsteinen als Zählmittel, Merkhilfe oder etwas derartigem macht«, zitiert der Historiker Martin Kuckenburg den Archäologen A. Leo Oppenheim.[10] Tatsächlich gehören Steine und Tonkugeln zu den ältesten Hilfsmitteln von Bürokraten und Händlern, um Abgaben oder Tauschakte in vergleichbaren Berechnungen auszudrücken. Im antiken Rom fertigten Händler ihre Abrechnungen an, indem sie die Kugeln in Zählgruppen auf dem Sandboden verschoben. Noch die Familie Visconti weist sich durch die Kugeln in ihrem Wappen als alte Handelsfamilie aus. Die gleichen Kugeln bilden die Zähler des Abakus, der in Asien und Europa zu den ältesten Rechenmaschinen zählt. Mathematik und Rechenverfahren bilden die operative Grundlage jeder Kulturentwicklung. Sie helfen, die Produktion von Überschüssen zu kalkulieren, zu redistribuieren und in Kulturproduktion zu verwandeln. Die Mathematik gehört zu den ältesten Künsten; was sie mit der Eleganz und Schönheit mathematischer Lösungen produziert, schaffen die bildenden Künste in der ästhetischen Konstruktion einer neuen Wirklichkeit. Vor allem in Zeiten des Aufbruchs zu neuen Welteinsichten und Erfahrungen und den damit verbundenen neuen Wirtschaftsformen ist ein besonderes Interesse sowohl an der Kunst als auch an der Mathematik zu erkennen. Als die bildenden Künste sich in der Renaissance von der mittelalterlichen Ikone lösten, neue Erfahrungen in Kunst übersetzten und in den italienischen Stadtstaaten und ihrem florierenden Fernhandel sich mit dem aufkommenden Kapitalismus die Entwicklung einer neuen Wirtschaftsform abzeichnete, wuchs auch das Interesse, die Mathematik für die Lösung wirtschaftlicher Probleme zu nutzen.

Für die Revolution der Kontenführung und Wirtschaftsrechnung spielt Luca Pacioli, der »unbesungene Held der Renaissance«, wie er in einem Buchtitel genannt wird,[11] eine entscheidende Rolle. Ihm wird die Erfindung der doppelten oder auch venezianisch genannten Buchführung zugeschrieben.[12] Jedenfalls publizierte er das Verfahren als erster. Er war ein Mann der Renaissance, interessierte sich für Kunst, Geometrie und Mathematik, kannte Piero della Francesca, der sein Interesse an der Kunst erweckt haben soll, studierte in Venedig Mathematik, wo er sein erstes Buch über Arithmetik schrieb, arbeitete in Mailand mit Leonardo da Vinci zusammen, von dem die Illustrationen in seinem Buch *De Divina Proportione* (Von der göttlichen Proportion, 1509) stammen.[13] Wie Leonardo in seinen Notizbüchern erwähnt, hat er seine Kenntnisse der Geometrie, Perspektive und der »göttlichen Proportion« von Pacioli erworben. Pacioli lehrte an verschiedenen Universitäten Italiens und kehrte 1489 in seine Heimatstadt Sansepolcro zurück, um dort sein berühmtes Buch, die *Summa de arithmetica, geometria, proportioni et proportionalita* (Die gesamten Kenntnisse der Arithmetik, Geometrie, Proportionen und Proportionalität), zu schreiben. Das Buch wurde 1494 in Venedig veröffentlicht. Eine Art Enzyklopädie, schon in italienischer Sprache verfasst, mit einem allgemeinen Versuch über theoretische und praktische Arithmetik, einer Abhandlung über die Elemente der Algebra, einem Verzeichnis der Münzen, Gewichte und Maße einiger italienischer Staaten und dem berühmten Versuch über die doppelte Buchführung, *Particularis de Computis et Scripturis.* Das Buch wurde zum Bestseller seiner Zeit, eines der ersten, das in dem neuen Gutenbergverfahren gedruckt und in ganz Italien gelesen wurde. Es stellte Wirtschaft und Handel auf neue Füße und leitete eine Entwicklung ein, die mit dem Begriff Kapitalismus oft nur unzureichend beschrieben ist.

Die doppelte Buchführung revolutionierte das Verhältnis von Wirtschaft und Gesellschaft von Grund auf. Eine, wie Johann Wolfgang Goethe sagte, köstliche Erfindung. Was vordem mit der einfachen Buchführung nur im Ergebnis überprüft werden konnte, war nun bis ins Detail aller Operationen nachzuvollziehen. Damit beginnen Wirtschaftsrechnung und Kapitalismus. Sie schaffen Platz für einen neuen Menschentyp. Der Bürokrat, der nur an seinem eigenen Überleben in der Bürokratie interessiert und für Gewinn und Verlust nicht verantwortlich ist, seine Herrschaft eventuell mit Zuwendungen erkauft, die er selbst nicht erwirtschaftet hat, und dem als einziges Bereicherungsinstrument nur die Korruption offen steht, wird durch den selbstverantwortlichen, gewinnorientierten Unternehmer abgelöst. Er ist der neue Mensch, der vor mehr als 500 Jahren auf die Bühne der Weltwirtschaft getreten und heute dabei ist, die Alleinherrschaft zu übernehmen. Denn mit der doppelten Buchführung ist es möglich, auch große, weltweit verzweigte Unternehmen zu führen und jederzeit die Übersicht über Gewinn oder Verlust in allen Teilen zu behalten. Ein außerordentlich nützliches Verfahren, schon für die Unternehmer und Fernhändler in den italienischen Staaten und Republiken des 14. und 15. Jahrhunderts. Sie hatten oft ihr Kapital in viele Unternehmungen gesteckt – Seide und Gewürze aus dem Orient, Silber aus Tirol, Wolle aus England –, und konnten nun mithilfe der neuen Form der Buchführung immer die Übersicht über ihre Geschäfte bis ins Detail behalten. Vermutlich wurde das Verfahren der doppelten Buchführung bereits angewendet, als Pacioli seine Abhandlung veröffentlicht hat. Es war notwendig für die venezianischen und genuesischen Seehändler und alle am aufkommenden Kapitalismus beteiligten Produzenten. In Unterlagen der Medici aus dem Jahre 1431[14] fand man bereits die Kontenbücher des neuen Verfahrens: Lagerbuch, Eingangs- und Ausgangsbuch, Barbuch und Journal. Pacioli fasste, und das ist sein Verdienst, eine absolute Notwendigkeit des kapitalistischen Wirtschaftssystems in Formeln und Worte und machte es damit allen Interessierten zugänglich.

Doppelte Buchführung heißt, dass alle Teile eines Unternehmens wie kleine Unternehmen geführt, auf eigenen Konten Investitionen und Gewinne aufgezeichnet und miteinander verglichen werden können. Erst die doppelte Buchführung gestattet, effektiv zu wirtschaften. Während die einfache Buchführung durch Vergleich einer Inventur mit einer vorhergehenden nur Aufschluss über das Gesamtergebnis einer Geschäftsperiode gibt, ohne belegen zu können, wie Gewinne und Verluste im Einzelnen entstanden sind, und darüber hinaus nur die Entwicklung von Forderungen und Schulden offen legt, weist die doppelte Buchführung nicht nur mit den diversen Konten die Veränderungen nach, die an allen einzelnen Bestandteilen des Vermögens aufgetreten sind, sie weist auch Gewinne und Verluste in der Gesamtheit wie in den einzelnen Teilen und damit deren Ursprung nach. Darüber hinaus gestattet sie zu erkennen, ob der Gewinn dem ursprünglichen Kalkül entspricht, und sie bietet, durch die doppelte Aufzeichnung der Beträge auf den Konten, einen wesentlichen Schutz vor Irrtümern.

Was Pacioli im 15. Jahrhundert in Europa berühmt machte, wurde 500 Jahre später zur Maxime der Weltwirtschaft erhoben. Der in Geldwert ausgedrückte Gewinn, und zwar auf allen Ebenen und in jedem auch noch so kleinen Bereich, ist inzwischen weltweit zum Leitmotiv politischen und wirtschaftlichen Handelns geworden und das Gewinnmotiv zum Königsweg, auf dem der Neoliberalismus voranschreitet. Eine Auffassung, die schon der Vater der liberalen Wirtschaft, Adam Smith, vertrat. Die Doktrin geht davon aus, dass die Verpflichtung, Gewinn zu machen, den Unternehmer zwingt, seine Kunden bestmöglich zu bedienen. Dadurch wird der Konsument zum Souverän. »Auf diese Weise«, schreibt Ludwig von Mieses, »ist das kapitalistische Produktionssystem eine wirtschaftliche Demokratie, in der jeder Pfennig das Recht gibt, eine Stimme abzugeben. Die Verbraucher sind das souveräne Volk. Kapitalisten, Unternehmer und Landwirte sind die Bevollmächtigten der Bürger.«[15] Diese rein abstrakte Auffassung lässt allerdings die Affekte und Triebbedürfnisse außer Acht, deren sich die psychologische Propaganda bedient, um die Wünsche der Kunden auf die Produkte von Produzenten zu lenken. Die Behauptung, »hier ist jeder seines Glückes Schmied«, verklärt den Markt zu einem Platz, auf dem souveräne Individuen frei agieren. Mit der Forderung, das freie Spiel der Kräfte auf dem Markt nicht zu beeinflussen, also abzuwarten, wie die Würfel fallen und sich dem Ergebnis zu beugen, wird dem Markt selbst eine geheimnisvolle Schicksalsmacht zugeschrieben.

In dem Maß, in dem die Wirtschaftsrechnung als einziges Instrument der Kontrolle in alle gesellschaftlichen Bereiche eindringt, muss auch die staatliche Bürokratie das Feld zugunsten marktorientierter, kapitalistischer Unternehmen räumen. Was nun zählt, ist der Gewinn, »mach soviel Gewinn, wie möglich«, wird zur einzigen sozialen Maxime. Aber dabei bleibt die Wirtschaftsrechnung nicht stehen. Die bis ins Detail durchgeführte Gewinn- und Verlustrechnung macht jede einzelne Abteilung und Unterabteilung bis hin zu den einzelnen Mitarbeitern zu selbstständigen Unternehmen. Eine Tendenz, die dazu führt, jede Tätigkeit, auch im privaten Bereich, nur noch nach dem Prinzip der Gewinn- und Verlustrechnung zu bewerten. Ihr Urteil bleibt unanfechtbar. Was zählt, ist der Barwert der einzelnen Teile, egal ob es sich um Mitarbeiter oder Maschinen handelt. Teile, die keinen Gewinn abwerfen, werden vom Überlebenswillen des Unternehmens wegrationalisiert. Denn »es ist keine Gefälligkeit des Arbeitgebers, Löhne und Gehälter zu zahlen, es ist ein Geschäft, der Einkauf eines Produktionsfaktors«,[16] wie Mieses bemerkt. Dem entspricht die Auffassung, jeder Mitarbeiter müsse seinen Lohn selbst erwirtschaften.

Der schottische Moralphilosoph und Ökonom Adam Smith, der mit seinem Buch über den *Wohlstand der Nationen*[17] die ökonomischen Theoriebildungen bis heute beeinflusst, nahm an, dass der Hang zum Austausch in der menschlichen Natur begründet liege, und machte den Egoismus für das Tauschbedürfnis verantwortlich. Und vom Egoismus als Triebkraft des gesellschaftlichen Zusammenlebens geht bis heute die liberale Auffassung von Wirtschaft und Gesellschaft aus. Er treibt die Leute zum Austausch, weil jeder das haben will, was sich im Besitz von anderen befindet. Menschen mit unterschiedlichen Fähigkeiten produzieren unterschiedliche Güter, sie häufen Stapelware an und werden durch ihren eigenen Egoismus angetrieben, ihre Produkte gegen Güter auszutauschen, die andere produziert haben.

Das Bild von einer in dieser Weise rational kalkulierenden Gesellschaft war während des 18. und 19. Jahrhunderts unbestritten. Darum nahmen liberale Theoretiker auch an, dass sich Wirtschaftsführer, um Arbeitskraft zu mobilisieren, nur an den menschlichen Egoismus zu wenden haben. Sie sollten nie von Notwendigkeiten, sondern immer nur von Vorteilen sprechen, ein Prinzip, das bis heute in der Werbung gilt. Egoismus als Triebkraft des Austauschs war der Leitgedanke der liberalen Vorstellung vom Wirtschaftsleben. Er ist das Motiv für den Austausch, während der Austausch selbst alle sozialen Beziehungen in Handelsbeziehungen verwandelt. Kommentare zum deutschen Vertragsrecht bestätigen diese Auffassung bis heute: Die Unterzeichner jeder Art von Verträgen werden als Kaufleute bezeichnet. Der eine verkauft eine Leistung, während der andere einen Dienst kauft oder umgekehrt. Diese Vorstellung beherrscht das Zivilrecht von den Gütergeschäften bis zu den persönlichen Beziehungen in der Familie.

Doch das Verhältnis ist ambivalent. Wiewohl Motor des Austauschs, bedroht der Egoismus zugleich das zivile Leben der Gesellschaft, weil das Verlangen, sich Güter anderer anzueignen, auch ohne Tauschabsicht besteht – darum die Einschränkungen, Gebote und Verbote, die das soziale Zusammenleben regeln. Seit sich Menschen zu Gemeinschaften zusammenschließen, gab es immer eine höhere Gewalt, der die Ökonomie verpflichtet war. Ob eine Religion, eine Reichsverfassung oder ein Gesellschaftsvertrag, sie wiesen das individuelle Gewinnstreben immer in Schranken. Damit er den Zusammenhalt der Gemeinschaft oder Gesellschaft nicht gefährdet, muss der Egoismus zivilisiert werden. Das Gleiche gilt für Hass und Aggression. Herodot beschreibt im »Lybischen Logos«[18] seiner Historien, dass die Karchedonier jenseits der Säulen des Herkules mit einem Volk Handel trieben, indem sie ihre Waren am Strand ausbreiteten, sich auf die Boote zurückzogen und dort warteten, damit die Eingeborenen nun ihrerseits den Waren Gold gegenüberlegen und sich wieder entfernen konnten. Das wiederholten sie so lange, bis beide Parteien zufrieden waren. Der Vorgang zeigt, wie die Angst vor Gewalt, dass eben nicht getauscht, sondern einfach geraubt wird, den Tauschakt überschattet. Tausch und Raub scheinen zwei Säulen, auf denen die Gesellschaft ruht, beide ziehen sich wie ein roter Faden durch die Geschichte. Ob Wikinger, Kreuzfahrer, Conquistadoren oder Korsaren, was sie raubten, landete früher oder später auf den Märkten Europas. Selbst geraubte Arbeitskraft findet, in Waren verwandelt, den Weg auf den Markt und zeigt, dass Raub, Tauschen und Täuschen das soziale Leben in gleichem Maße bestimmen.

Folgt man den Bedeutungs- und Sinnzusammenhängen des Wortes, wird man gewahr, dass jeder Tausch weit mehr als ein einfacher Austausch ist. Im Italienischen bezieht sich das Wort *baratto* auf Tausch, »barattare due parole con qualcuno« heißt, mit jemandem ein paar Worte wechseln. Im Spanischen heißt *barato* billig, unter Preis verkauft, etwas fast ohne Gegenleistung erstehen, wie der Hehler die Sore. Ist ein Gedanke *barato*, so hat er keine Anstrengung gekostet. Das englische Wort *barter* für Tausch steht in Verbindung mit dem alten französischen Wort *barater* und *barat*, das wiederum auf das bretonische Wort *barad* verweist, welches täuschen heißt, den Tausch also mit der Welt der Diebe, der Räuber und mit dem Kampf verbindet. Im alten isländischen Wort *barátta* für Kampf überlebt die Praxis der Wikinger im Wort. Die Homöonymie der französischen Worte *troquer* für Tauschen und *truquer* für Täuschen, oder im Spanischen *trueque* und *truco*, weist wie die deutschen Worte Tauschen und Täuschen auf eine substanzielle Verwandtschaft.

Der griechische Mythos von Hermes stellt den Prozess der Gesellschaftsbildung im Schicksal des Gottes dar. Hermes ist der Gott der Diebe und Kaufleute, er steht also für Diebstahl und Tausch ein und fungiert zugleich als Schutzpatron der Märkte, wo Tauschen und Täuschen bis heute eine unlösbare Verbindung eingegangen sind. Seine mythische Karriere begann, als er seinem Bruder Apollo mit einem Trick eine Herde Rinder stahl. Er ist nicht nur Dieb, sondern auch ein *Trickster*, denn er gehört zu jenen Halbgöttern, die die Götter betrügen, um die Welt zu humanisieren. Der Mythos zeigt Hermes von Anfang an als kreativen, im Grunde menschlichen Gott. Vor das Tribunal der Götter gebracht, bestritt er nichts, bat sich nur von seinem Vater Zeus aus, die Rinder im Tausch für eine Lyra behalten zu dürfen, die er aus dem Panzer einer Schildkröte und den Därmen geschlachteter Rinder gefertigt hatte.

Der Mythos beschreibt die Nähe von Diebstahl und Tausch und wirft ein Licht auf einen Ambivalenzkonflikt, der sich als Motor für den Prozess der Zivilisation erweist. Angetrieben von seinem Egoismus, stahl Hermes die Herde und schuf, befähigt durch einen bereits sublimierten Trieb, ein Musikinstrument. Der Egoismus ist wie die Kleptomanie Abkömmling eines Inzestwunsches. Was Ödipus erst nach dem Inzest mit seiner Mutter als wanderndem, blindem Philosophen gelang, nämlich den Inzestwunsch in Neu- oder Wissbegierde, vielleicht künstlerische Produktion und Arbeit zu verwandeln, ist dem Kulturheros Hermes schon nach symbolischem Inzest – der Rückkehr in die Höhle seiner Mutter mit Diebesgut – zugefallen. Wir verdanken ihm eine Reihe von Kulturprodukten, wie die Syrinx, eine Hirtenflöte, die Musiknotenschreibung, die Astronomie, einige Sportarten, Maße und Gewichte, natürlich das Geld, das Alphabet, also die Kunst der Erinnerung, aber vor allem die Kunst, Feuer zu machen, eine der wichtigsten Erfindungen überhaupt, und die Erfindung des Opferkultes, den Initialkult jeder Gemeinschaftsbildung und Kulturentfaltung. Der Mythos erzählt, dass Hermes, als er mit der gestohlenen Herde unterwegs war, einige Tiere geschlachtet, ein Feuer gemacht und das Fett und die Knochen, unter Häuten versteckt, den Göttern geopfert, für sich selbst aber das Fleisch behalten habe. Das mythische Leben von Hermes steht für den Prozess der Zivilisation, nämlich wie aus dem Opfer Tausch und Betrug hervorgegangen sind, und er weist auf den grundlegenden Konflikt zwischen unmittelbarer Befriedigung – konsumieren, ohne bezahlen zu müssen – und dem Gesetz, das Opfer verlangt. Zugleich zeigt er, was auch die

Psychoanalyse bestätigt, dass nämlich jede Sublimierung unmittelbarer Triebwünsche kulturelle Werte schafft, aber auch ihren Preis fordert. Immer bleiben ein Rest nicht realisierter Triebwünsche und deren soziale Repression, die das Vergnügen beeinträchtigt.

Der Tausch ist mithin eine Rationalisierung des Opfers und eben nicht rationaler Ursprung der Gesellschaft und ihrer Tauschverhältnisse. Der Heraklit zugeschriebene Satz: »Alles ist Austausch des Feuers und das Feuer Austausch von allem, gerade wie für Gold Waren und für Waren Gold eingetauscht wird«,[19] kann auch auf das Opferfeuer bezogen werden. Bis heute sind die Opferfeuer nicht erloschen. Ihr Licht scheint noch in der Tauschgesellschaft auf. Die Idee, dass der Tausch die rationale Basis der Gesellschaftsbildung sei, ignoriert die Opferkulte, aus denen er hervorging. Opferkulte sind ein Instrument, mit dem die Konflikte zwischen Triebwunsch und Repression des Triebs im Dienst des Zusammenhalts der Gesellschaft und ihrer Reproduktion balanciert werden. Daraus ist die gesamte Kultur hervorgegangen und an dieser Stelle der mythische wie reale Springpunkt der Gesellschaftsbildung zu suchen. Alles beginnt mit einem Opfer, während der Tausch schon eine Ersatzbildung des Opferverhältnisses ist. Als Ersatzbildung steht der Tausch für beides ein, für das Opfer in Gestalt des hergegebenen Gegenstandes oder einer Leistung und für die zumindest partielle Befriedigung von Wünschen des Tauschenden durch die eingetauschten Güter oder Dienste. Darüber hinaus birgt jeder Tausch auch einen Täuschungsversuch. Der Tauschende sucht seinen Vorteil, er möchte aus dem Tauschakt mehr Befriedigung ziehen, als er Opfer investiert hat, und er versucht, ein großes Opfer zu vermeiden, wie Hermes, der den Göttern nur das Fett und die Knochen der geschlachteten Rinder überließ.

Alle Verhältnisse zwischen den Menschen allein auf einem einfachen Austauschbedürfnis zu gründen, selbst wenn dieses Bedürfnis auf alle Arten des Austauschs erweitert wird, also auch auf den Austausch von Meinungen und Zärtlichkeiten und die sexuelle Basis des Tauschverkehrs, verkennt meist die Sprengkraft, die derartigen Verhältnissen innewohnt. Weil der Tausch aus einem Opferverhältnis hervorging, wird er immer auch von einem Widersacher begleitet, dem vielleicht noch stärkeren Wunsch, das Opfer zu vermeiden, den gerechten Tausch zu unterlaufen und sich zu nehmen, was man begehrt, oder einfach das Recht des Stärkeren walten zu lassen, anstatt zu tauschen. Die Rituale, die Tauschakte begleiten, die Angst der Karchedonier vor Gewalt, die sie bei ihren Tauschoperationen äußerste Vorsicht walten ließ, weisen darauf hin, wie nahe Tauschbedürfnis und Raubimpuls beieinander liegen. Wie der Schutzpatron des Marktes in seiner Gestalt beweist, sind beide untrennbar miteinander verbunden und gehen aus der Konstitution der Gesellschaft selbst hervor. Ein Rest Wildnis bleibt ihr ständiger Begleiter. Das Tauschbedürfnis, das ein sublimiertes Vereinigungsbedürfnis verkörpert, lässt immer ein unsublimiertes und unzivilisiertes Restbedürfnis zurück, das, wenn nötig mit Gewalt oder auch mit List, auf kürzestem Weg seine Befriedigung sucht und den Zusammenhalt der Gesellschaft bedroht. Daraus geht der Egoismus hervor. Er ist nicht eine Triebkraft, die zum Tausch drängt, ganz im Gegenteil, er ist eine Triebkraft, die alle Tauschverhältnisse tendenziell sprengt und entspricht, auf die Psyche übertragen, einer regressiven Infantilisierung des Individuums.

Adam Smith glaubte an von Gott gegebene ethische Gefühle, die den Tausch in friedliche Bahnen lenken und dem Egoismus nur soweit Raum geben würden, wie er für blühende Tauschverhältnisse und wachsenden Wohlstand notwendig ist. Für ihn war der Mensch ein Gemeinschaftswesen, das auf Zustimmung und Achtung bedacht ist und durch sein internalisiertes Pflichtgefühl dazu angehalten wird, seinen Egoismus zu zügeln. Er dachte an einen überschaubaren und begrenzten Markt von Anbietern und Konsumenten, kontrolliert durch einen Staat, der private Monopole, wie die der großen Überseehandelsgesellschaften, die zu seiner Zeit vor allem durch den britischen und französischen Staat erteilt worden waren, beseitigt, keine Aus- oder Einfuhrzölle erhebt, keinen Industriezweig durch Subventionen begünstigt und jede gruppenegoistische Interessenpolitik und Gängelung der Wirtschaft vermeidet. Ein Markt, auf dem das Prinzip von Angebot und Nachfrage die Preise ohne äußere Einflüsse regelt, wo es also keine externen Produktionsfaktoren gibt, welche die freie Preisbildung beeinflussen können. Dazu gehört auch, dass jeder Zwang, wie der Zunftzwang, aufgehoben und die Koalitionsfreiheit der Arbeiter garantiert wird. Damit jeder Anbieter und damit ein liberaler Markt eine Chance hat, muss der Staat, nach Adam Smith, die notwendige Infrastruktur – Verkehrseinrichtungen, Versorgungsbetriebe, Nachrichtenverbindungen – und ein allgemeines Bildungs- und Gesundheitswesen bereitstellen.

Natürlich hat es einen derartigen Markt niemals gegeben. Er bleibt ein abstraktes Modell, weil die soziale und ökonomische Realität von Faktoren abhängig ist, die nicht im Modell erfasst sind. Der Egoismus trieb die Gesellschaftsmitglieder zu Raub, Plünderungen und Betrug, wenn er nicht durch internalisierte Gebote, etwa einer Religion, oder durch Strafandrohung diszipliniert wurde. Darum ist ein ethisches Gefühl oder auch ein Pflichtgefühl, wie es dem Moralphilosophen Adam Smith vorschwebte, weder natürlich noch irgendwie gegeben, es stellt sich erst ein, nachdem es indoktriniert wurde. Christianisierung, Islamisierung und die Erziehung in den Schulen des aufgeklärten Staates stehen als Beweis dafür ein.

Durch das Gewinnprinzip und die Kapitalakkumulation kam es schon immer zur Bildung von Monopolen, die alle anderen Anbieter vom Markt verdrängten. Wenn der mit Gebäuden umstellte Raum des städtischen Marktplatzes auch den Innenraum der Gesellschaft repräsentiert, so war der Markt doch nie eine geschlossene Einrichtung. Die durch Fernhandel und Kolonien eingeführten Waren verzerrten die Preisbildung, weil ihre Kosten nicht auf dem Markt entstanden waren. Ihre Preise wurden durch externe Faktoren bestimmt, die nicht durch marktübliche Produktionskosten gebildet wurden. Nur eine außerökonomische Zwangsgewalt, im Grunde eine Subjektgarantie, die jeden Einzelnen und die Gesellschaft über alle Partialinteressen stellt, also eine Verfassung, die allen Gesellschaftsmitgliedern gleiche Rechte einräumt, sofern sie nicht die Rechte eines anderen verletzen, und ein Rechtsstaat, verbunden mit den sozialen Sicherungssystemen, die die Menschenrechte auch materiell gewährleisten, können den Egoismus zügeln und die Gesellschaft vor sozialer Wildnis schützen.

Was in Adam Smiths Konzept Ethik, Religion und Staat leisten sollten, nämlich Egoismus und Partialinteressen in Schranken zu halten und eine Infrastruktur sowie Erziehungs- und Sozialsystem bereitzustellen, die allen Bürgern eine gleiche Chance geben, sollte in

der modernen Gesellschaft, die aus der Französischen Revolution
und den sozialen Bewegungen des 19. und 20. Jahrhunderts hervorgegangen ist, die Verfassung eines Rechts- und Wohlfahrtsstaates leisten. Krummstab und Krone wurden von Verfassung und Rechtsstaat
abgelöst. Sie sollten nun die Interessen der Einzelnen wie der Gesellschaft schützen, wobei die Gesellschaft das Gesamtinteresse aller Einzelnen repräsentierte.

Damit hat der Neoliberalismus gebrochen. Er kann sich nicht auf
den Liberalismus berufen, weil er die entscheidenden Elemente, die
nach liberaler Auffassung die Gesellschaft zusammenhalten und den
Egoismus bändigen, nämlich Sympathie, Ethik und Pflichtgefühl –
was heute vielleicht mit Verfassungs- und Vertragstreue zu übersetzen
wäre – aus Theorie und Praxis verbannt hat. Der Neoliberalismus will
die lästige Gängelung durch Staat und Gesellschaft abschaffen und das
Gewinnprinzip zur einzigen Maxime und zum Leitmotiv wirtschaftlichen Handelns erheben. Aus der saloppen Redensart von Börsenspielern, »Gewinne mitzunehmen ist doch nicht unmoralisch«,
spricht die Einstellung, die im Zeichen des Neoliberalismus Wirtschaft und Gesellschaft beherrscht.

Dass der Wirtschaftskampf so hart sei, dass nur der Tüchtigste über-
lebe, war bereits im 19. Jahrhundert eine gängige Bezeichnung für
den Verdrängungswettbewerb. Herbert Spencer formulierte mit dem
Prinzip des *Survival of the fittest*, was nun in der Wirtschaft gelten sollte. Als *Kampf ums Dasein* wurde das Gesetz von Charles Darwin als jenes Naturgesetz erkannt, das zur Entwicklung der Arten geführt hat.
Allerdings bezieht sich Darwins *Kampf ums Dasein* nicht auf das
Recht des Stärkeren, sondern auf die Anpassungsfähigkeit der Überlebenden. Durch Mutation genetisch fortgeschrieben, ist es die Anpassungsfähigkeit, die das Überleben der Spezies à la longue sichert.
Der Kampf gilt für den Augenblick, für die Stunde des Siegers, die
Anpassungsfähigkeit für künftiges Überleben. Für den Wettbewerb
auf dem Markt gilt beides, sowohl der Kampf um Marktanteile als
auch die Anpassungsfähigkeit an Angebot und Nachfrage.

Ungeachtet dessen ist die Parole *Kampf ums Dasein* schließlich zum
geflügelten Wort für die Beschreibung des Verdrängungswettbewerbs
geworden. Unklar bleibt, ob es sich dabei um eine Projektion der Ge-

setze der liberalen Wirtschaft auf die Natur handelt, oder ob ein Gesetz der Wildnis in der kapitalistischen Gesellschaft wieder Fuß gefasst hat und nun für Natur und Gesellschaft gleichermaßen gültig sein soll. In jedem Fall hat die Erfahrung, dass jeder Gewinn durch erbitterten Konkurrenzkampf erworben ist, Denken und Handeln der Gesellschaft des 19. und 20. Jahrhunderts tief beeinflusst. Bis heute gibt es keine einflussreiche Wirtschaftslehre, die nicht in irgendeiner Weise auf dem freien Wettbewerb als Grundlage für Fortschritt, Wachstum und gesellschaftlichen Wohlstand aufbaut. Für den Neoliberalismus ist das Gesetz der freien Konkurrenz das einzige Gesetz, das er gelten lässt – allerdings etwas feiner formuliert: An die Stelle von *Survival of the fittest* ist *Laisser-faire* getreten, aber ohne jede Einschränkung durch eine Ethik, einen Gesellschaftsvertrag oder ein Gesetz.

In Wahrheit handelt es sich bei der ökonomischen Theorie und Praxis, die heute unter dem Namen Neoliberalismus die Welt zu beherrschen sucht, um einen ökonomischen Fundamentalismus, der, wie jeder Fundamentalismus, allein ein Element seines Ursprungs heraushebt und damit die ursprüngliche Intention verkehrt. So wie der islamische Fundamentalismus alle liberalen und toleranten Elemente des Islam zugunsten eines rigiden Prinzips von Rache und Herrschaft oder der christliche Fundamentalismus alle sozialen Elemente seiner Religion zu liquidieren versucht, so droht auch der neoliberale Fundamentalismus mit der Totalherrschaft des Gewinnprinzips den Rahmen zu sprengen, in dem allein eine liberale Gesellschaft gedeihen kann. Der Neoliberalismus ist ein Pseudonym des totalisierten Gewinnprinzips und nicht etwa ein historisches Erbe des Marktliberalismus des 18. und 19. Jahrhunderts. Er stellt Adam Smith auf den Kopf und macht das Zentrum seines Modells, den Markt, zur Karikatur eines liberalen Tauschplatzes. Indem er den Staat aus der Öffentlichkeit drängt und von allen sozialen Aufgaben entbindet, die staatliche Markt- und Kartellaufsicht, die über den Wettbewerb wacht, damit auch kleine Anbieter am Markt teilnehmen können, beseitigt oder zumindest so einschränkt, dass sie nicht mehr ihre Aufgaben erfüllen kann, öffnet er den Markt transnationalen Giganten, für die nur das Recht des Stärkeren, also das nackte Gewinnprinzip, ökonomische Konzentration und Monopolbildung als Orientierung gelten.

An die Stelle des Wettbewerbs treten schon heute feindliche Übernahmen, gigantische Joint Ventures und Monopole, die ihre Produktionskosten durch externe Faktoren reduzieren und so zu enormen Verzerrungen der Marktpreise beitragen. Wenn der weltgrößte Lebensmittelkonzern Wal-Mart zum Beispiel bei chinesischen Vertragshändlern einkauft, die ihren Arbeitern nicht einmal die chinesischen Lebenshaltungskosten bezahlen, so führt das zwar zu enormen Profiten, die die Totalherrschaft des Gewinnprinzips bestätigen. Da diese Profite aber nicht aus den Produktionskosten auf dem Markt erwachsen sind — die chinesischen Arbeiter nehmen ja an dem Markt gar nicht teil —, führt diese Form der Preisbildung zur Ineffizienz des Marktes als Markt. Sie löst ihn auf. An seine Stelle treten weltweite Verteilungsketten und Monopole, die ihre Preisbildung an keinem Konkurrenten mehr zu messen haben.

Was heute als Globalisierung bezeichnet wird, bezieht sich meist auf die ökonomische Durchsetzung einer Welteinheitskultur, vor allem durch die großen weltumspannenden Konzerne und Ketten, die mit ihren Waren auf allen Erdteilen präsent sind. So wie sie ihre Waren weltweit in eigenen Häusern vertreiben, verfügen sie auch über eigene Produktionsstätten in den Weltelendsquartieren und sind durch diese externen Produktionsfaktoren von keiner Konkurrenz mehr zu unterbieten. All das ist Ergebnis der weltweiten Durchsetzung des ungezügelten Gewinnprinzips, das, durch keine staatliche Regulierungsmaßnahme mehr aufgehalten, zu einer bisher unbekannten Konzentration ökonomischer Macht führte. Die globale Herrschaft der infinitesimalen Kosten-Nutzen-Rechnung, die bis in die kleinste Einheit durchgeführt wird, um den wirklich größten Nutzen aus allen Operationen zu ziehen, führte dazu, dass es neben diesen betriebswirtschaftlich orientierten Wirtschaftsfaktoren keine anderen Faktoren mehr gibt, die zu berücksichtigen wären.

Adam Smith bestand immer darauf, dass das eingesetzte Kapital aus dem lokalen Markt selbst stammen müsse und dass Kapitalflucht nur ein Ausdruck der Marktineffizienz sei. Denn nur dort, wo alle Teilnehmer am Markt gleichzeitig als Produzenten und Konsumenten auftreten und es keine externen Faktoren gibt, könnte das Eigeninteresse der Teilnehmer vielleicht zu allgemeinem Wohlstand führen. So jedenfalls im Smithschen Modell. Die berühmte unsichtbare Hand, die Smith übrigens nur einmal erwähnt, war für ihn die Hand jenes Gottes, den sich die christliche Gemeinschaft als Verkörperung des allgemeinen Willens auserkoren hatte. Durch Sympathie, Ethik, Pflichtgefühl und die Aufsicht durch den Staat sollte der freie Markt zum Wohlstand aller beitragen.

Wenn heute die Wortführer des Neoliberalismus das Wirken einer unsichtbaren Hand beschwören, und sie tun es häufig genug, so ist damit nicht die unsichtbare Hand eines Gottes oder das Wirken eines ethischen Gefühls gemeint. Diese müssten ja verbindlich und von allen anerkannt sein. Kein Gesetz, kein höheres Wesen, sondern der Egoismus wird zur allgemeinen Triebfeder menschlichen Handelns. Er verkörpert eine durch gesellschaftliche Opferverhältnisse verdrängte Natur, deren verzerrte Wiederkehr die Gesellschaft als Gesellschaft zerstört. Während der Liberalismus neue Freiheiten allerdings unter der Regie eines allmächtigen Gottes anstrebte und die Gesellschaft zum ersten Mal als Vereinigung freier Individuen zu konstituieren versuchte, löst der Neoliberalismus durch die Totalherrschaft des Gewinnprinzips die Gesellschaft als Gesellschaft wieder auf. Wo das Gewinnprinzip zum einzigen Gebot erhoben und der Markt von allen sozialen und staatlichen Fesseln befreit ist, wird die unsichtbare Hand zu einer Schicksalsmacht, der niemand entrinnen kann.

Die Krux der Totalherrschaft der Gewinn- und Verlustrechnung ist, dass sie, so wenig wie eine totale Bürokratie, keinen übergeordneten Humanismus anerkennt, der dem Leben in der Gesellschaft einen Sinn verleihen und rücksichtsloses Gewinnstreben ebenso wie die inhumane Verwaltung von Individuen in die Schranken weisen könnte. Universalismen wie ein allgemeiner Wille oder die Menschenrechte setzen aber gerade von allen Individuen anerkannte Imperative voraus, eine Gesellschaft, die auf selbstbewussten, frei assoziierten Individuen aufbaut und nicht auf dem Egoismus Einzelner.

Doch die aktuellen ethnizistischen, kommunitaristischen oder religiös-fundamentalistisch motivierten Widerstände gegen die Alleinherrschaft des Gewinnstrebens bilden nur die Kehrseite der Medaille. Auch sie erkennen keine Universalismen an. Soziale und ökonomische Menschenrechte sind für sie kein anzustrebendes Ziel. Der Konflikt beschränkt sich also nicht allein auf den Konflikt zwischen einfacher und doppelter Buchführung, wenngleich beide für widerstreitende soziale Reproduktionsformen einstehen, oder etwa auf die Alternative zwischen bürokratischem Wohlfahrtsstaat und freier Marktwirtschaft, was die Propagandisten des Neoliberalismus gern behaupten, auch nicht auf die Alternative zwischen einer Religionsgemeinschaft oder Ethnie und einer Gesellschaft freier Wirtschaftssubjekte. Es ist ein wesentlicher Konflikt, den jede Form der Assoziation von Menschen reproduziert, nämlich der Konflikt zwischen dem Wunsch, individuelle Bedürfnisse zu befriedigen, und der Notwendigkeit, diese Befriedigung, um des Zusammenhalts der Gesellschaft willen, einzuschränken.

Der Totalitarismus von Scheinalternativen wie Faschismus und Kommunismus mit ihrer bürokratischen Verwaltung von Menschen, aber auch die aktuellen ethnisch-nationalistischen Bewegungen oder die religiösen Fundamentalismen und Sekten unterdrücken und verdrängen, was in der Geschichte immer wieder als universelles ökonomisches und politisches Recht reklamiert wurde: die Assoziation freier Individuen, deren Lebensmöglichkeit nicht vom Ergebnis der Gewinn- und Verlustrechnung abhängig ist und die auch nicht von einer Religionsgemeinschaft, einer Ethnie, einem Volk oder einer Parteiorganisation zur Aufgabe ihrer Selbstständigkeit und ihres Eigensinns gezwungen werden können; deren Freiheit also allein von den Freiheitsrechten anderer eingeschränkt werden kann. Freiheit ist immer auch die des anderen.

# II
# Sparen um jeden Preis

Für Staaten, die um Aufnahme in die Wirtschaftsgemeinschaft der Europäischen Union bitten, besteht die zu erbringende Vorleistung in radikaler Austeritätspolitik. Sie sollen schlank werden. Sparsamkeitsdiät in allen Bereichen des Staatshaushaltes. Sie müssen die inflationsfreie Stabilität der Währung garantieren, wenn sie auf den Neuen Markt wollen. Dazu kommen Steuersenkungen, um Investoren zu animieren oder Betriebe von der Flucht in Steueroasen abzuhalten. Viele solcher Maßnahmen mindern selbstverständlich die Staatseinnahmen. Vor allem aber führt die Auslagerung von Teilen der Produktion, die durch die Beseitigung der Zollschranken und durch das entfesselte Gewinnstreben provoziert wird, zu Steuermindereinnahmen, die den Staat in die Defensive drängen. Um einem Bankrott zu entgehen, wird dann das Tafelsilber verkauft, wie zum Beispiel Betriebe der Energie- und Kommunikationswirtschaft, was dazu führt, dass auch diese Einnahmequellen versiegen, während der Gewinn durch den Verkauf der Staatsbetriebe vom Schuldendienst aufgefressen wird oder in den Löchern des maroden Staatshaushaltes verschwindet.

Wo im Zuge neoliberaler Wirtschaftspolitik mit der rigorosen Privatisierung von Staatsbetrieben öffentliche Einrichtungen dem Wettbewerb auf dem Markt ausgeliefert und zum Gegenstand der Betriebswirtschaft gemacht werden, antwortet man auf die Krise des Staatshaushaltes mit dem Schlagwort Sparen. Einsparungen im Sozial-, Bildungs- und Kulturbereich sollen aus der Krise helfen. Ohne die weitreichenden politischen Konsequenzen zu bedenken, die die Liquidierung öffentlicher Wohlfahrts- und Kultureinrichtungen nach sich zieht, wird auf das Zauberwort gesetzt. Sparen ist dabei aber nicht als Teil eines Konzepts zu erkennen, um die gesellschaftliche Krise zu überwinden; es mangelt an grundsätzlichen Reflexionen und Entwürfen zur sozialen und wirtschaftlichen Reorganisation der Gesellschaft, um nachzuholen, was man versäumte, als das Verschwinden ganzer Staatengebilde dazu Anlass gab. All dies unterbleibt, das Programm heißt einfach nur Sparen und erinnert uns an die Urgroßeltern, die ihren Haushalt noch aus dem Weckglas im Küchenschrank verwalteten. Was man nicht hat, kann man nicht ausgeben, eine Auffassung, die uns – weit entfernt von modernem ökonomischen Denken – in die mittelalterliche Welt der Märchen entführt, wo das Geld als Hort oder Schatz Glück und Wohlergehen bescherte. Die Idee, dass Sparen von Gott und Weltwirtschaft mit Sterntaler- oder Arbeitsplatzregen beantwortet wird, steht mit dem Glauben an Wunder in enger Beziehung und passt zur Auferstehung alter Magie- und Wunderkulte aus den Ruinen wirtschaftlicher Katastrophen.

Als Grundsatz persönlicher wie allgemeiner Lebensführung ist Sparsamkeit in der Geschichte der Deutschen fast zum genetischen Code des Nationalcharakters geworden. Möglicherweise ist die schon in Volksmärchen belegte Einstellung aus einer nicht verarbeiteten Katastrophe hervorgegangen, die als Dreißigjähriger Krieg im Geschichtsbewusstsein neutralisiert wurde. Das Land verwüstet, die Bevölkerung dezimiert und als Antwort: der Traum von der Wiederkunft des Reichs. Jedenfalls wird behauptet, dass aus der sprichwörtlichen Sparsamkeit und Disziplin – verbunden mit der militärischen Organisation der Gesellschaft – Nation und Reich hervorgegangen seien. Ordnung und Genügsamkeit waren zu Tugenden avanciert, mit denen sich die Nation identifizierte – das waren nun ihre Werte. Wenngleich Disziplin nur ein anderes Wort für Sparsamkeit ist, eine sparsam kontrollierte Bewegung von Körper und Geist sozusagen, so erfordert sie doch zugleich die restlose Verausgabung aller Triebkräfte in der erregten Anspannung, die jede Disziplin voraussetzt. Kein Überschuss für emotionale Beziehungen der Menschen untereinander, kein Raum für Fantasie, kein Luxus ausdehnbarer Räume und Zeiten, in denen sich ein Individuum entfalten könnte. Wie der Mythos von der Geschichte des Reichs, der die Gesellschaft auf eine Erfindung einschwören und so zusammenhalten sollte, hatte Sparsamkeit, in Verbindung mit militärischem Drill, Vorbildfunktion für die zu spät gekommene Nation. Der Mythos hat sie überhaupt erst konstituiert. Darüber hinaus scheint die berühmte deutsche Sparsamkeit immer eine zwiespältige Tugend gewesen zu sein. Denn es stellt sich nicht nur die Frage, für welche Ziele gespart wird, sondern auch: wer spart und was wird gespart? Angesichts der Spekulation in den Gründerjahren der neuen Reichshauptstadt und der Prunksucht des zweiten Kaiserreichs kann von Sparsamkeit eigentlich nicht geredet werden. Obgleich das Elend der Arbeiter, die wie Vieh in den Hinterhöfen der Mietskasernen gehalten wurden, durchaus erkennen ließ, an welcher Stelle und was gespart werden sollte.

Hervorgegangen aus preußisch-protestantischer Tradition, ist die Sparsamkeit der Deutschen eher eine Haltung, ein Mythos, der die Köpfe vernebelt wie der Mythos von Volk und Vaterland. Anstatt zu Sparsamkeit führte der Identität stiftende Mythos des deutschen Nationalismus dazu, enorme Summen in Monumente, Prestige-, Prunk- und Regierungsbauwerke zu investieren. Und natürlich in Militär und Industrie, Rüstung und Chemie, dem Stolz des aufstrebenden Reichs. Wirtschaftswachstum ruft nach physischer Expansion. Das Reich verlangt nach Ausdehnung, weil nach Ansicht der Zeitgenossen erst Kolonien in Übersee ein Imperium wirklich zu einem Imperium machen. Waren Kolonien auch so gut wie vergeben, nahm sich das Reich doch hier ein Stück Afrika und dort eine Insel im Pazifik, weniger um Rohstoffe für nimmersatte Industrien in die Heimat zu schaffen, als um »einen Platz an der Sonne« zu haben und die deutschen Tugenden in alle Welt zu exportieren. Der »Verein für die Pflege des Deutschtums im Ausland« hatte in den neuen Kolonien ein uneingeschränktes Betätigungsfeld, Sparsamkeit und Disziplin den Völkern Afrikas und Polynesiens zu lehren.

Kriegseuphorie und Kriegsanleihen – Gold gab ich für Eisen! –, Material- und Menschenschlachten des Ersten Weltkrieges waren dann auch weniger Ausdruck einer ökonomischen Sparsamkeit als einer Massenhysterie und Opferwut: In *Die letzten Tage der Menschheit*, wie Karl Kraus sein Buch über diesen kollektiven Selbstzerstörungswahn nannte, sollte im »großen Schlachten« alles untergehen. Ein Sparen durch Vernichtung von Menschen und Material. Die Wiederkehr eines archaischen Opferwahns zeigt sich in der monetaristischen

Auffassung von der Ökonomie, die Menschen nur noch als variable Größe eines Kalküls zu begreifen vermag. Kein Wunder, dass der Guru neoliberaler Wirtschaftspolitik, Meisterökonom Milton Friedman, Hjalmar Schacht und Adolf Hitler für ihre Wirtschaftspolitik des knappen Geldes sogar ausdrücklich gelobt hat. Mit dem Kunstgriff »Vergrößerung des Volkes« hatten sie Bevölkerungsmenge und Geldmenge scheinbar wieder in ein stabiles Verhältnis gesetzt und der Begehrlichkeit der Konsumenten einen Riegel vorgeschoben. Für neoliberale Ökonomen sind Kriege ohnehin nur Posten der Bilanz und zudem unvermeidbar, wenn das Gewinnstreben ökonomischer Macht politisch blockiert wird.

Die Bau- und Kriegswut der Nazis führte allerdings zu Exzessen, die das zweite Kaiserreich noch in den Schatten stellten. Ökonomische Sparsamkeit oder auch nur Sparsamkeit in technischen Konstruktionen, um aus dem geringsten Einsatz den größten Nutzen zu ziehen, Sparsamkeit im klassischen Sinn sozusagen, war kein Thema mehr. Schlachten, Schlachten, Schlachten, das war, wenn wir Ernst Jünger folgen, Ziel und Zweck des neuen Sparens. Selbst die Begeisterung für den Eintopf, die der Führer mit seinem Volk teilte, konnte darüber nicht hinwegtäuschen. Wie bei einer Jugendbande, die den Vater gerade durch einen Führer ersetzt hat, ging es der so genannten Bewegung um die totale Verausgabung aller Kräfte, um der Welt zu zeigen, wer man ist und vor allem, wozu man fähig ist: Totales Sparen, könnte man sagen, heißt mit den Mitteln der Moderne, vor allem ihrer Technik, durch Opferexzesse nie gekannten Ausmaßes jenen mythischen Glauben wiederzubeleben, der die dargebrachten Opfer zum ersehnten Gewinn in direkte Beziehung setzt.

Das ungeheure Ausmaß der Zerstörung, die die untergegangenen Helden hinterließen, verbunden mit der Erkenntnis, dass große Wirtschaftsunternehmen maßgeblich beteiligt waren, begünstigten in der Nachkriegszeit Gesellschafts- und Wirtschaftskonzepte, die »Sparen durch Vernichtung« in die Schranken zu weisen versuchten. Ungehinderte ökonomische wie politische Machtkonzentration führt in die Selbstzerstörung der Gesellschaft. Das war die Erfahrung. Indem nun der Gesellschaft Vorrang vor der grenzenlosen Expansion ökonomischer Macht eingeräumt wurde, sollte einer Wiederholung vorgebeugt werden. Ein Subjekttausch sozusagen. Anstelle ungehinderter wirtschaftlicher Macht steckt die Gesellschaft den Rahmen des Marktes ab, kontrolliert ihn, unterbindet die Monopolbildung und garantiert mit den Menschenrechten zugleich die ökonomischen Lebensrechte ihrer Bürger. Das Sozialstaatsgebot, in der Verfassung festgeschrieben, sollte die schwachen Teile der Bevölkerung vor der Aggressivität wirtschaftlichen Wildwuchses schützen. Den Opferwahn der barbarischen Volksgemeinschaft durch eine moderne soziale Demokratie zu ersetzen, war das Ziel. Eine Demokratie, die Sozial-, Bildungs- und Kultureinrichtungen für alle Mitglieder der Gesellschaft bereithält und nicht nur die Schwachen und Benachteiligten unterstützt, sondern darüber hinaus, als Antwort auf die Erfahrungen mit der eigenen Geschichte, auch politisch Verfolgten aus anderen Nationen Asyl und Unterstützung gewährt. An die Stelle der Barbarei des »Sparens durch Vernichtung« sollte eine soziale Wirtschaftsverfassung treten, die Ausgleich und Menschlichkeit vor ökonomische Partialinteressen stellt.

Beschädigt durch den neoliberalen Wirtschaftskrieg und die damit verbundene Sparwut, steht die von falschen oder zumindest anderen Voraussetzungen ausgehende Finanzierung der sozialen Sicherheitssysteme heute vor dem Aus. Sie sind nicht mehr bezahlbar, wird behauptet, weil die Einkünfte des Staates nicht mit den Forderungen der Bedürftigen Schritt halten. Vielleicht sind die sozialen Sicherungssysteme auch nicht mehr gewollt, in einer Zeit, in der die gewaltige Konzentration wirtschaftlicher Macht auch das Bewusstsein von Politikern formt. Unter dem Banner einer neoliberalen Wirtschaftspolitik sind sie dabei, die letzten sozialen Schutzmauern gegen ökonomischen Wildwuchs einzureißen. Wenngleich die sprichwörtliche Sparsamkeit der Deutschen in den Abenteuern des 20. Jahrhunderts verpufft zu sein scheint, hat das Wort Sparen wieder eine Renaissance erlebt, jetzt allerdings als vermeintliche Notwendigkeit neoliberaler Wirtschaftspolitik.

Was heißt eigentlich Sparen? Ein schillerndes, wohl altes Wort, das eine Reihe oft gegensätzlicher Bedeutungen in sich vereinigt und auf unterschiedliche historische und soziale Erfahrungen der Gesellschaft Bezug nimmt.

Zunächst denkt man an *Aufheben für schlechte Zeiten*, ein Begriff von Sparen, der die Welt alter Agrargesellschaften durchscheinen lässt, wo Unwetter, Trockenheit und Missernten noch Hungersnöte verursacht haben. Es ist also ein Wort, das einmal »schonen, erhalten, unversehrt bewahren« bedeutete. Im schweizerischen Gruß *Spar di Gott gsund* wird deutlich, dass Sparen aber nicht nur das Überleben garantiert, sondern auch die Gesundheit, also geradezu Heilkraft hat, wie der Salbei, dessen sprachliche Wurzeln wie das englische Wort *Save* für Sparen auf das lateinische *salvus*, heil, wohlbehalten, gesund und unverletzt, zurückgeht. Wo dem Einzelnen Raum gegeben wird, sich als Individuum zu konstituieren und mit anderen zu kommunizieren, also kommunizierend seine Bedürfnisse und die der anderen zu befriedigen, entsteht die humane Gesellschaft, Reichtum durch Sicherheit – *safety*. Wie das lateinische Wort *spatium*, das Sparen mit dem Raum assoziiert, geht auch die indogermanische Wurzel des Wortes Sparen auf sich ausdehnen, gedeihen zurück und zeigt, dass der Raum und die Zeit, in denen die Individuen zueinander in Beziehung treten, mit einem Begriff von Sparen verbunden sind, der weit über den Horizont der Betriebswirte hinausgeht.

Das Antonym zu Sparen heißt *pestilencia*. Es deutet das Unheil schon an, das heraufbeschwört, wer die gesellschaftlichen Sparzwänge, das heißt ihre Ordnungs- und Opfergesetze missachtet. Es ist die Pest, lateinisch *pestis* – Seuche, Siechtum, Unglück, Untergang –, die nach Auffassung religiöser Eiferer jene bedroht, die in Überfluss und Schwelgerei leben. Ein Bannfluch, der immer wieder ausgesprochen wird, wenn vermeintliche Zügellosigkeit die Gesellschaft beherrscht: Lustverbot ist Ausgangspunkt von Religion und Opferkult. In der *Maske des roten Todes* hat Edgar Allen Poe beschrieben, was damit gemeint ist. Fürst Prospero – das personifizierte Wohlergehen – hat eine Gesellschaft in seine Abtei geladen, um sich und seine Freunde vor der Pest zu schützen. So wie sich Wohlhabende in Amerika und vermutlich auch bald in Europa hinter Mauern, Polizei und Stacheldraht verschanzen, um ihren Reichtum vor Raub und Plünderungen zu bewahren. Das Gefängnis wird zum Aufenthaltsort der Besitzenden, während die Habenichtse wie wilde Tiere oder eben die Pest vor den Toren lauern und den Luxus bedrohen. Die Türen verschlossen, sollte drinnen ein Fest stattfinden, ein Maskenfest, das wie der Karneval im Rausch vereint und gesellschaftliche Tabus außer Kraft setzt. Doch die Dialektik von Reichtum und Armut, Gesundheit und Krankheit, Leben und Tod ist auch durch einen Kunstgriff nicht auszuschalten. Unter der Maske der Anonymität, die Freizügigkeit und Zügellosigkeit erst gestattet, war längst auch der Rote Tod anwesend. Mauern schützen nicht, wie man weiß. Das Ende ist bekannt: Finsternis und Verfall, als Strafe für Zügellosigkeit und Schwelgerei.

Immer ist das Grundmuster dasselbe: Vom Himmel oder Schicksal verhängt, droht Strafe für die Übertretung religiöser oder auch sozialer Tabus – die biblischen Plagen. Die Sphinx bedroht Theben, Ungeheuer aller Art, Elend und Pest werden als Strafen aufgefasst, die dann durch Buße und Opfer wieder gutzumachen sind. Die berühmten Festspiele von Oberammergau gehen auf derartige Wiedergutmachungsveranstaltungen zurück, genau wie die vielen Marienheiligtümer in aller Welt, wo heute noch die angehefteten Votivtafeln auf die Errettung von Unglücks- und Notfällen hinweisen. Wenn schon nicht im Voraus, müssen der Errettung wenigstens im Nachhinein Opfer gebracht werden. Es ist der Salvador, der Retter oder die Retterin – Maria hat geholfen –, die Sparen in der Bedeutung von Bewahren aus der monetären Sphäre lösen und in die gesellschaftliche Lebenswelt ausdehnen. Das Wort Sparen geht von der Hauswirtschaft in die Gesellschaft über, wo es als Ausdruck der Hoffnung – nämlich auf bessere Zeiten – die religiöse mit der säkularen Welt verbindet. Wo die Not am größten, ist auch die Rettung nah. Diese Zuversicht nährt den Glauben, dass durch Sparen allein die Gesellschaft genesen wird.

Als Ausdruck der Hoffnung – lateinisch *sperare* –, wird Sparen als Vorrat-Schaffen für schlechte Zeiten, zum Ansparen oder vom Munde absparen, jedenfalls zu einem Opfer, von dem man glaubt, dass es als Vorrat hilft, kommende Katastrophen zu überstehen oder einfach nur durch den nächsten Winter zu kommen. Natürlich muss alles durch zusätzliche Opfer erkauft werden: Dankopfer und Arbeit. Als biblische Strafe für Zügellosigkeit bekannt, wird Arbeit in der modernen Gesellschaft zu einem im Voraus geforderten Opfer, das einen

Lohn verspricht – Entgelt. In archaischen Opferkulten vorgebildet, wurde seit Menschengedenken das Verhältnis von Opfer und Gewinn als Grundlage der Ökonomie anerkannt. Opfer von Stammes- oder Religionsgemeinschaften, wie zum Beispiel das Schwein, das beim Opfermahl gemeinsam verzehrt wurde und heute noch in etwas veränderter Gestalt im Sparschwein fortlebt, wurden in der Hoffnung auf einen späteren Gewinn gebracht: einen persönlichen Gewinn, einen Gewinn der Gemeinschaft oder der Gesellschaft.

Im Grunde gehen der Tausch und alles Denken in Äquivalenten aus einem säkularisierten Opferkult hervor; auch die Idee des gerechten Tauschs und der sozialen Balance, vermittelt durch einen Markt unter der Obhut der Gesellschaft – einen Markt, der die Schwachen durch Zölle oder Subventionen schützt und dem Individuum Raum gibt, sich zu entfalten. Die Beziehung des Wortes Sparen zum Raum, *spatium*, wie zu *spes*, Erwartung, Hoffnung, oder *sperare*, hoffen, aber auch zum Gegenteil, wie spärlich, sparsam, also zu Mangel – wie beim *sparerib*, dem meist verkohlten Fleischmangel am Schweinsknochen auf dem Grillteller –, weist auf die Ambivalenz eines Wortes hin, das aus dem Zentrum der Gesellschaftsbildung stammt. Ist die Ambivalenz abhanden gekommen, wird das Wort Sparen in einem Sinn benutzt, der keine Vorstellung von der Gesellschaft mehr erkennen lässt. Konsolidierung eines Haushaltes ist kein gesellschaftliches Ziel, kein gemeinsames Interesse, überhaupt nichts, was die Gesellschaft zusammenhalten könnte. So wie man die Gemeinsamkeit der Völker Europas auf die Währungsunion reduziert, schrumpft die Gesellschaft auf eine Summe von Wirtschaftsbetrieben zusammen. Sparen wird zu einem Wort Orwellscher *New Speak*, das in die Irre führt. Anstatt zu bewahren, wird eingespart, weggespart. Das Gesparte verschwindet einfach: Teile von Schulen, Universitäten, Einrichtungen des Wohlfahrtsstaates. Die Opfer finden sich dann in Gestalt der Bettler auf der Straße wieder. Der Effekt: eine Selbstzerstörung der Gesellschaft.

Offenbar befinden wir uns in einer neuen Phase des »Sparens durch Vernichtung«. Diesmal weltweit. Als Friedrich Hayek, Milton Friedman und einige Freunde der London School of Economics am Mont Pèlerin zusammenkamen, wurde, wie bereits erwähnt, die letzte Schlacht gegen den Sozialstaat konzipiert, mit dem Ziel, darwinistische Verhältnisse in der Gesellschaft durchzusetzen – Wildnis. Der Kampf von jedem gegen jeden sollte endlich der totalen Freiheit, aber nicht des Individuums, sondern der Macht des Geldes zum Durchbruch verhelfen. Als chirurgische Operation moderner Kriegführung soll unter den Deckworten Sanierung oder Sparmaßnahme der Angriff auf die letzten Bastionen des Wohlfahrtsstaates vorgenommen werden.

Wo die Gesellschaft auf ein Wirtschaftsunternehmen reduziert wird, eignen sich auch Politiker die Sprache von Wirtschaftsführern an. Sie sprechen von Produkten und meinen dann Universitäten, Schulen, Sozial- und Kultureinrichtungen. Ihre Sparmaßnahmen führen zur intellektuellen, kulturellen und nicht zuletzt zur realen Verarmung der Gesellschaft und stehen in direkter Beziehung zu Sparmaßnahmen von Wirtschaftsbetrieben, die auf dem Weltmarkt konkurrenzfähig bleiben wollen.

Was man heute als Globalisierung beklagt, feiert oder einfach als historische Konsequenz fortschreitender Kapitalakkumulation und technischer Entwicklung bezeichnet, wird ebenfalls von der Maxime des Sparens geleitet. Diese Entwicklung hat zu äußerst flexiblen Wirtschaftsunternehmen geführt, die ihre Produktionsstätten bald hierhin, bald dorthin verlagern, um Produktionskosten einzusparen und den Absatz zu steigern. Sie folgen einer dem Wirtschaftsprozess inhärenten Tendenz, die Wachstum, Steigerung der Arbeitsproduktivität und Senkung der Produktionskosten verlangt, um auf dem Markt bestehen zu können. Zudem hat die Globalisierung der Lebens- und Konsumgewohnheiten, in Verbindung mit der weltweiten Standardisierung von Geschmack und Mode, zu einer beträchtlichen Reduktion der Warenvielfalt geführt. Nicht Verausgabung von Energie und Reichtum, also Luxus und Vielgestaltigkeit ist das angestrebte Ziel, sondern Einsparung – Einsparung aufseiten der Produktion, Uniformierung aufseiten des Konsums. Dem entspricht die materielle und psychische Verarmung der Individuen im Bereich der Erfahrung und die Einschränkung der tätigen Sinne, durch die allein die Welt vermittelt wird.

In dem Maß, wie die herrschende Sparwut, in Verbindung mit der

Umverteilung des Sozialprodukts vieler auf wenige, die Gesellschaft zerstört, produziert sie als Reaktion auf den Verlust der eigenen Lebensmöglichkeiten und -perspektiven der Gesellschaftsmitglieder Angst, die sich immer wieder in Aggressionen und Zerstörungswut Luft macht. Kriminelle Gewalt, die Gewalt der Street-Gangs, Raub und Plünderungen als Kollateralschäden politischer Straßenkämpfe und die weltweite Zunahme der Gewalt im Alltag sind unter anderem auch Reaktionen auf die Enteignung durch das Sparen. Wo die Gesellschaft, um ihres Zusammenhaltes willen, die Gewalt domestizieren muss, setzt der Zerfall der Gesellschaft überall wuchernde Gewalt wieder frei.

# III
## Anstiftung zur Gewalt

Suchen Sie Ihr schönstes Sakko aus,
wir machen es Ihnen kugelsicher.

Aus einer Werbung

Überall begegnen wir Formen der Gewalt, die sich wie selbstverständlich im Alltag ausgebreitet haben. Gewalt drückt sich im Umgang der Individuen miteinander wie in den Formen individueller Selbstdarstellung aus. Wo sich jede Verbindlichkeit im Kampf ums Überleben auflöst, wird der Mangel an Solidarität durch Subordination und Konformität kompensiert. Allein die globale Uniformierung – Baseballkappe, Tennisschuhe, Rucksack, Springerstiefel, Tarnanzug – lässt erkennen, dass der Anpassungsdruck enorm und die Auswahl an Identität stiftenden Accessoires eher gering ist. Schritt für Schritt verbreitet sich eine von militärischen Elementen stimulierte Kultur. Sie dringt in den Alltag und wuchert bis in die Häuser durchaus nicht auf Krieg erpichter Zeitgenossen hinein. Das elektronische Volksspielzeug – Radio, TV, CD, PC – macht die Wohnung zur Kommandozentrale. Design der Apparate, Sprache und Geist der strategischen Spiele lassen eine Differenz zwischen Krieg und Frieden nicht mehr recht erkennen.[20] Das Private wird so kriegerisch wie der Krieg zur Privatsache. Entgegen der Hoffnung, dass mit der Beseitigung aller Hemmnisse, welche die Wirtschaft bisher behinderten, auch die Individuen von jeder Art Zwang und Einschränkung befreit würden, breiten sich Konformismus und militärische Organisationsformen mit den dazugehörigen, Identität vermittelnden Markenzeichen epidemisch aus.

Wiewohl bedenklich, sind diese Erscheinungen nicht mehr als Symptome für etwas, das als weltweit neues Phänomen noch gar nicht richtig ins Bewusstsein gedrungen ist, obgleich die Zunahme der Alltagsgewalt in den postindustriellen Gesellschaften, in Verbindung mit den vielen ethnisch, religiös oder territorial motivierten Kleinkriegen, als deutliches Anzeichen für einen grundlegenden Wandel der sozialen Verhältnisse zu werten ist. Noch scheinen die meisten Vorfälle nur Nachrichten von vermeintlich weit entfernten Schauplätzen, wie die Genozide in Ex-Jugoslawien, in Ruanda, im Kongo oder in Borneo oder die militärischen Konflikte mit der Kokainguerilla in Kolumbien und die immer wieder aufflammenden Riots und Plünderungen wie in Los Angeles 1992 und Cincinnati 2001. Aber schon die Kleinkriege unter Jugendbanden und die wachsende Zahl von bewaffneten Konflikten in den Metropolen der Dritten und Ersten Welt zeigen zumindest statistisch, dass gewaltförmige Auseinandersetzungen ganz allgemein zunehmen. Doch erst der Schock, den der Angriff auf das World Trade Center und das Pentagon auslöste, hat auch den großen Krieg wieder ins Zentrum von Bewusstsein und Erfahrung gerückt.

In den *Aussichten auf den Bürgerkrieg* hat Hans Magnus Enzensberger vor einigen Jahren auf die sich ausbreitende allgemeine Gewaltbereitschaft hingewiesen. Bewaffneter Mob und Banden beherrschen die Szenerie in Stadt und Land, weil der Sozialdarwinismus des *Free Market* jeden gesellschaftlichen Zusammenhalt hinweggefegt hat. Die Konsequenzen sind allgemeine Auflösungserscheinungen, eine Atomisierung der Gesellschaft. Wo es bis vor einigen Jahrzehnten noch allgemeine Auffassung war, dass alle Gesellschaftsmitglieder durch einen *Contrat Social* in einem Wohlfahrtsstaat verbunden seien, schließt die Gesellschaft heute immer mehr Menschen aus. Zugrunde liegt ein Tendenzwechsel, den Niklas Luhmann[21] als Wandel von einer Gesellschaft der Inklusion in eine Gesellschaft der Exklusion beschrieben hat. Auch die in der Restgesellschaft verbleibenden Individuen und Gruppen schließen sich voneinander ab, ihre Perspektivlosigkeit entlädt sich in Gewaltakten. Früher waren es die Siedlungen Marginalisierter, aus denen die Menschen auszubrechen versuchten, heute sind dazu eine Reihe weiterer, sichtbarer wie unsichtbarer Ausschlussmechanismen gekommen, gegen die sie sich zur Wehr setzen.

Die wachsende Aggressivität und Gewaltbereitschaft scheinen Phänomene zu sein, die sich jedem Versuch der Eindämmung mit den

Mitteln einer demokratisch legitimierten Staatsgewalt entziehen.
Überfälle, Raub, Plünderungen aus sozialer Not und selbst xenopho-
bisch motivierte Anschläge sind noch vergleichsweise rationale Gewaltakte gegenüber Vandalismus und Hass, die unvermittelt ausbre-
chen und jeden treffen können. Gewalt wendet sich sowohl nach
außen als auch nach innen. Die Eskalation von Gewaltakten beunru-
higt, weil sie einen inneren Zerfall des gesellschaftlichen Zusammenhalts vor Augen führt, gegen den die gesellschaftlichen Institutionen
machtlos erscheinen. Die Gesellschaft zerfällt in Verteidigungsgemeinschaften und Gangs, die in einem permanenten Kriegszustand
leben. »Im internationalen Maßstab«, schreibt Hans Magnus Enzensberger, »wird überall an der Befestigung des Limes gearbeitet, der vor
den Barbaren schützen soll. Aber auch im Innern der Metropolen bilden sich Archipele der Sicherheit, die verteidigt werden. In den großen amerikanischen, afrikanischen und asiatischen Städten gibt es
längst Bunker der Glückseligen, die von hohen stacheldrahtbewehr-
ten Mauern umgeben sind. Manchmal sind es ganze Viertel, die nur
mit Sonderausweis betreten werden können. Schranken, elektronische Kameras und scharf dressierte Hunde kontrollieren den Zugang.
Maschinengewehrschützen auf Wachtürmen sichern die Umgebung.«[22]
Der niederländische Architekt Rem Koolhaas hat bereits 1972,
nach den Riots in London, mit einigen Kollegen die postmoderne
Stadt der Zukunft entworfen.[23] Hohe Festungsmauern, die sonst eher
Staats- als Stadtgrenzen markieren, schützen die eingemauerte Si-
cherheitszone der »freiwilligen Gefangenen«. Sie ist mit allen Versor-
gungseinrichtungen ausgestattet, weil die Gefangenen ihre Festung
sowieso nicht mehr verlassen, es sei denn für einen Besuch bei ebenfalls eingemauerten Freunden – in gepanzerten Wagen, die in Kon-
vois durch feindliches Gelände fahren. Heute gehören die *Gated communities*, wie die festungsähnlichen Gebilde genannt werden, zu dem
am schnellsten wachsenden Immobiliensektor der Welt, der sich auch
in vergleichsweise idyllischen Großstädten wie Berlin auszubreiten
beginnt. Checkpoint Plaza am ehemaligen Grenzübergang Fried-
richstraße – ständiger Hausmeister, eigener Wachdienst, schusssichere
Türen und Fenster, elektronische Sicherheitsanlagen – und Esplanade

Residence am Potsdamer Platz haben den Anfang gemacht. »Checkpoint Plaza ist«, so die Betreiber, »Ausdruck von Persönlichkeit, Zeitgeist und Erfolg.«[24]

In dem Maß, wie die Gesellschaft in Gemeinschaften, Gruppen, Mafias und Familien zerfällt und durch das absolut herrschende Gewinnprinzip auch jeder Einzelne des anderen Konkurrent und Feind wird, sind zuerst Fremde davon betroffen. Ein perverser Versuch der Überwindung sozialer Atomisierung führt dazu, dass einander entfremdete Bürger sich gegenüber Fremden wieder zu einer Gemeinschaft zusammenschließen. Richtet sich die Gewalt gegen Fremde, kann sie jederzeit die nötige Zustimmung aus der Bevölkerung bekommen. Der öffentliche Applaus Schaulustiger beim Abfackeln ganzer Wohnblocks, in denen Ausländer wohnen, lässt daran keinen Zweifel.[25] Auch die von Lynchstimmung begleiteten Aggressionen gegenüber marokkanischen und lateinamerikanischen Hilfskräften in Spanien zeigen, wie schnell sich »brave Bürger« in einen Mob verwandeln können. Ziel der Aggression sind nicht etwa Sklavenhändler und Unternehmer, die billige Arbeitskräfte aus den Armenregionen der Welt auf den heimischen Arbeitsmarkt schleusen, Aggressionsobjekte sind die Sklaven selbst, durch die die Einheimischen ihre Arbeitsplätze und damit ihre Lebensgrundlage bedroht sehen.

Nichts gegen Fremde, solange sie sich anpassen und alles Eigene abstreifen. Sollten sie aber aus der Reihe tanzen, wird ihnen die Landessprache beigebracht. Ein Impuls, der noch für jede Gemeinschaftsbildung konstitutiv war: Das Eigene wahren, das Fremde abwehren, wo möglich vernichten. Familien, Stämme und Ethnien bilden die historischen Formen dieser Art von »Verteidigungsgemeinschaften«. Humanisiert wurden die dem Kollektiv innewohnenden Gewaltverhältnisse erst durch die Verlagerung des Subjekts von der Gemeinschaft auf das Individuum, das so zivilisiert zu anderen Individuen in Beziehung treten konnte. Individualisierung ist ein unabdingbarer Baustein der zivilen Gesellschaft, Kollektive und Banden zerstören sie. Bedenklich, wenn Stützpfeiler des Zivilisationsgebäudes wegbrechen und Teile der Gesellschaft als keulenschwingende Horden – Baseballschläger in der Hand und ein archaisierendes Weltbild im

Kopf – mit allen Attributen der Steinzeit versehen gegen »Kanaken«[26] ins Feld ziehen oder Türken »klatschen« gehen.

Immer sind es Fremde, chinesische oder koreanische Händler in Los Angeles, Schwarz- oder Nordafrikaner in Italien, Spanien und Frankreich, Inder und Westinder in England oder Türken in Deutschland, auf die sich der Hass konzentriert. Ihr Anderssein – andere Hautfarbe, fremde Kulte und Religionen – prädestiniert sie zu Zielscheiben der Konformität fordernden Gemeinschaft. Gelingt es ihnen, Händler zu werden, trifft sie der Hass der Ärmsten der einheimischen Bevölkerung, auch wenn sie nur alle Möglichkeiten ausschöpfen, die ihnen das Gesetz zugesteht; und als illegale Arbeitssklaven sind sie feindliche Konkurrenten, die schnellstens aus dem Weg geräumt werden müssen. Wenn Fremde nur einfach da sind, sind sie erst recht suspekt. Was wollen sie hier, wo sie doch fremd sind?

Eine alles Fremde ausschließende Herrschaft in einem eigenen Reich kann nur mit Gewalt realisiert werden. Wo Gewalt waltet, kann kein Fremder überleben. Vor allem, wenn es um die Heimat geht. Ob eine Gang Wohnblocks und Stadtviertel besetzt oder Reichsführer neuen Siedlungsraum jenseits der eigenen Staatsgrenzen erobern – im emphatischen Sinn ist Heimat immer ein Produkt der Aneignung von Fremdem, das mit Gewalt erst heimisch gemacht wird. Das aus dem Lateinischen stammende Wort *Violation* drückt den Sachverhalt frei von dem im deutschen Wort Gewalt mitschwingenden Recht auf Gewaltausübung wie etwa beim unverzichtbaren Gewaltmonopol des Staates aus, der als gesellschaftliches Subjekt den Schutz der Individuen garantiert. *Violare* heißt vergewaltigen, misshandeln, verwunden, plündern, verheeren, verwüsten, so wie viele Gemeinschaften auf dem Balkan in den letzten zehn Jahren ihre Heimat mit Gewalt erobert haben. Heimat ist ein Kampfbegriff, der es auf die Vernichtung eines Gegners abgesehen hat.

Dass Politik und Wirtschaft ihre Aktionen mit Ausdrücken der militärischen Kampfsprache beschreiben – Kampagnen, Feldzüge, Guerilla Marketing –,[27] zeigt, wie Krieg und Frieden miteinander verbunden sind und wie sie sich wechselseitig durchdringen. Was wir als friedlich bezeichnen – Handel und Markt –, ist mit aggressiven, feindlichen Handlungen verbunden, während man auch im Krieg auf soziale Elemente der Fürsorge nicht verzichten will: Feuerpause, um die Leichen auf dem Schlachtfeld einzusammeln, oder das Kriegsrecht, das dem Schlachten Regeln auferlegt, um nicht im unkontrollierten Massaker zu enden. Aber das gehört schon der Vergangenheit an, einer Zeit, in der es noch allgemeine Auffassung war, partikulare Gewalt durch das Gewaltmonopol des Staates und eine internalisierte Moral aus der Gesellschaft fern halten zu können. Nach einem Jahrhundert weltweiter Barbarisierung breitet sich heute allgemeine, ziellose und unkontrollierte Gewalt in allen Gesellschaften aus. Scheinbar unbemerkt ist der Krieg in den Alltag eingezogen.

Ganz so wie die Mode den Kampfanzug längst auf den Laufsteg gehievt hat und Springerstiefel als Damenschuhe in Boutiquen feilgeboten werden, ganz abgesehen von militärisch gestylten Geländewagen oder Jeeps, die zum Outfit eines richtigen Yuppies gehören, sickert Militärisches nun in alle gesellschaftlichen Bereiche ein und verwandelt die Gesellschaft in eine mit Kriegsspielzeug hantierende Ansammlung von Gruppen und Einzeltätern. Mit dem Game-Stick geführte *Street-Fighter* exekutieren den Bandenkrieg auf dem Bildschirm, und wie seinerzeit im Führerbunker bringt der Letzte sich dann selber um. Zu Friedenszeiten verbreitet das Radio die Wetteraussichten wie einen Kriegsbericht: Radarechos aus dem Oder-Raum künden heranziehende Wolkenverbände an, von denen allerdings weniger ein Bombenhagel als unter Umständen ein saurer Regen erwartet wird.

Der kalifornische Gewaltforscher Mark Rosenberg[28] weist darauf hin, dass die meisten Menschen, die in den USA im Alter unter 45 Jahren zu Tode kommen, sowie 38 Prozent aller Toten überhaupt, Opfer eines Gewaltaktes sind. Die Statistik beweist, dass die Anzahl der Gewaltopfer unter den Toten wächst. Vor allem junge Afro-Amerikaner und Latinos aus den zerfallenden Vierteln der großen Städte gehören zu den Opfern. Dort ist Gewalt endemisch, Mord und Totschlag sind längst Teil der Alltagskultur geworden und verursachen ein posttraumatisches Syndrom, das zu gesteigerter Wachsamkeit, Verteidigungsbereitschaft und Feindseligkeiten führt. Der Schauspieler und Regisseur Edward James Olmos fürchtet, dass der Akt des Tötens zu einer Art Sucht unter den Kids geworden sei und dass die durch einen Totschlag ausgelöste Hochstimmung länger anhält als der Crack- oder Heroinrausch.[29] Ein Film wie *Natural Born Killers* scheint ihm Recht zu geben. Der Blutrausch war der Rausch des 20. Jahrhunderts, und er wird vermutlich auch der Rausch des 21. Jahrhunderts bleiben. Alles andere ist nur Ersatz. Gewalt richtet sich nicht nur gegen Fremde, sie richtet sich auch gegen Freunde. Gewalttäter und Opfer kennen einander, gehören der gleichen Familie, Bande oder Clique an. Indem sie die Aggressionen gegen sich selbst richten, fallen Subjekt und Objekt zusammen. Die Gewalt geht aus Gesellschaft und Individuum hervor und richtet sich wieder gegen sie. Sie folgt einer Tendenz gesellschaftlicher Selbstzerstörung. Die Psychoanalyse hat uns gezeigt, dass jeder Gewaltakt, jede Aggression immer auch eine autoaggressive Komponente hat. Den anderen vernichten zu wollen, heißt zugleich, den anderen im Selbst vernichten zu wollen, das Individuum als Subjekt auszuschalten. Denn das ist das Charakteristische des Individuums als entwickeltem Subjekt, dass es seinen eigenen Widerspruch immer in sich trägt. Nicht unbedingt *Jekyll and Hyde*, aber das andere Geschlecht ist Teil der produktiven Spannung eines jeden Individuums. Diese Spannung auszuschalten, bedeutet, von der Zivilisation Abschied zu nehmen. Die sich selbst verstümmelnden Krieger der Street Gangs – Tätowierungen, Wunden, Glatze – haben nach eigener Auffassung dadurch das Recht, auch jeden anderen verstümmeln zu können. Gewalt, die nicht mehr rational oder rationalisierend auf provozierende Gewalt antwortet, wird zur Impulshandlung oder dem sprichwörtlichen blinden Hass, der auf alles dreinschlagen lässt, was im Weg steht, auch wenn es die eigenen Gruppenmitglieder oder das agierende Individuum selbst sein sollten. Sie ist endogene Gewalt, die im Individuum wurzelt und von inneren Konflikten ausgeht. Wenn nicht aus dem Bauch, so kommt sie doch aus dem Individuum, das lange aufgestauten Aggressionen freien Lauf lässt.

Die epidemische Ausbreitung von Gewalt kann als Antwort auf die Entsolidarisierung der Gesellschaft interpretiert werden. Die Tatsache, dass Gewalt nach innen in traditionellen Gesellschaften wie funktionierenden Stammesgesellschaften ritualisiert und einem Regelwerk unterworfen ist, zeigt, wie wichtig die äußeren und inneren

Sozialgefüge für die Sicherheit des Individuums sind. Das bedeutet aber nicht, dass die Desintegration der Gesellschaft durch Rückkehr zu Gesellschaftsformen der Vergangenheit aufzuhalten wäre, ganz im Gegenteil, Wertekonservativismus ist selbst ein Zerfallsprodukt und steht der Bildung befriedigender Sozialverhältnisse immer im Weg, wenn er nicht schon die latente rechte Gewalt repräsentiert. Die heute in Mode gekommene Diskussion über Werte und Ethik im Wirtschaftsleben dient nur der Erhaltung des Status quo. Ein ohnmächtiger Ansatz, vielleicht auch ein Ablenkungsversuch, um die Herrschaft des Gewinnprinzips, das alles wirtschaftliche Handeln im Makro- wie im Mikrobereich bestimmt, nicht zu gefährden. Profit, Profit, Profit, also mitnehmen, was zu haben ist, und sei es mit Gewalt, das ist der Leitgedanke der neuen Wirtschaftsordnung. Ethos heißt Brauchtum, Gewohnheit, ist also etwas, das sich post festum aus den herrschenden Wirtschafts- und Sozialverhältnissen ergibt. In der postmodernen Marktgesellschaft wird das Ethos der agierenden Individuen durch das Gewinnprinzip, also mehr oder weniger ungehemmte Gewalt bestimmt. Erst die Verständigung über neue Formen gesellschaftlichen Zusammenlebens könnte eine dann damit verbundene Ethik wieder in die Diskussion bringen.

Beherrschung und Kontrolle der Gewalt sind in der Geschichte der Zivilisation entscheidende Elemente der Gesellschaftsbildung gewesen, sowohl jener Gewalt, die von der Natur ausgeht, als auch der Gewalt, die von der Natur des Menschen ausgeht. Die Domestizierung der Gewalt wie ihre begrenzte Zulassung zu Ritualen und ihre Sublimierung in Kultur und Zivilisation waren die Grundlage, auf der Menschen zur Gesellschaft zusammentraten, Opferfeste der sinnliche Ausdruck eines Systems von Gaben und Gegengaben – von Ökonomie. In Tauschakte verwandelt, bilden Opfer die Basis der gesellschaftlichen Reproduktion. Sie baut auf einem fragilen Verhältnis zur Gewalt auf. Geschlechterverhältnisse, Verhältnisse in Gemeinschaften und zwischen Gemeinschaften, die Gesellschaft selbst und ihr Verhältnis zu anderen Gesellschaften, alle Verhältnisse sind durch ihre Beziehung zur Gewalt bestimmt. Die Bindung und Beherrschung der Gewalt war wesentlicher Antrieb der Gesellschaftsbildung, und Gewalt geht aus der Gesellschaft selbst wieder hervor, wenn ihr die Balancie-

rung von widerstreitenden Interessen nicht gelingt. In der domesti-
zierten Gewalt offenbart sich die zivilisierte Gesellschaft.

Wir wissen nicht, warum Gemeinschaften von Menschen mit Tö-
tungsritualen und Tabuvorschriften ihren Zusammenhalt hergestellt
haben, wir kennen den Grund für die Entstehung der Opferkulte
nicht. Es ist viel darüber spekuliert worden. Innere wie äußere Katastrophenerfahrungen oder plötzliche Ausbrüche von Gewalt und
Massakern könnten Ausgangspunkt, der Opferkult dann also Kata-
strophenmanagement gewesen sein. Rationale Erklärungen, die mit
der Nützlichkeit von Verwandtschaftsregeln und angeblicher Schäd-
lichkeit des Inzests oder ökonomischer Zweckmäßigkeit des Opfers
argumentieren, sind Rationalisierungen ex post. Logik und Rationalität sind durch den Opferkult erst entstanden, sie gehen aus ihm hervor.

Möglich ist, dass Opferrituale einmal eine Antwort auf rauschhafte
Gewaltakte in einer Horde Hominiden waren. Ob es um Sex oder
den Verzehr einer Beute oder um beides ging, ist schwer zu sagen.
Unwahrscheinlich, dass das Opferritual durch ein schlechtes Gewissen ausgelöst wurde, wie Sigmund Freud den mythischen Urvater-
mord, Inzesttabu und anschließenden Opferkult in *Totem und Tabu*
deuten will. Ein schlechtes Gewissen stellt sich nicht von selbst ein.
Es könnte aber sein, dass es sich um eine von Darwin beschriebene
Funktion des Kampfs ums Überleben gehandelt hat, um einen Ent-
wicklungssprung: Um sich nicht selbst auszurotten, hat die Horde die
Gewalt zwischen den Geschlechtern und ganz allgemein im Kampf
um die Beute in ein ökonomisches Verfahren verwandelt, in dem Gewaltakte, zumindest innerhalb der Population, in Ritualen entschärft
und ausbalanciert wurden. Ein Verfahren, das Herrschaft festschreibt
und die Reproduktion der Gemeinschaft sicherstellt.

Wir wissen, dass die Entwicklung der Opferkulte von weiblichen
Opfern ausgegangen sein muss. Dafür gibt es in allen Kulturen Be-
lege. Opfer waren zunächst weibliche Gesellschaftsmitglieder und
später deren Stellvertreter. Die Mythen der Völker und die historischen Denkmäler lassen daran keinen Zweifel.[30] Menschenopfer
durch Tieropfer zu ersetzen und diese wieder durch Opferstrukturen,
die unter Umständen das Opfer nicht mehr als gegenständliches Opfer

erkennen lassen, sind Ausdruck sowohl der Zivilisierung als auch des wachsenden Reichtums der Gesellschaft. Die in der griechischen und römischen Antike eingeführten Münzen an Tempeln patriarchalisierter Göttinnen, wie der Juno Moneta, zeugen, wie die Göttinnen selbst, von der produktiven Spannung eines durch die Geschichte der Zivilisation sich ziehenden Ambivalenzkonfliktes, der die Formen der Gesellschaftsbildung und der Kulturentwicklung bestimmt hat. Der Berliner Philosoph Klaus Heinrich hat dafür den Begriff »Geschlechterspannung« geprägt. Er schreibt: »Sie ist die Spannung des zweigeschlechtlichen Lebens in unserer Zivilisation, von der sexuellen Sphäre bis in die intellektuelle Sphäre, vom leiblichen bis zum wortsprachlichen Erkennen. Dass wir sie formen können und nicht bloß sie uns, definiert einen der einschneidenden Unterschiede zwischen tierischer Gesellung und menschlicher Gesellschaft.«[31]

Aus der Geschlechterspannung geht die Zivilisation hervor. Sie ist Grundlage und Springpunkt des zivilisatorischen Prozesses. Und die Beziehung der Geschlechter zueinander bestimmt letzten Endes alle Gewaltverhältnisse in der Gesellschaft. Sie ist der Gradmesser ihrer Zivilisierung. Die Entwicklungsgeschichte des Opferkults lässt diesen Prozess erkennen: vom realen Opfer über die symbolische Handlung zum Gesellschaftsvertrag. Dass dieses fragile Gebilde auch jederzeit wieder zerfallen und in Blutbädern ertränkt werden kann, beweist die Geschichte des 20. Jahrhunderts.

Tatsache bleibt, dass Gewalt das Verhältnis der Menschen zueinander bestimmt, auch da, wo sie nicht als physische Gewalt in Erscheinung tritt oder als sublimierte Gewalt in Kultur übersetzt worden ist. Die Geschichte der Zivilisation ist auch als Geschichte des Umgangs mit der Gewalt zu lesen. Kulte, Religionen, der Staat und schließlich die zivile Gesellschaft sind Formen eines sozialen Gewaltmanagements. Sie versinnbildlichen die Kohäsionskräfte, die Menschen verbinden – Liebe, Zuneigung, Solidarität –, wie die Aggressionen, die die Gesellschaft tendenziell sprengen. Jeder Versuch, diese Ambivalenz zugunsten einer Seite auszuschalten, führt notwendigerweise wieder zu Gewaltakten. Das betrifft auch die Ökonomie.

Handel und Industrie von staatlicher Bevormundung und Kontrolle zu befreien, ist heute das erklärte Ziel von vielen Politikern und

Wirtschaftsführern. Mit den Zauberworten Deregulierung und *Laisser-faire* soll dem Gesetz von Angebot und Nachfrage ein grenzenloser Spielraum verschafft werden. Das Axiom: Ist etwas gefragt, entsteht ein Angebot, so wie jedes Angebot Begehrlichkeiten weckt. Ein bestimmtes oder auch unbestimmtes Bedürfnis sucht nach Befriedigung und setzt dadurch einen Prozess von Tauschakten in Gang, die à la longue die Bedürfnisse aller Beteiligten zufrieden stellen werden – allerdings nur, sofern staatliche Eingriffe und soziale Einschränkungen sie nicht behindern. Dann erst wirken die Kräfte des Marktes zum Wohl der Individuen wie der Gesellschaft. Von dieser Annahme geht die neoliberale Wirtschaftspolitik aus. Die Konkurrenz reguliert die Preise, und wo nicht, werden sie sich bald durch das Verhalten der Konsumenten auf ihr natürliches Maß einpendeln. Ein unerschütterlicher Glaube triumphiert über jede Vernunft. Er ist gegen alle Argumente immun, obgleich jedes Kind weiß, dass eine Nachfrage zu erzeugen die Aufgabe großer Werbeunternehmen ist – und die Preise werden auch nicht durch die Käufer, sondern, wenn überhaupt, durch die Kaufkraft bestimmt.

Eine fixe Idee beherrscht das Denken von Ökonomen und Politikern, die in der Wirtschaftspolitik den Ton angeben. Was in der Natur die Entwicklung der Arten bewirkt, soll auch den Fortschritt der Gesellschaft auf den Weg bringen – vermittels freier Konkurrenz und den dadurch verbürgten Erfolg der Tüchtigsten. Dass in Darwins Szenario die Tüchtigsten nicht die Stärksten, sondern die Unauffälligsten und Angepasstesten sind, ficht den Sozialdarwinismus nicht an.

Für Darwin spielt sich der Kampf ums Überleben nicht zwischen einem Adler und einer Schlange ab, die vom Adler gefangen und gefressen wird, sondern zwischen der Schlange, die gefressen wird, und der Schlange, die dem Adler entkommt und überlebt. Ihre Fähigkeit, in Generationen genetisch verankert, trägt zum Überleben ihrer Art bei. Robert Stern, der dafür plädiert, den unbrauchbaren Intelligenzquotienten IQ durch einen Erfolgsquotienten EQ zu ersetzen, hat in seinem Buch *Intelligenz des Erfolgs* das Wirken des darwinistischen Prinzips in der Gesellschaft mit einer schönen Geschichte illustriert: Zwei Jungen begegnen in den Wäldern der USA einem aggressiven Grizzlybären. Während der eine in Panik gerät, setzt sich der andere seelenruhig hin und zieht sich seine Tennisschuhe an. Da sagt der in Panik geratene:»Bist du verrückt? Niemals werden wir schneller laufen können als der Grizzlybär.« Und sein Freund entgegnet ihm:»Du hast Recht. Aber ich muss nur schneller laufen können als du.«

Wer im Kampf ums Überleben eine Triebkraft der Natur wie der Gesellschaft sieht, die man gewähren lassen müsse, ignoriert darüber hinaus das Bedürfnis nach Vereinigung und alle solidarisierenden und zivilisierenden Tendenzen. Alle Rebellionen und Revolutionen in der Geschichte, die sich gegen Marginalisierung und die Alleinherrschaft des Gewinnprinzips, also gegen die Ausbeutung des Menschen durch den Menschen gerichtet haben, hätte es nie gegeben, wenn nicht das Bedürfnis nach Solidarität und ökonomisch gerechten Formen gesellschaftlichen Zusammenlebens – der Motor der Gemeinschafts- und Gesellschaftsbildung – ein zumindest ebenso großes Motiv für menschliches Handeln wie der Egoismus gewesen wäre.

In dem Maß aber, wie Menschen und Lebensentwürfe aus den Wirtschaftskonzepten verschwinden, ökonomische Theorie und Praxis nicht oder nicht mehr von den realen Bedürfnissen der Menschen ausgehen, die Gesellschaft also ihr Primat über die Ökonomie verliert, verschwindet auch jede Reflexion über die Gesellschaft – von Konzepten, die Wirtschaft und Gesellschaft als Einheit und die Verfassung der Gesellschaft als Resultat eines allgemeinen Willens begreifen, ganz zu schweigen. Ein wie immer gearteter *Contrat Social* ist dann nicht mehr die Grundlage gesellschaftlichen Zusammenlebens. Soziale Desintegration, Elend, Migration, eine Vielzahl von Kriegen und der ungehemmte Ausbruch von Gewalt sind die Folge, *lasst der Natur ihren Lauf* die unausgesprochene Parole. Die freie Konkurrenz ökonomischer Partialinteressen wird letzten Endes alle Formen gesellschaftlichen Zusammenlebens durch Joint Ventures oder Aktiengesellschaften ersetzen – oder, wie Francis Fukuyama schreibt:»Die ökonomische Rationalität wird viele traditionelle Merkmale der Souveränität zerstören, wenn sie Märkte und Produktion vereinheitlicht.«[32] Mit anderen Worten: Souveräne Staatengebilde, demokratische Gesellschaften und autonome Individuen werden der Konzentration ökonomischer Macht zum Opfer fallen.

Nach einer Serie von Enttäuschungen scheint die Gesellschaft das Interesse an einer Aufklärung über sich selbst verloren zu haben. Theorien, die die dynamischen Prozesse in Wirtschaft und Gesellschaft zu deuten imstande wären und womöglich der Gesellschaft einen Begriff von sich und ihren Interessen vermitteln könnten, sind nicht mehr gefragt, Wirtschaftskonzepte, die den Menschen als soziales Wesen in den Mittelpunkt stellen, aus den Köpfen verbannt. Nach einem Jahrhundert totalitärer Gesellschaftsformen verspricht die Formel *Laisser-faire* zumindest eine Befreiung von staatlicher Intervention und bürokratischer Herrschaft.

Das Schlagwort, mit dem der Staat in die Schranken gewiesen, seine Macht auf ein Minimum reduziert und damit der freien Entfaltung der Wirtschaft eine Bresche geschlagen werden soll, ist in einer spezifischen historischen Situation als Antwort auf Formen von Herrschaft entstanden, die Handel und Industrie in ihrer Entwicklung behinderten. Das Wort hat eine Vorgeschichte, die aus der Diskussion über den Neoliberalismus oft verdrängt wird. Schon die Mont Pèlerin-Gesellschaft vermittelte den Eindruck, als handele es sich hierbei um eine universelle Forderung, die allein die Freiheit der Individuen reklamiert, und nicht um einen historischen Kampfbegriff, der vor 250 Jahren vor allem von Zöllen und Einschränkungen durch absolute Monarchien befreien sollte.

Als der französische Ökonom Vincent de Gournay Mitte des 18. Jahrhunderts mit den Worten *Laissez-faire, Laissez-aller* das Motto prägte, war sein Interesse, dem Handel und der in den Kinderschuhen steckenden Industrie einen Spielraum zu verschaffen und die Ketten des Merkantilismus zu lockern. Seine Forderung war gegen die absolute Monarchie gerichtet, die mit ihrem Staatsapparat Wirtschaft und Gesellschaft kontrolliert, reglementiert und in der Entwicklung gehemmt hatte. Gournay stand an der Seite der Physiokraten und Aufklärer seiner Zeit. Nicht mehr das Geld, der Schatz, die edlen Metalle sollten die Quelle allen Reichtums sein, sondern die Landwirtschaft, der Boden, letzten Endes die Natur. Das war die Auffassung der Neuerer. Was man im Mittelalter noch Gott verdankte, war nun eine Gabe der Natur. Sie hatten Gott durch die Natur ersetzt.

Natur bleibt Natur und erfährt durch den Wirtschaftsprozess nur eine Verwandlung. Es kommt weder etwas hinzu, noch geht etwas verloren, eine Ansicht, die bis heute in den Lehrgebäuden neoliberaler Ökonomen wirksam ist, vor allem dort, wo die Ökonomie sich in Köpfen, Zahlen und Geldtransaktionen abspielt, in der so genannten Makroökonomie, wo niemand lebt, und natürlich an der Börse, wo jeder Kontakt zur Realität des gesellschaftlichen Lebens abgeschnitten oder durch die von Angst und Hoffnung bestimmte Spielsituation verzerrt ist. So wie sich Sand im Ofen in Glas verwandelt, die Natur also eine andere Gestalt annimmt, so glauben sie, dass durch die verarbeitende Produktion nur die Erscheinungsform der Natur verwandelt wird, wie Rohstoffe in Fertigwaren. Dahinter steht eine Auffassung, die weder der Natur noch der Gesellschaft eine Geschichte zugesteht. Was immer so war, wird auch immer so bleiben. Natur bleibt Natur, so wie die Gesellschaft ein Produkt der unbewussten Natur. Dass Gesellschaft und Natur eine eigene Geschichte haben, in der sich ihr Verhältnis zueinander und sie sich selbst ständig verändern – die Psyche der Individuen, ihre soziale Organisation, das Verhältnis zur Natur und die Natur selbst –, beweist aber, dass nichts so bleibt, wie es ist, und beide in ständiger Entwicklung begriffen sind. Allein die Entwicklung des Geschlechterverhältnisses lässt daran keinen Zweifel.

Eine humane Gesellschaft geht jedenfalls nicht aus freier Konkurrenz hervor. Das wusste auch Adam Smith. Indem er der Konkurrenz eine unbewusste Tendenz zum Guten unterschob, hielt er an einer säkularisierten Heilsgewissheit fest. Was im 19. Jahrhundert gesellschaftliche Evolution genannt werden sollte, war hier schon antizipiert: die Entwicklung des Reichtums der Gesellschaften durch die freie Konkurrenz. Ein Prinzip der Natur wie der Gesellschaft. Der Ruf nach Freihandel und freier Konkurrenz war eine Forderung, die sich gegen die Willkür der herrschenden Potentaten richtete, in der Absicht, Handel und Industrie von den Fesseln des Merkantilismus zu befreien. Wie immer in derartigen Situationen, nahmen die Reformer ein natürliches Recht für sich in Anspruch. Um ihrer Forderung Nachdruck zu verleihen, beriefen sie sich auf eine höhere Macht. Mit ihrer Hilfe sollte die Festung der Monarchie geschleift und dem Absolutismus ein Ende bereitet werden. *Laisser-faire*, der Natur ihren Lauf lassen, bedeutete, dem Freihandel und der freien Konkurrenz zum Durchbruch verhelfen zu wollen.

Aber was im 18. Jahrhundert noch Ausdruck erwachenden Selbstbewusstseins vor allem der städtischen Händler, Gewerbetreibenden und Unternehmer war, also ein ökonomische Freiheit fordernder Wahlspruch gegen die Herrschaft der absoluten Monarchie, ist heute zu einem Kampfbegriff gegen die demokratische Gesellschaft geworden. Die Wirtschaft von staatlicher Bevormundung zu befreien, heißt, die Wirtschaft vom Primat der Politik zu befreien. Damit werden Demokratie, Gesellschaftsvertrag, Rechtsstaat und Menschenrechte zur Disposition gestellt und die Leistungen der Französischen Revolution wieder aufgehoben. Denn durch sie wurde nicht nur die absolute Monarchie gestürzt. Ihre historische Leistung war, die Gesellschaft zum Herren im eigenen Haus zu machen, gewählte Vertreter über die Formen des gesellschaftlichen Zusammenlebens auf der Grundlage eines Gesellschaftsvertrags entscheiden zu lassen; ein Rechtsstaat, in dem die Gesellschaft auch über die Formen ihrer Wirtschaft selbst entscheidet. Sie ist das Subjekt, der Markt ihr Lebensmittel, ihr Medium. Werden ihm keine Grenzen gesetzt, kehrt sich das Verhältnis um, und der entfesselte *Free Market* beherrscht und zerstört die Gesellschaft wie eine Naturgewalt. Werden gegen ihn keine Dämme errichtet, wird er die ganze Zivilisation hinwegschwemmen.

Wo nur das Gewinnprinzip gilt, der Kampf aller gegen alle tobt, lösen sich Demokratie und Rechtsstaat auf. Für Friedrich Hayek, den eigentlichen Vater des Neoliberalismus, war darum die Demokratie auch nie ein Thema. Der amerikanische Ökonom Lester Thurow hat das noch deutlicher formuliert: »Sollte die neoliberale Wirtschaftsform in der Demokratie nicht durchsetzbar sein, wird es eine andere Regierungsform geben.«[33] Die ersten Vertreter populistischer Regime, deren erklärtes Ziel ist, den Rechtsstaat abzuschaffen, sitzen schon in den Ämtern. Mit der Aufgabe des *Contrat Social* verschwindet die Differenz zwischen Legitimität und Illegitimität, und die das gesellschaftliche Zusammenleben regulierenden Institutionen sind der Willkür wirtschaftlicher Macht ausgeliefert. Dadurch wird jede

Gewalt gerechtfertigt wie jedes Rechtsbewusstsein außer Kraft gesetzt. In sozialer Wildnis herrscht allein das Recht des Stärkeren.

Mit der Stilisierung der Gesellschaft als Naturgebilde, das, vom Konkurrenzkampf getrieben, auf dem Weg der Evolution fortschreitet, wird den Menschen zugleich das Recht aberkannt, in einer Gesellschaft selbstbewusster Individuen ihr Geschick in die eigenen Hände zu nehmen. Wie das Wild der Witterung folgen sie im Kampf ums Überleben nur einem Naturgesetz. Selbstreflexion und die Balancierung ambivalenter Interessen sind einem Triebtier nicht möglich, die Konzeption von Lebensentwürfen ist ausgeschlossen, weil der Kampf wohl Strategien, aber keine Planung des Lebens zulässt. Er ist auf Vernichtung des Gegners ausgerichtet. Als organisches Wesen, wie sie der Philosoph Herbert Spencer[34] Mitte des 19. Jahrhunderts beschrieb – auf ihn geht die Vorstellung vom Überlebenskampf in der Gesellschaft zurück –, wird die Gesellschaft schließlich wieder zu Natur.

Wie weit Darwin selbst Prinzipien der wirtschaftlichen Konkurrenz seiner Zeit auf die Natur übertragen hat, ist nur zu vermuten. Allein seine Bemerkungen über die Gesellschaft deuten darauf hin, dass er den Überlebenskampf in der Natur auch auf die gesamte Gesellschaft ausgedehnt wissen wollte. Offener Konkurrenzkampf unter allen Menschen entsprach dem Ethos einer Zeit, in der die wirtschaftliche Entwicklung alle Ansätze zu einer zivilen Gesellschaft im Konkurrenzkampf untergehen ließ. Der Ausscheidungskampf im Wirtschaftsleben hat das Denken beeinflusst, hat sich in Literatur, Philosophie und Weltbildern niedergeschlagen und bildet bis heute die unbewusste Grundlage sozialdarwinistischer Gesellschaftskonzepte. Gesund ist, was stark macht. Wann immer vitalistische oder biologische Modelle auf die Gesellschaft angewendet werden, wird die zivile Gesellschaft infrage gestellt und der Gesellschaftsvertrag aufgekündigt. Dahinter stehen Gruppeninteressen, die eigene Ziele verfolgen: rassistische Ziele, nationalistische Ziele, imperiale Ziele und vor allem die ungehemmte Expansion ökonomischer Macht. Allein die freie Konkurrenz zum Regulativ von Wirtschaft und Gesellschaft zu erheben, bedeutet, die Gewalt zum universellen Medium sozialer Auseinandersetzung zu machen.

Nach dem Scheitern totalitärer Gesellschaftsmodelle, die die so-

zialdarwinistische Doktrin vom Kampf ums Überleben in einen Mythos vom Rassenkampf oder in eine Ideologie vom Klassenkampf
übersetzten und in ihrer Gewalttätigkeit alles bisher Dagewesene
noch überboten, ist weltweit ein Vakuum entstanden, in dem sich Gewalt wieder ungehindert ausbreitet: Alltagsgewalt, Banden- und Bürgerkriege, religiös oder ethnisch motivierte Kriege, Gewalt, die von
Mafias und Kartellen ausgeht, und vor allem die Gewalt, mit der ökonomische Macht weltweit ihre Interessen gegenüber allen Gesellschaften durchsetzt. *Laisser-faire* in der Wirtschaft und die Gewalt in
der Gesellschaft sind zwei Seiten derselben Medaille, beides sind
Symptome des Zerfalls der zivilen Gesellschaft. Was als Globalisierung
bezeichnet wird, ist heute vor allem die weltweit unkontrollierte Bewegung großer Summen Finanzkapitals und die globale Expansion
von Kapitalunternehmen, die mit ihrer geballten ökonomischen
Macht in der Lage sind, die Wirtschaft ganzer Staaten zu zerschlagen.
Von den 200 größten Wirtschaftspotenzen der Welt sind mehr als die
Hälfte private Unternehmen und nicht etwa Nationen. Der Umsatz
von General Motors übersteigt das Bruttosozialprodukt Dänemarks,
der Umsatz von Toyota das Bruttosozialprodukt Norwegens, um nur
einige Beispiele zu nennen. Unter diesen Umständen ist die endgültige Zerstörung der demokratischen Gesellschaften nur noch eine
Frage der Zeit.

# IV
# Ethnische Gemeinschaft oder Corporate Identity?

Über den Anstieg der Gewalt im Alltagsleben unserer Städte hinaus wächst auch die Anzahl der bewaffneten Konflikte wieder weltweit. Sie sind, wie die wachsende Gewalt in den Städten, unter anderem Resultat der sich wandelnden Verfassung von Wirtschaft und Gesellschaft mit ihren neuen ökonomischen und sozialen Leitbildern. Vom Ende des Zweiten Weltkriegs bis 1997 wurden weltweit 197 Kriege geführt. Jedes Jahr kommen weitere hinzu, gar nicht zu reden von den vielen bewaffneten Konfrontationen mit Autonomiebewegungen, fundamentalistischen Glaubenskriegern, Terroristen- und Mafiagruppen, die von den Vereinten Nationen noch nicht als Krieg eingestuft werden. Die Grenzen sind fließend und schwer auszumachen, oft gibt es keine Kriegserklärungen und keine Buchführung über Verluste und Tote, an die Einhaltung des Kriegsrechts ist gar nicht zu denken.[35] Sind religiös motivierte Gemetzel und der Genozid ganzer Völker noch Kriege im Sinn des Kriegsrechts? Oder handelt es sich vielmehr um den Versuch einer Ausrottung, der weit über die Intention eines Krieges, nämlich einem Gegner seinen Willen aufzuzwingen, hinausgeht?

War nach dem Zweiten Weltkrieg noch die nationale Unabhängigkeit ehemaliger Kolonien das bestimmende Motiv für einen Krieg, der große Krieg zwischen den politischen Systemen durch ein Patt gebannt, so führt seit Beginn der neoliberalen Orientierung der Weltwirtschaft und vor allem seit dem Zerfall der sozialistischen Staatengebilde das Verlangen nach ethnischer und religiöser Autonomie von Gemeinschaften aller Art immer wieder zu Kriegen oder kriegsähnlichen Konflikten. Ein Prozess, dessen Ende nicht abzusehen ist. Immer häufiger tauchen neue ethnische Gruppen auf, die ein uneingeschränktes Recht auf die Pflege ihres Brauchtums beanspruchen, oder fundamentalistische Glaubenskrieger, die die Gottlosigkeit bekämpfen. An die Stelle der modernen Nation als Modell für die Autonomie einer Gesellschaft treten heute religiös oder ethnisch bestimmte Gemeinschaften. Sie stehen der wachsenden Herrschaft partikularer ökonomischer Interessen und der damit verbundenen Entsolidarisierung der Gesellschaft als scheinbar neue Hoffnungsträger gegenüber.

Im Besitz einer spezifischen Kultur oder Religion, also von vermeintlich höheren Werten, die jeden Krieg rechtfertigen, setzen sich Ethnien und Religionsgemeinschaften gegen eine vereinheitlichende Weltkultur zur Wehr. Damit ist neben McWorld auch die ganze okzidentale Zivilisation gemeint, vor allem da, wo sie der Autonomie des Individuums unbedingten Vorrang einräumt. Der Widerstand der ethnischen und religiösen Gemeinschaften gegen den totalitären Anspruch der Weltmacht Kapital mobilisiert älteste Sozialstrukturen – die Gemeinschaft als feste Burg oder letzte Zufluchtsstätte. Sind die Konflikte Glaubenskriege oder sind sie ökonomisch motiviert? Ein Machtkampf um Werte oder Verwertung? Ethnien wie Glaubenskrieger fordern ein eigenes Territorium, in dem sie ihre Religionen, Mythen und Kulte pflegen können – eine meist kollektive Verfassung von Wirtschaft und Gemeinschaft. Ethnische Reinheit und eine eigene singuläre Religion werden als Widerstandsformen gegenüber dem weltweit herrschenden Kapitalismus und seiner kulturellen Hegemonie begriffen. Die Gemeinschaft versteht sich als Alternative: Wo jeder jeden kennt und überwacht, ist die Welt in Ordnung.

Im Europa des 19. und beginnenden 20. Jahrhunderts waren Nationen soziale Gebilde, die aus Kriegen oder Revolutionen, auch aus dem Widerstand gegen eine Okkupation hervorgegangen sind – wie europäische Nationen aus den Kriegen gegen das Napoleonische Imperium oder Nationen auf dem Balkan aus den Kriegen gegen das Osmanische Reich. In der Regel diente ein äußerer Feind dazu, die Nation zu konstituieren. Gelegentlich war es auch nur der Mythos eines historischen Kriegs, auf den sich die Elemente der nationalen Identitätsbildung bezogen. Nationen sind immer Erfindungen. Mit komplett erdachten Ursprüngen und Traditionen werden sie an die

Stelle von etwas gesetzt, das für die historische Entwicklung zum Hindernis geworden ist und neuen Bedürfnissen entgegensteht. Sie hatten historisch vor allem die Funktion, heterogenen sozialen Gruppen eine Identifikationsmöglichkeit zu bieten. Doch Voraussetzung für die Verbreitung des Nationalbewusstseins ist die Identifizierung mit einer politischen Illusion. Ein Ursprungsmythos und eine eigene Geschichte – oft mehr ein Produkt der Fantasie als der Erfahrung –, ein bestimmtes Territorium, Folklore und eine eigene Sprache waren die Elemente, aus denen eine Nation geformt und mithilfe kultischer Erinnerungsveranstaltungen im Gedächtnis verankert wurde.[36]

Aber die revolutionäre Nation war nicht nur eine politische Form, um sich von anderen Nationen zu unterscheiden, sie war zugleich Vehikel, um sich von den historischen, ethnischen und religiösen Gemeinschaften zu lösen – ein Meilenstein auf dem Weg von der Gemeinschaft zur Gesellschaft, mit dem Ziel, auch die Nation endlich im Universalismus einer Weltgesellschaft von *Citoyens universels*, also von Kosmopoliten, gegenstandslos werden zu lassen. So ist auch die französische Nation aus einer Revolution hervorgegangen, deren Charakteristikum gerade nicht Kontinuität, sondern der Bruch mit der Vergangenheit war, um einer neuen Zeit Platz zu machen. Dass in den Tagen der Revolution auf Uhren geschossen wurde, ist vielleicht nur eine Legende, unbestritten aber, dass im Bewusstsein der Revolutionäre eine neue Zeit angebrochen war, die mit allem Vorhergehenden brach. Doch auch diese neue Epoche konnte auf einen Ursprungsmythos aus Versatzstücken der abendländischen Geschichte nicht verzichten. Klassik und Renaissance wurden zu Traditionen des Neuen stilisiert. Individuelle Freiheit, Menschenrechte und Rechtsstaat, die Utopie einer demokratischen, zivilen Weltgesellschaft aller Hautfarben, Ethnien und Religionen, verbunden mit der Vorstellung eines autonomen Individuums – nur allgemeinen, für alle Mitglieder der Gesellschaft gültigen Gesetzen verpflichtet –, sind das ideengeschichtliche Vermächtnis der Französischen Revolution. Westindische Deputierte der Nationalversammlung verkörpern als lebende Fossilien noch Reste dieser Utopie.

Der neue Kalender, Heroenmythen der *Grande Nation* und die Durchsetzung der Staatssprache, die zu Zeiten der Revolution nur etwa ein Viertel der Bevölkerung beherrschte, dienten dem politischen Nationalismus als materielle Basis. Wer dazugehören wollte, musste von Lothringen bis Polynesien französisch parlieren. Die Sprache gehört immer zu den wichtigsten Bindemitteln. Ob es sich um die Sprache eines Stammes oder einer Gemeinschaft handelt, die in den historischen Wanderungen und Mischungen von Völkern und Kulturen verloren ging und nun wiederbelebt werden soll – back to the roots –, oder um Erfindungen – das *New Speak* totalitärer Gesellschaften –, die Sprache hält Gemeinschaften und Nationen zusammen und vereint heterogene soziale Gruppen. Durch die Sprache wurde die einheitliche Kultur der *Grande Nation* gestiftet, während das Gesetz alle Einwohner des Imperiums zu Citoyens des gleichen Rechtsstaats machte.

Dagegen wurde zum Beispiel auf der deutschen Seite des Rheins, in der Meinung, ein historisches Erbe anzutreten, das zukünftige Reich als »Germanische Kulturnation« ausgerufen. Mit dem Ziel, nicht »Freiheit, Gleichheit, Brüderlichkeit«, wohl aber einem kulturellen Nationalbewusstsein vom heiligen Vaterland Geltung zu verschaffen, bemächtigte sich der deutsche Nationalismus einer eher heterogenen Gesellschaft. Als Wächter über die kulturelle wie ethnische Reinheit hatte die Nation nicht nur die Beziehung zu einem halluzinierten Ursprung zu wahren, sondern auch jede Verunreinigung durch Fremde und Fremdes vom Staatsvolk fern zu halten.

Der Ursprungsmythos diente auch dem eugenischen Wahn als Rechtfertigung. Schließlich ist der Mythos von der Reinheit des Bluts die äußerste Abstraktion einer ursprungsmythischen Illusion und geeignet, den Glauben an die Nation umso fester zu binden. Deutsch sein heißt, von deutschen Eltern abzustammen – ein vom Mythos des Bluts getragener Gedanke. Nicht die Paulskirche und das Ideal einer Republik der politischen und sozialen Gerechtigkeit rückte in das Zentrum deutschen Selbstbewusstseins, sondern die Wartburg, verbunden mit der Faszination einer mittelalterlichen Sagen- und Märchenwelt. Eine zweihundert Jahre zuvor in Religionskriegen untergegangene Nation bemühte einen Mythos, um neue Ursprünge zu setzen und an eine imaginierte Tradition anzuschließen. Hatte der französische Nationalismus noch in der Rationalität der griechisch-römischen Antike sein Material gefunden, so war es in

Deutschland ein erdachtes Mittelalter, in das germanisierende My-
thenschöpfer den Ursprung des Reichs hineinfantasierten. Legenden
und Heldenerzählungen standen im Mittelpunkt des sich entwi-
ckelnden Nationalkults. Die Flucht aus der Realität in die Welt der
Märchen und Sagen legte den Grundstein für die Entstehung des
neuen Nationalbewusstseins.

1806 hatte der österreichische Kaiser Franz II. die römisch-deut-
sche Kaiserkrone niedergelegt und damit das »Heilige Römische
Reich Deutscher Nation« von 962 endgültig aufgelöst. Längst aber
waren neue Ursprünge gesetzt, um das Vakuum auszufüllen, das durch
die fehlende Kontinuität der deutschen Geschichte die eigene Identität zu bedrohen schien. Das Nibelungenlied, während des 16. und
17. Jahrhunderts vollständig verschollen, wurde gegen Ende des 18.
Jahrhunderts wiederentdeckt und erlebte das ganze 19. Jahrhundert
hindurch eine Unmenge von Nachdichtungen und Bearbeitungen,
die sich mit zahlreichen illustrierten Billigausgaben bis in die Kinder-
zimmer ergossen. Der Traum vom Mittelalter beschäftigte die Leser
von der Gartenlaube bis in die gebildeten Kreise. Mit den Bearbeitungen der Nacherzählungen Wolfram von Eschenbachs wurde die
Welt der Ritter, Minnesänger und Burgen – natürlich auch der Aus-
zug der Kreuzfahrer und die Kämpfe mit den Sarazenen, um das heilige Grab zu befreien – als halluzinierter Ursprung der deutschen Nation in Bildern und Bauten in Szene gesetzt.

Im ganzen Land wurden Burgen restauriert und Mahnmale geschaffen, die der neuen Stimmung Ausdruck verleihen sollten: die
Walhalla bei Regensburg oder die Befreiungshalle bei Kehlheim, das
Völkerschlachtdenkmal bei Leipzig und jede Menge Kriegerdenk-
male und Siegessäulen, die an den Triumph über Frankreich und die
Gründung des Zweiten Reichs erinnern sollten, Nationalheiligtümer
wie der Berliner Dom – eine Kolossalmanifestation des Wilhelmini-
schen Reichsgedankens; und vor allem wurde die Wartburg bei Ei-
senach wieder hergestellt, »ein Heiligtum, in welchem des Volkes Liebe und Achtung für seine Fürsten erstarke«, wie ein zeitgenössischer
Maler die Funktion des nationalen Symbols qualifizierte. Eine »Wie-
dergeburt« also. In der Wartburg feierten 1817 die deutschen Bur-
schenschaften in einer Großveranstaltung den »Nationalen Gedan-

ken«, die Einheit der deutschen Stämme – Napoleon war gerade aus Europa vertrieben und 1815 der Deutsche Bund gegründet worden. 1993 verabschiedete der Thüringische Landtag am gleichen Ort und vermutlich im Bewusstsein dieser Tradition seine neue Verfassung.

Im *Tannhäuser* diente Richard Wagner die Wartburg als Schauplatz einer romantischen Oper, in der er zwei deutsche Sagen miteinander verband: die Sage vom Chiemgauer Kreuzfahrer Danheuser und vom geschichtlich nicht belegbaren Sängerkrieg auf der Wartburg; die Wartburg oben und die Venusgrotte unten im Hörselberg, Welt und Unterwelt – so sah es Wagner und mit ihm die deutsche Literatur unter christlichem Einfluss. Tannhäuser, ein deutsches Märchenschicksal. Wie »Hoffmann« bei Offenbach, ist er zwischen Triebwunsch und Triebunterdrückung, seiner Muse und der gesellschaftlichen Ordnung, ständig hin- und hergerissen, um sich schließlich für die Ordnung zu entscheiden. Das war noch kein Bühnenweihfestspiel wie *Parsifal* oder die wirkliche Inkunabel des deutsch-nationalen Kults, *Der Ring des Nibelungen*, dessen Prophezeiungen sich dann 1945 in Berlin erfüllen sollten, wohl aber ein wichtiger Baustein im Gebäude des romantischen Nationalismus, der in der Wartburg sein mythisches Kulturdenkmal gefunden hatte.

Wagner selbst hat die ästhetische Formulierung eines kollektiven politischen Willens – im Sinne von wähnen, erwarten, hoffen – einen Wahn genannt. Vor allem der patriotische Wahn, die Hoffnung auf ein zukünftiges, von einem Monarchen geführtes Volk, wurde zum Leitmotiv seiner Werke, die er Ludwig II. von Bayern gewidmet hatte. Für seinen König schrieb Wagner 1864 in einem Aufsatz:

> »Der patriotische Wahn bedarf eines dauernden Symbols, an welches er sich selbst bei vorherrschender Alltagsstimmung heftet, um an ihm, im wiedereintretenden Notfalle, sofort wieder seine erregende Kraft zu gewinnen; etwa, wie die Kriegsfahne, der wir zur Schlacht folgten, nun ruhig vom Turme herab über die Stadt hin weht, als schützendes Zeichen des Sammelpunktes für alle bei eintretender neuer Gefahr. Dieses Symbol ist der König; in ihm verehrt daher der Bürger unbewusst den sichtbaren Repräsentanten, ja die leibhaftige Verkörperung des Wahnes selbst, welcher ihn, bereits über die ihm mögliche gemeine Vorstellungsweise vom Wesen der Dinge hinausführend, in der Weise beherrscht und veredelt, dass er sich als Patriot zu zeigen vermag. Im politischen Leben äußert dieser Wahn sich nämlich als Patriotismus.«[37]

Im Rausch jenseits rationaler Reflexion identifiziert sich der eine ethnische Heimat Suchende mit den romantischen Kunstgebilden, die aus der ästhetischen Verarbeitung der Sagen einer mythischen Vorgeschichte entstanden sind. Wagner, der 1848 noch an den Aufständen der Republikaner in Sachsen beteiligt war, anschließend fliehen musste und im bayerischen König seinen rettenden Freund und Mäzen fand, verabschiedete sich in patriotischem Geist von den radikaldemokratischen Forderungen der Barrikadenkämpfer zugunsten des ästhetischen Erlebnisses als einziger, wahrer, Einheit stiftender Droge.

Nachdem alle Versuche gescheitert waren, die politische Realität den neuen Bedürfnissen nach Demokratie und einer gerechten Gesellschaft anzupassen, wurde ganz allgemein das Heil in der Flucht in die ästhetische Illusion gesucht. Vom Nationalismus geschaffene Wunschbilder dienten nun auch ehemaligen Barrikadenkämpfern als Flucht- und Suchtmittel. Ersatzbildungen wie das Zweite Reich und der patriotische Wahn mit seinen Symbolen und ursprungsmythischen Konstruktionen aus der germanischen Sagenwelt versetzten die Menschen in einen wahrhaften Rauschzustand und dienten zugleich der gefühlsmäßigen Bindung an das neue Reich: ein deutscher Mythos, der im vorigen Jahrhundert zweimal in vernichtende Kriege geführt hat. Rauschhaft unterzugehen ist das Triebmotiv des deutschen Nationalismus. Will man, wie Wagner, die falsche politische Welt überwinden, muss man sie negieren und ihren Untergang anstreben, die Politik durch Ästhetik überbieten. Dazu dient das Weihespiel. Sein Erlösungsmotiv ist der Untergang – so wie Wotan in den Trümmern der eigenen Welt untergeht. Die Götterdämmerung überlebt niemand.

> »Hier im ›Ring des Nibelungen‹ ist alles durch und durch tragisch, und der Wille, der eine Welt nach seinem Wunsche bilden wollte, kann endlich zu nichts Befriedigenderem gelangen, als durch einen würdigen Untergang sich selbst zu brechen.«[38]

Bayreuth ist der Mysterienname für den Stimmungskult des deutschen Untergangswillens. In den als Weihespiele konzipierten Festspielen feiert die Elite der Nation ihre Befreiung von der politischen Realität. Seit der Eröffnung 1876 waren die Magier des Untergangs stets mit Bayreuth verbunden. Der Sponsor des Mythenschöpfers,

Ludwig II., hatte, in auswegloser Situation und bankrott, seine Dienerschaft gebeten, nach seinem Tode die ganze Pracht in die Luft zu sprengen: Nachbildungen Wagnerscher Bühnenbilder und gebaute Kopien der mittelalterlichen Mythen- und Sagenwelt in Burgform sowie die eigens für den Königdarsteller Ludwig II. errichteten und als Schloss bespielbaren Monumente für den französischen Sonnenkönig. Die preußischen Potentaten – bis hin zu Wilhelm II., der, in der politischen Götterdämmerung von 1914 nur noch Deutsche erkennend, endlich die ganze Nation in den Untergang getrieben hatte –, besuchten regelmäßig das Nationalheiligtum, um an den Weihespielen teilzunehmen. Wie weit für den Nationalismus das Fantasierte in den Rang historischer Realität erhoben war, zeigt sich in der Gewissenhaftigkeit, die darauf verwendet wurde, Nachbildungen zu kopieren. Wie der bayerische König hatte auch der preußische König Bühnengestalter eigens zur Wartburg geschickt, um den Sängersaal für die Tannhäuseraufführung in Berlin »unverfälscht« auf die Bühne zu bringen. Die Wartburg – von den thüringischen Landesfürsten im 19. Jahrhundert wieder aufgebaut – aber war schon eine Nachbildung des mittelalterlichen Originals.

Und schließlich erkannte der deutsche Führer – wenn er Wagner höre, sei ihm, als höre er »Rhythmen der Vorzeit« – in Bayreuth das Zentrum eines ursprungsmythischen Kultes, der im heroischen Untergang der Nibelungen die Stunde der Wahrheit erfährt. Diesen Kult zu beerben, war sein politisches Ziel: ein Staatstheater des Antistaats, der den Stimmungskult von der Bühne wieder in die politische Realität überträgt. Hatte der bayerische, eher wortkarge König Wagner zur eigenen Inszenierung in sein Schlossbaurepertoire aufgenommen, so übertrug der wortgewaltige Führer wie ein Werbestratege[39] schon das Schema Wagnerscher Musikdramen in seine Reden, mit denen er die Massen an sich zu binden verstand: ständig wiederkehrende Leitmotive in einer undurchsichtigen, emotional aufgeladenen Sprache. Seit der Gründung des Schauspielhauses 1886 galten die Inszenierungen des *Rings* als Staatsakt. Bayreuth war der nationale Kultplatz des Reichs, auf dem die Weihespiele immer um das gleiche Zentrum kreisten: den Traum von der Nation, die im Untergang endlich zu sich selber findet.

In der deutschen Geschichte war der ethnisch begründete Nationalismus immer Ausdruck eines Scheiterns. Als Ersatzbildung für die ausgebliebene soziale Modernisierung garantierte er den trügerischen Zusammenhalt einer in widerstreitende Gruppen gespaltenen Gesellschaft. Die fehlende sozial gerechte Verfassung wurde durch den patriotischen Mythos ersetzt. In romantischem Geist zur Größe stilisiert, verlieh er der Gesellschaft jene Schubkraft, die sie benötigte, um aus der scheinbar unlösbare Probleme auftürmenden Geschichte auszusteigen und im kollektiven Wahn in eine mythische Welt zu fliehen. Die missglückte Revolution von 1848 führte über das Zweite Reich und den patriotischen Wahn auf die Schlachtfelder des Ersten Weltkrieges. Danach begünstigte das Scheitern des demokratischen Staates den völkischen Wahn, der mit dem Genozid und im Gemetzel des Zweiten Weltkrieges vorläufig sein Ende fand. Der Nationalismus repräsentierte keineswegs, wie die Propaganda des NS und der neuen Rechten behaupten, das Bewusstsein einer modernen gesellschaftlichen Verfassung, im Gegenteil, er war immer eine moderne Ersatzbildung, die über das soziale Scheitern hinwegtrösten und die Flucht in eine andere Welt ermöglichen sollte. Für den deutschen Nationalisten heißt das: abtauchen in den patriotischen Wahn, um sich an erfundenen ursprungsmythischen Gebilden wie Volk und Blut zu berauschen.

Im Grunde gingen die neuen Gesellschaftsformen des 20. Jahrhunderts – Kommunismus und Faschismus – aus Erlösungsbewegungen hervor, die den Kampf gegen den Individualismus und die Abschaffung von sozialer und ökonomischer Ungleichheit auf ihre Fahnen geschrieben und die absolute Herrschaft von Führer- und Kaderparteien durchgesetzt hatten. Deren teils biologistische, teils egalitäre Gesellschaftsentwürfe stammten aus dem 18. und 19. Jahrhundert, die Vorbilder der korporativistischen Organisationsformen aus dem Mittelalter. Ob im Namen einer Rasse oder einer Klasse, die Bewegungen versprachen die Befreiung von wirtschaftlichem Elend und kapitalistischer Ausbeutung durch ein von starken und weisen Führern gelenktes Kollektiv.

Die kommunistischen und faschistischen Bewegungen und Staatsgebilde, die sich scheinbar unversöhnlich gegenübergestanden hatten, waren also zugleich durch eine innere, strukturelle Verwandtschaft miteinander verbunden. Führerkult und Volksmythos, Kommandowirtschaft, bürokratische Überwachung und Kontrolle, Ausschaltung, Verbannung und Lager für innere Feinde waren die hervortretenden Charakteristika dieser Gesellschaften. Ihre Sozialstruktur, die Führer, Partei und Gemeinschaft über die Lebensrechte des Einzelnen stellte, hat Hannah Arendt schon vor 50 Jahren in ihrem Buch über die »Elemente und Ursprünge totaler Herrschaft« kritisiert. Obgleich Faschismus und Kommunismus von unterschiedlichen Maximen der Gesellschaft ausgingen, hatten doch beide den Kampf gegen das Individuum und gegen individuelle Freiheiten im Namen eines ethnischen oder politischen Kollektivs und einer allmächtigen Einheitspartei auf ihre Fahnen geschrieben. Ihre Führer verkörperten Volk und Partei, mit denen sich der Einzelne identifizieren und in der Masse auflösen sollte. Die Identität sollte sich einstellen, sobald jeder innere Widerspruch aufgehoben und jede Abweichung von der gleich geschalteten Gemeinschaft unmöglich sein würden – ein Prozess der Identitätsbildung, der einem ununterbrochenen Ausschlussverfahren folgt.

Auch diese Gesellschaften konnten nicht auf Glaubenssätze verzichten, auf Mythen und Ideologien, denen sie ihre Handlungsvorgaben entlehnten. Gestützt auf einen pathologischen Rassenwahn und sozialdarwinistische Vorstellungen vom Tier im Menschen, verhießen die Naziführer in der permanenten Bewegung das Heil der Welt. Die Bewegung ist alles, das Ziel ist nichts, war der Glaubenssatz, mit dem physische Vitalität zelebriert und Kriegsbereitschaft geschürt wurde. Der Krieg gestattete, jede soziale Bewegung auf eine Truppenbewegung zu reduzieren. Die Kriegsfaszination und die Romantisierung der Schützengräben, mit der der Nationalsozialismus den Massen angedient wurde, weisen auf den Ersten Weltkrieg als Schlüsselerlebnis der Ideologen. Er wurde auch von der Bevölkerung zunächst als Sensation, dann als Schock erlebt und unverarbeitet im Zweiten Weltkrieg weitergeführt. Das eigentliche Gesellschaftsmodell aber reichte tief in mittelalterlich-korporative Sozialverhältnisse zurück und offenbart bei genauerem Hinsehen Wahnvorstellungen, die ihren Stoff unter anderem aus den germanischen Heldensagen bezogen und in der zum Sprichwort gewordenen »Nibelungentreue« auf den eigenen Untergang hinführten.

Kein Zweifel, dass es sich bei den großen Sozialbewegungen des 20. Jahrhunderts um parareligiöse Massenbewegungen handelte, die ihren inneren Zusammenhalt durch Rituale der Führerverehrung, Beschwörung äußerer Feinde und die ständige Wiederholung großer Massenveranstaltungen immer wieder aufs Neue herstellen mussten.[40] Die Filmdokumente über die Reichsparteitage in Nürnberg oder über die Maifeiern auf dem Roten Platz in Moskau, überhaupt alle Massenveranstaltungen totalitärer Gesellschaften und der dazugehörende Einsatz der Medien, führen den religiösen Kultcharakter derartiger Inszenierungen eindrucksvoll vor. Und Religion ist nicht nur das, was den Gläubigen an seinen Gott bindet, sie ist auch das Band, das die Gemeinschaft der Gläubigen zusammenhält. Kein Führerkult kann auf parareligiöse Bindungen verzichten. Im Gefühl der Zugehörigkeit zum ekstatischen Massenkörper stellt sich die gesuchte Identität mit dem Führer ein[41] – ein quasi inzestuöses Liebesverhältnis. Das ist der religiöse Wahn. Die psychische Bereitschaft, sich zu unterwerfen, ist der Motor des Hasses gegenüber jeder Nonkonformität. Entindividualisiert sind die Menschen in der Masse der Gläubigen von aller Verantwortung befreit, auch vor sich selbst, von jedem Entscheidungszwang und endlich von der Last, sie selbst, ein Individuum sein zu müssen.

Norbert Wiene stellte in seinem Schlüsselfilm *Das Cabinet des Dr. Caligari* (1919) den Führer als einen manipulierenden Hypnotiseur dar und setzte so eine Vorahnung des aufkommenden Faschismus nach der deutschen Niederlage im Ersten Weltkrieg in Bilder um. Dr. Caligari ist ein Magier, der Individuen in Trance versetzt und so in seine Gewalt bringt. Sie werden ihm hörig. Fast zehn Jahre später, als die Gesellschaft sich in einer schweren Krise befand, die mit dem Crash von 1929 schließlich in die Barbarei des deutschen Faschismus führte, setzte wiederum Fritz Lang in seinem Film *Metropolis* (1927) die religiöse Massenbindung an rettende Heldenfiguren als Grundlage faschistischer Erlösungsmythen in Bilder um. Von Maria – der Name weist sie als Schutzheilige, Mutter des Volkes und klerikalfaschistische Identifikationsfigur aus –, im Film eine Arbeitertochter, und Freder, dem Sohn des Herrn von Metropolis, werden die im Elend lebenden Arbeiter schließlich aus der Dunkelheit der Fabrik und den Straßenschluchten von Metropolis ins Licht der schönen neuen Welt ihrer Befreier geführt. Befreier und Befreite verkörpern die Einheit von Führern und Abhängigen im vereinigten Volk. Ein faschistisches Gesellschaftsmodell, das auch von Pius XI. in der Enzyklika *Quattrogesimo anno* von 1931 in die katholische Soziallehre aufgenommen wurde. Faschismus als Renaissance der mittelalterlichen Reichsidee. Das Ende jeder Stände- und Klassenfeindschaft erscheint als durchgesetzt in einem hierarchisch autoritären Staatsgebilde totaler Verwaltung: einvernehmliches Miteinander von Arbeitnehmern und Arbeitgebern, Streikverbot, Schlichtung von Konflikten durch den Einsatz der Autorität.

Totale Kontrolle, wie sie George Orwell in seinem Roman *1984* als Konsequenz totalitärer Herrschaft darstellte – *Big brother is watching you*, und zwar immer und überall –, ist auch ein Ergebnis lückenloser Bürokratie, sowie jede Bürokratie eine quasi natürliche Tendenz zu totalitärer Herrschaft hat. Sie entmündigt die Bürger und macht sie zu Objekten der Verwaltung, zu infantilisierten Versorgungsabhängigen. Das ist ein Punkt der Kritik am Wohlfahrtsstaat, der liberale Ökonomen veranlasste, für die völlige Befreiung von der Bevormundung durch den bürokratischen Staat zu plädieren. Denn es sind nicht nur Missbrauch und Korruption[42], die wie naturwüchsig aus der Bürokratie hervorgehen, die Bürokratie erstickt auch jede Fantasie, Initiative und allen Eigensinn und führt schließlich zur Stagnation der Entwicklung von Wirtschaft und Gesellschaft.

Der Begriff Bürokratie geht auf den schon erwähnten französischen Nationalökonomen Vincent de Gournay zurück, dem wir auch das Motto der liberalen Wirtschaft, *Laissez-faire, Laissez-aller* verdanken. In Anlehnung an die Wortbildungen Aristokratie und Demokratie soll Gournay das Wort Bürokratie 1764 zum ersten Mal benutzt und damit die jede freie Entwicklung von Handel und Industrie hemmende Verwaltung der absoluten Monarchie kritisiert haben. Das Wort selbst stammt von *bure*, denn so wurde im Altfranzösischen der grobe Wollstoff genannt, mit dem die Tische staatlicher Administratoren, der Gerichte, aber auch der offiziellen Geldwechsler auf den

Märkten bespannt waren. Vom *bureau*, dem Tuch oder dem mit Tuch bezogenen Tisch aus, einer Instanz staatlicher Autorität also, wird exekutiert, was die Verwaltung des Staatswesens zum Schutz desselben für nötig hält.

Max Weber erkannte in der Bürokratie das am schwersten zu beseitigende soziale Gebilde, »ein Machtmittel allerersten Ranges für den, der über den bürokratischen Apparat verfügt«[43]. Hat sie einmal ein Staatswesen vollständig erfasst, ist sie kaum zu zerschlagen. »Sie ist«, schreibt Weber, »gegenüber anderen geschichtlichen Trägern der modernen rationalen Lebensordnung ausgezeichnet durch ihre weit größere Unentrinnbarkeit. Es ist kein geschichtliches Beispiel dafür bekannt, dass sie da, wo sie einmal zu völliger Alleinherrschaft gelangt war [...], wieder verschwunden wäre, außer mit dem völligen Untergang der ganzen Kultur, die sie trug.«[44] Die Bürokratie ist Ausdruck der absoluten Gewalt der Verwaltung eines autoritären Staatswesens.

Hier setzen die Verfechter des befreiten Marktes mit ihrer Kritik an. Sie erkennen wie Gournay in der Bürokratie der staatlichen Administration, vor allem des Wohlfahrtsstaates mit seiner enormen Verwaltung, das Haupthindernis für die Entfaltung der Wirtschaft. Ihr Wachstum, von dem auch der Wohlfahrtsstaat lebt, würde durch die Bürokratie nicht gefördert, sondern behindert. Kapitalismus und Bürokratie schlössen sich gegenseitig aus. Wo der Kapitalismus die freie Entfaltung der Kräfte des Marktes anstrebe, schränke die Bürokratie diese wieder ein und unterwerfe jede Form individueller Selbstständigkeit der Kontrolle durch die Verwaltung. Losgelöst von der Funktion, die ökonomische Verwaltung zu sichern, die die Reproduktion der Sozialgebilde mehr oder weniger reibungslos gewährleiste, treibe die Bürokratie die Gesellschaft in die Selbstzerstörung.

So wie Produktivkräfte sich im Prozess ihrer Entwicklung in Destruktivkräfte verwandeln können – man beachte die Entwicklung der Energie- und Lebensmitteltechnologie –, so kann auch die Verwaltung von Produktion und Verteilung sich in eine destruktive »Zerwaltung« verwandeln. Das ist die Dialektik der Bürokratie, sie ist keineswegs ein neutrales Instrument, das unbestimmt heute für diese und morgen für jene Zwecke eingesetzt werden könnte. »Ihr Verhalten ähnelt dem eines präparierten Würfels«, schreibt Zygmunt Bauman.[45] Aufgrund ihrer immanenten Logik treibt sie immer zu bestimmten, technisch quantifizierbaren Lösungen. Sie verwaltet nur messbare Größen, egal ob es sich um Waffen oder Nahrungsmittel, Menschen oder Schafe handelt, und fragt nie nach dem Sinn und Zweck einer Maßnahme. In dem Maß, wie Menschen zu Objekten der Bürokratie werden, treibt die Bürokratie der Gesellschaft jede Menschlichkeit aus. Sie exekutiert auftragsgemäß, ohne Ansehen der Person, das heißt aber auch, ohne ein soziales Gewissen.

Was in der Bürokratie als objektive Amtsausübung erscheint, ist in Wahrheit Technik und blinder Gehorsam, Gehorsam gegenüber einer Vorschrift, die vom Apparat gesetzt, mithin von Spezialisten der Exekution ausgedacht wurde, und Gehorsam gegenüber dem Vorgesetzten, der alles zu verantworten hat – sofern dieser nicht selber wieder einen Vorgesetzten hat, der ihm die Verantwortung abnimmt. »Für die eigentliche Exekution ist das bürokratische System um dessen willen von Wichtigkeit, weil es die Schnelligkeit des Vollzugs und die Einheitlichkeit der Ausführung der einzelnen Maßnahmen sichert«, heißt es in Meyers Lexikon von 1896. Die Bürokratie exekutiert wie ein Scharfrichter, der zu Zeiten der Französischen Revolution »maître des hautes œuvres«, also Meister der großen Werke hieß, in einer Zeit, als das Schafott »Altar des Vaterlandes« und jede Hinrichtung eine »Rote Messe« genannt wurde – ein Scharfrichter, der sich bis heute mit dem Namen *bourreau* als grober Vollzugsbeamter der Bürokratie ausweist.

Was den modernen Bürokraten auszeichnet, sind Genauigkeit und Eindeutigkeit, Kenntnis der Akten, Diskretion und vor allem Gehorsam und Disziplin. Die persönliche Verantwortungslosigkeit der Amtsträger, die sich immer auf Vorschriften und Befehlsnotstände berufen können, und ihre beliebige Austauschbarkeit, weil die fragmentierte Exekution von Verordnungen und Vorschriften jeder übernehmen kann, der durch das dafür vorgesehene Erziehungssystem des bürokratischen Staates gegangen ist, macht die Bürokratie als Exekutionsinstrument so außerordentlich erfolgreich.

Dies Instrument zur Führung und Überwachung der Reproduktion und sozialen Organisation vor allem von Massengesellschaften erfuhr seine Stunde der Wahrheit in den großen Arbeits- und Vernichtungslagern des 20. Jahrhunderts, in den Konzentrationslagern der Nazis wie im Gulag des Sowjetimperiums. In den Lagern herrschte die Bürokratie ohne Einschränkung, absolute Verwaltung auch im extremen Sinn des Wortes. Die Opfer, die die neuen Führer im Namen der »reinen Rasse« oder der »neuen Klasse« einforderten, kulminierten in der bürokratisch organisierten Vernichtung von Menschen. Die Bürokratie exekutierte und fertigte anschließend Dokumente über ihre vollbrachte Leistung an. Als perverse Form der einfachen Buchhaltung wies sie Eingänge und Abgänge aus und listete auf, was der Verwaltung an Gewinn zur weiteren Verwendung anheim fiel. Derart verkehrte sie die ganze rationale Organisation der Gesellschaft, aus der sie hervorging, in ihr Gegenteil: Sie zerstörte, was zu erhalten einmal ihre Aufgabe war.

Jetzt ist die Gesellschaft wieder gescheitert. Außerstande oder nicht willens, die ökonomische Verfassung so zu organisieren, dass sie allen Bürgern eine Lebensgrundlage garantiert und sie an den politischen Entscheidungsprozessen beteiligt, treten Politiker schon wieder die Flucht in nationale Wahngebilde an. Der Ruf *Ich bin stolz, ein Deutscher zu sein*, fordert zu neuer Mythenbildung auf. Wieder soll ein Betäubungsmittel herhalten, das Scheitern aufzufangen, um, wo möglich, über das soziale Elend hinwegzutäuschen. Bleibt die soziale Gerechtigkeit aus, sind doch wenigstens vor der Nation alle gleich – sofern sie Deutsche sind. Immer die gleiche Fluchtbewegung: Identifikation mit einer vor zweihundert Jahren erfundenen Nation, Aufrufe, mehr nationales Selbstbewusstsein zu zeigen, und Verteidigung der nationalen Kultur gegen so genannte »Überfremdung«. Da steht wieder das vermeintliche Eigene gegen das Fremde, und die Identifikation mit der Nation wird einer hilflosen Bevölkerung als zunächst kultureller und später ethnischer Widerstand angedient.

In einer Philippika gegen die Aufklärung hat der Dramatiker Botho Strauss 1993 formuliert, was die neuen Rechte bewegt:

»Es handelt sich um einen [...] Akt der Auflehnung gegen die Totalherrschaft der Gegenwart, die dem Individuum jede *Anwesenheit* von unaufgeklärter Vergangenheit, von geschichtlichem Gewordensein, von mythischer Zeit rauben und ausmerzen will.[...] Die Rechte sucht den Wiederanschluss an die lange Zeit, die unbewegte, ist ihrem Wesen nach Tiefenerinnerung und insofern eine religiöse und protopolitische Initiation.«[46]

Damit ist eine Regression und zugleich ein Schritt vorwärts in eine mythische Illusion beschrieben, in der sich alle Widersprüche auflösen. Ursprungsmythische Konstruktionen wie der Mythos des Blutes, der Identität der Kulturnation oder der politischen Nation gehen immer auf Katastrophenerfahrungen oder -ängste zurück und verraten nicht selten eine offene oder heimliche Katastrophenfaszination. Wagners Weihespiele und Heideggers Philosophie[47] sind in diesem Zusammenhang ebensolche Ersatzbildungen wie der politische Nationalismus ihrer Zeit. Als solche antworten sie auf eine scheinbar aussichtslose, politisch wie sozial verfahrene Situation mit einem Sprung aus dem historischen Kontinuum. Alle anderen Wege scheinen versperrt zu sein. Anstatt auf die Widersprüche rational zu reagieren, wie Gottfried Benn[48] dem »konfusen Volk« empfahl, nämlich von der Romantik Abstand zu nehmen und den Weg der »Romanisierung« einzuschlagen, um die Konflikte zu analysieren und vernünftige Lösungen zu suchen, die den politischen und sozialen Bedürfnissen Rechnung tragen, steigt es im Wahn aus der eigenen Geschichte aus. Die Ursprungsmythen, die auf diesem Weg als fantastische Geschichte ungebrochen wiederkehren, sind Ausdruck des drohenden politischen Scheiterns einer ganzen Gesellschaft.

Vor über 60 Jahren wies Paul Tillich auf die Konsequenzen hin, die sich unweigerlich einstellen werden, wenn die Moderne ihre eigenen Widersprüche zu lösen außerstande ist.

> »Der Ursprungsmythos kann nur wiederkehren – ungebrochen, wie es für ihn notwendig ist –, wenn die Gesellschaft, in der er gebrochen ist, untergeht. Ein Mittelalter war nur möglich, weil die Antike und das ganze System ihrer rationalen Welt-Erkenntnis und -Gestaltung untergegangen war. Und ein neues Mittelalter wird nur kommen, wenn die abendländische Gesellschaft ihre Aufklärung mit dem Ende ihrer Lebensmöglichkeit büßen muss.«[49]

Obgleich der Nationalsozialismus die Ethnisierung der deutschen Gesellschaft mit einer offensiven Kriegspolitik vorangetrieben hatte, vielleicht um sich als wahrer Wiedergänger der Nibelungen zu bestätigen, garantierte der dann folgende Krieg doch nicht den Zusammenhalt dieser Gemeinschaft, sondern führte zu ihrer Auflösung. Allerdings tragen Kriege immer zur Stabilisierung eines Solidaritätsgefühls und vor allem zur Bildung neuer Mythen bei, die die ethnische Identifikation dann erleichtern. Tote Krieger bilden die Avantgarde einer ethnischen Gemeinschaft. Als Märtyrer weisen sie in die Zukunft – ins Massengrab.

Ethnien sind Konstrukte, die Menschen dankbar ergreifen, um ein schützendes Dach zu haben. Ethnische Identität ist das, was allenthalben gesucht wird. Sie ist ein Produkt der Angst. Wie Religionen können auch Ethnien, um des Zusammenhalts der Gemeinschaft willen, auf Mythen und Kultveranstaltungen nicht verzichten. Sie müssen sich selbst immer wieder beschwören, weil sie weder notwendige Voraussetzung noch logisches Ergebnis einer genuinen Entwicklung sind. Wo die Gemeinschaft durch die Magie des Mythos zusammengehalten wird, ist die Ethnie selbst schon der Mythos, der die Identifikation ermöglicht.

In Übersee wurde den neuen Untertanen meist von Kolonisatoren eine ethnische Identität oktroyiert. Die Forschungsobjekte der Ethnologen und die heute immer wieder beschworenen kollektiven Identitäten sind zum Beispiel in Afrika, wo sich die großen Zivilisationen schon Jahrhunderte vor Ankunft der Portugiesen aufgelöst hatten und Teile der Bevölkerung vor den Sklavenjägern in abgelegene Gegenden geflohen waren und sich dort zu neuen Stämmen zusammenschlossen, im 19. Jahrhundert von Missionaren und Kolonialbeamten noch einmal neu kreiert worden. Sie ordneten in Zusammenarbeit mit der Kolonialverwaltung die Stämme mitsamt ihren Territorien und verpassten ihnen Traditionen,[50] die sie dann als primitiv erkannten und auf der untersten Stufe sozialer Entwicklung ansiedelten. Es handelt sich dabei um eine Erfindung der Kolonisatoren, um ihren Herrschaftsanspruch als »Schutzmacht« zu legitimieren.

Das Gleiche gilt für das Lateinamerika des 16. Jahrhunderts, wo das Verbot der präspanischen Opferkulte, also die Vernichtung des kulturellen Zentrums der Indiogesellschaften, und die Tatsache, dass zumindest in Mexiko bis Ende des 16. Jahrhunderts über 80 Prozent der Einwohner an Seuchen wie Pocken, Masern und Typhus gestorben waren[51], schon 300 Jahre früher zur Auflösung ihrer Kulturen geführt hatte. Auch dort haben Funktionäre der Krone und Missionare Ersatz gestiftet und die Indios mit einer komplett neuen ethnischen Identität versorgt.[52] Wie der Historiker Richard Trexler[53] belegt, sind die

Tänze und die Kleidung der Indios von den Missionaren aus den Traditionen der spanischen Landbevölkerung entlehnt und den von ihnen kreierten Ethnien übergestülpt worden. Schon wegen der christlichen Sexualmoral mussten sie vollständig bekleidet sein. Und Justino Fernández[54] hat beschrieben, wie Jesuiten während der Kriege zur Christianisierung des mexikanischen Nordens ihren indianischen Hilfstruppen in den Kriegspausen selbsterfundene Tänze beigebracht haben. Mit Muschelschnüren an den Beinen hatten sie sich rhythmisch stampfend im Kreis zu bewegen. Diese Conchero-Tänze werden heute Ethnologen und Touristen von Indiomanen als präspanische Kultur verkauft, während sie in Wahrheit von den Kolonisatoren erfunden worden sind, um die neuen Untertanen in den Kriegspausen bei Laune zu halten und ihnen eine ethnische Identität unter der spanischen Krone zu verleihen. Heute gehört selbst die in Chiapas als Weihwasser verwendete Coca Cola zu den Requisiten der kollektiven Identität, für deren Erhalt die europäischen und amerikanischen Freunde des Brauchtums und der Gewohnheiten der Indiogruppen kämpfen. Ein Exotismus, der an die ersten Paradiessucher auf dem Kontinent erinnert.

Die Mönche, die mit den spanischen Conquistadoren nach Amerika kamen, latinisierten die indianischen Sprachen und überwachten die Erarbeitung von Dokumenten über die präspanischen Sitten und Gebräuche. Damit haben sie nicht nur irgendwelche Requisiten modifiziert, sondern in die Substanz eingegriffen. Grammatik und Syntax einer Sprache reflektieren, wie Mythen und Kulte, soziale Beziehungen und Reproduktionsverhältnisse und sind zugleich ein Teil von ihnen. Wenn die Opferkulte der Indiogesellschaften verboten werden, wird damit auch die darauf bezogene und damit verbundene Sprachstruktur vernichtet.[55] Sie hat keinen Gegenstand mehr. Die neue Grammatik entstammt der christlichen Welt und hat keinerlei Verbindung zu den Opferkulten, die vordem die Gesellschaft zusammenhielten. Was wir über die gebauten Monumente hinaus als präspanische Kultur vermittelt bekommen, ist zu Teilen ein Produkt von Verwaltungsbeamten und Missionaren. Unter ihrer Anweisung wurden Generationen nach der Conquista fast alle Códices verfasst, die heute von Archäologen und Indigenisten als Dokumente der präspanischen Kultur zitiert werden. Dass es sich dabei um Fantasieprodukte handelt, liegt auf der Hand. Die Priester und Manager der Indiokulte waren Generationen zuvor gestorben, alle ursprünglichen Dokumente während der Conquista zerstört und verbrannt, es gab keine schriftliche Überlieferung, und was die mündliche Überlieferung, die so genannte *Historia oral* betrifft, so ist ihre Fragwürdigkeit hinlänglich bekannt.[56] Mündliche Überlieferungen sind immer ein wesentliches Vehikel der Legendenbildung. Eine Notiz in den *Cartas de Relación* von Hernán Cortés[57] erhellt zudem, wie schon die erste Begegnung der Spanier mit den Indios zu einigen Missverständnissen geführt hat. Er schreibt, dass zum Beispiel der Name der Halbinsel Yucatán, wie sich später herausstellte, eigentlich »ich verstehe nicht« heißt.

Durch das Verbot aller Opferkulte der Indios und die Ermordung und Unterwerfung ihrer Priester und Zauberer ist nichts, was in der präspanischen Welt wirklich substanziell war, erhalten geblieben. Mit dem Verschwinden des Zentrums des Kults verschwand auch der geistige und materielle Zusammenhalt der Kultur. Wenn Indiobewegungen heute die Wiederherstellung und Konservierung ihrer Kulturen fordern, dann fordern sie etwas, das ihnen einmal von Funktionären der spanischen Krone und den Ordensleuten der katholischen Kirche als Indiokultur oktroyiert wurde – vielleicht einen christlichen Kommunitarismus. Aber immer handelt es sich um eine Erfindung, durch die eine Ethnie erst geschaffen, dann identifiziert und schließlich zusammengehalten und beherrscht wird. Das ist heute nicht anders als vor 500 Jahren.

1974 wurde auf einem Indio-Kongress in Chiapas beschlossen, den Nachfahren der Mayas eine neue Pan-Maya-Identität zu vermitteln, und zehn Jahre später auf dem ersten »Interethnischen Kulturkongress« in San Pedro de Chenalhó das »Komitee zur Verteidigung und Stärkung der indianischen Kulturen« gegründet, das die Aufgabe hat, der Jugend die Geschichte ihres Volkes zu vermitteln und zu verhindern, dass die Traditionen ihrer Gemeinden verloren gehen. In dieser Zeit wurde die Region von Tausenden linker Aktivisten, Priestern der Befreiungstheologie und Missionaren besucht, darunter auch die späteren Gründer der »Zapatistischen Armee zur Nationalen Befreiung« mit dem Guerillalogo EZLN, die den neuen Mythos in die Dörfer von Chiapas trugen. »Zum ersten Mal seit 500 Jahren«, berichtet ein Missionierter, »haben sie uns über unsere Geschichte, unsere Religion und darüber unterrichtet, wie unsere Dynastien gegründet und unsere Vorfahren in der klassischen Maya-Periode gelebt haben.«[58] Aber die Zapatisten gingen noch einen Schritt weiter, sie erfanden den Chefgott »Votan-Zapata«, eine antike Tzeltal-Gottheit[59], vielleicht ein heiliger Führer, den sie mit dem legendären Bauernführer Emiliano Zapata verbanden. Votan-Zapata wird zum »Wächter und Herz des Volkes« erklärt, eine Neuschöpfung, die die Gemeinschaft binden soll. »Er war ein Mann, dessen Worte von sehr weit her in unsere Berge kamen«, erklärte Marcos, der Führer der Zapatisten, 1994, »er ist in uns, in unseren Waffen, in unseren verdeckten Gesichtern. In unserer wahrhaftigen Welt verbindet er die Weisheit mit dem Kampf unserer ältesten Vorfahren«.[60] Und: »Votan-Zapata lebt in allen, die unter unserer Fahne marschieren. Wir sind alle eins mit Votan-Zapata, und er ist in uns allen.«[61]

Der mayazentrische Geschichtsmythos hat die Funktion, die verschiedenen Indiogruppen zu einer Ethnie zusammenzuschweißen, die dann von ihrem neuen Führer Marcos – er wurde bereits mit Moses verglichen[62] – ins gelobte Land geführt werden soll. In die Sprache der Zapatisten übertragen heißt das, dass ihnen ein eigenes Territorium garantiert und ihre ethnische Identität gesetzlich verankert wird. Was alle ethnischen von sozialen Bewegungen unterscheidet, ist, dass sie eben kein soziales Programm verfolgen. An seiner Stelle wird für territoriale Autonomie und kulturelle Werte gestritten. Im Fall der Zapatisten geht es um die Würde der Indios und das Recht, zu beten und zu opfern, wie es ihrer Tradition entspricht. Mit anderen Worten, es geht um den Schutz einer mittelalterlichen katholischen Welt unter dem Dach der neuen ethnischen Gemeinschaft.

Keine Frage, der Zapatismus ist eine ethnische Erweckungsbewegung. Er hat die von Missionaren vor fast 500 Jahren geschaffenen ethnischen Strukturen revitalisiert und mit dem revolutionären Nationalismus Mexikos verbunden, der im vorigen Jahrhundert schon einmal seinen Ursprungsmythos an einer erfundenen indianischen

Vorgeschichte festmachte. Repräsentiert wird die neue Ethnie durch den neu erfundenen Chefgott Votan-Zapata, der durch seinen Messias Marcos spricht. Die Ethnie ist das neue Identifikationssubjekt, das gesucht und kreiert wurde, um die Gefolgschaft an die neuen Führer zu binden.

*Ethnos* bezog sich ursprünglich auf fremde Sippen, Clans oder Gentilgemeinschaften, die nicht am eigenen Kult teilhatten: fremdes Volk. Jetzt kommen die ethnischen Bewegungen darauf zurück. Sie nehmen das Wort an und betonen damit ihr Anderssein. Ethnisch war heidnisch, *pagan*, Individuen wie Völker, die am römischen Kult nicht teilnahmen. In der Bibel werden die Juden von Ethnarchen regiert, und noch im 17. Jahrhundert waren die Führer fremder Nationen Ethnagogen. Dass die christlichen Erben des Römischen Imperiums dann alle Heiden als *ethnikos* oder *pagan* bezeichneten, versteht sich von selbst. Schließlich handelte es sich um die Zielgruppen ihrer Mission.

In Wahrheit waren diese Kulturen immer das historische Produkt einer Mischung vieler Kulte, Rituale und Mythen. Neue Kulte und Mythen traten hinzu, wenn es die Ökonomie der Gemeinschaft erforderte, sie wurden abgelegt, wenn kein Bedarf mehr bestand. Das geschah von außen, durch militärische Unterwerfung und Mission in Glaubenskriegen, oder von innen, durch Schamanen und Kultbeamte. Der melanesische Cargo-Kult zum Beispiel, ein millenaristischer Kult, der moderne Technik mit einer alten Heilserwartung verbindet, begann sich seit Ende des 19. Jahrhunderts und vor allem in den 30er Jahren des 20. Jahrhunderts in jenen unterentwickelten Regionen Melanesiens zu verbreiten, in denen Cargo-Schiffe und Flugzeuge die Eingeborenen mit Lebensmitteln versorgten. Die Manager des Kults predigten das nahe Paradies, veranlassten ihre Anhänger, Kultobjekte in Form von Schiffen und Flugzeugen zu bauen, und stellten die neuen Götter ins Zentrum ihrer Ritualveranstaltungen. Kamen Ladungen mit Hilfsgütern an, taten Kult und Kultobjekte, wie zu erwarten, ihren Dienst. Dass die von christlicher Mission inspirierte religiöse Bewegung noch die letzten Reste der eigenen ökonomischen und kulturellen Reproduktionsform beseitigt und die Gemeinschaften in Almosenempfänger verwandelt hat, verbindet sie mit vielen anderen Heilsbewegungen. Wie Therapiegruppen und Wunderheiler verheißen die eklektisch zusammengebastelten Religionen heute weltweit Geborgenheit und Schutz vor Elend und Chaos in der neuen Weltwirtschaft. Laut *World Christian Encyclopedia*[63] gibt es weltweit 33 880 verschiede christliche Kirchen, zu denen allein in Afrika monatlich 1200 hinzukommen.

Ohne religiöse oder parareligiöse Kultelemente haben ethnisch motivierte Heilsbewegungen keinen Bestand. Sie sind synkretische Gebilde und zugleich exzessive Opfergemeinschaften, die ihren Ursprung in Kultveranstaltungen reklamieren, gerade weil es sich bei den Ethnien um Erfindungen handelt. Hinzu kommt die Ideologie der Reinheit, wobei die »reine Ethnie« nur ein anderer Ausdruck für »reine Rasse« ist, ein Konstrukt, das Hemmschwellen beseitigt und die Bereitschaft fördert, alles auszumerzen, was der Gemeinschaft nicht konform ist. Ist das Tötungstabu erst gebrochen, gibt es kein Halten mehr. Was vordem verboten, wird nun mit Lust exekutiert. Unverkennbar bleibt der Widerschein der Opferfeuer.

Ethnische und religiös-fundamentalistische Gemeinschaften sind so totalitär wie alle sozialen Gruppen, in denen das Individuum nur Teil eines vorgeblich organischen Ganzen ist. Sie erkennen weder Menschenrechte noch individuelle Rechte an.[64] Ihr Subjekt ist der Körper der Ethnie oder der Religionsgemeinschaft, zu dem alle Individuen in abhängiger Beziehung stehen. Damit befinden sie sich in Widerspruch zu jeder Form von Universalismus, wo das Individuum in jedem anderen Individuum einen Repräsentanten desselben Menschengeschlechts erkennt.

War eine Ethnie bis zum 19. Jahrhundert noch eine von der christlichen Mission stilisierte pagane Gemeinschaft, so trat durch den Einfluss darwinistischer Biologisierung die Rasse an ihre Stelle. Heute sind aus den Rassen wieder Ethnien geworden[65] – totalitäre Gemeinschaften, die mit dem Selbstausschluss den entschlossenen Kampf gegen jeden humanen Universalismus rechtfertigen. Sie sind die wahren Erben der rassistischen Bewegungen des 20. Jahrhunderts.

Gelegentlich tritt die ethnische Religion auch in modernem Gewand auf, als politische Partei oder Gruppe, die für die Freiheit der Kultur einer Region zu den Waffen greift wie die baskischen Nationalisten. Sie besitzen alle Requisiten, die zum ethnischen Nationalismus gehören. Die historisch ungeklärte Herkunft der Basken bildet die weißen Flecken, auf die jeder Ursprungsmythos projiziert werden kann. Stammen sie aus dem Kaukasus oder Georgien, vielleicht aus Nordafrika – einige Elemente ihrer Sprache deuten darauf hin –, oder waren sie schon immer dort, wo sie jetzt sind? Das wird als Argument für den Anspruch benutzt, dass sie als erste am Ort gewesen seien und die Wörter aus dem Lateinischen, Keltischen, Französischen, Kastilischen und selbst aus dem Arabischen nur entlehnt haben. Dass ihre Worte für Axt und Messer auf Stein zurückgehen, lässt eher auf hohes Alter schließen. Die Tatsache aber, dass es sich um eine Sprache der Landbevölkerung handelt, die bis zum 16. Jahrhundert überhaupt nicht geschrieben wurde und als Schriftsprache eigentlich erst im 19. Jahrhundert auftauchte, lässt vermuten, dass die baskischen Mundarten sich mit der Zeit entwickelt und Wörter und Sprachelemente von Fremden aufgenommen haben, mit denen sie in Kontakt traten. Erst der ethnische Nationalismus hat im 20. Jahrhundert aus einigen Dialekten das *Euskara Batua*, das vereinigte Baskisch geschaffen, eine neue Staatssprache, die bisher nur von einer Minderheit gesprochen wird. Aber der ethnische Nationalismus kann darauf nicht verzichten, sicherer als Mythologie und Glaubenssätze hält die Sprache eine Ethnie zusammen. Sie muss, wird sie erst einmal gesprochen, nicht immer wieder durch Rituale beschworen werden. Zur ethnischen Reinheit gehört dann: Baske ist, wer baskisch spricht. Ein ETA-Veteran hat das Kredo der ethnischen Befreiungskämpfer in einem Interview noch deutlicher formuliert:»Die ETA ist nicht antifrankistisch, das war sie niemals. Sie hat nie für die spanische Demokratie gekämpft. Die ETA ist eine nationalistische Gruppe, die für die Befreiung von Euskadi kämpft, und Punkt.«[66] Demokratie ist mit einer Ethnie nicht kompatibel, sie stört, wie jedes Individuum die Gemeinschaft des ethnischen Körpers.

Selbstbestimmung der Völker ist das Schlagwort, mit dem Ethnien um Macht und Einfluss kämpfen. Tatsächlich sind sie aber Regressionsgebilde, die auf vermeintlich historisch gewachsene Gemeinschaftsformen rekurrieren. Wo demokratische Gesellschaften zerfallen, schlägt ihre Stunde. Clanstrukturen, das Kazikenwesen und die

Familie als ökonomischer Gewaltverband sind ihre Organisationsformen, die auf sozialdarwinistische Verhältnisse in Wirtschaft und Gesellschaft zugeschnitten erscheinen, wo Mafias und Banden den Ton angeben. Kein Wunder, dass sie in Krisenzeiten die Herrschaft problemlos an sich reißen. Ihre psychische Energie schöpfen sie im Wesentlichen aus dem Viktimismus, eine pathologische Opfersimulation, mit deren Hilfe sie sich selber als Opfer stilisieren und daraus das Recht ableiten, sich selbst und alle nicht der eigenen Gemeinschaft Angehörenden opfern zu können. Was der politisch-religiösen Bewegung der Nazis die Götterdämmerung war, nämlich alles mit in den eigenen Untergang zu reißen, ist den Islamisten der Anschlag auf alle Ungläubigen und die Aussicht, durch den eigenen Tod als Märtyrer in ein Paradies einzugehen.

Aber wo immer ethnische Bewegungen heute auftreten, stehen auch ökonomische und geopolitische Interessen dahinter. Im Bosnienkrieg zum Beispiel, wo es vorgeblich um einen Konflikt zwischen ethnischen und religiösen Gemeinschaften ging, waren Raubökonomie und grenzenlose Korruption der alle Kriegsparteien antreibende ökonomische Beweggrund. Nicht nur Wegezoll, Überfälle und Plünderungen, auch das Leasing von schwerem Kriegsgerät unter den kriegführenden Parteien bestimmten den Verlauf des Krieges. Die Akkumulation von Raubgut durch die ethnischen Führer und ihre Familien war der Ertrag.[67] Auch die Völker am südlichen Rand der russischen Konföderation, deren Stammestänze und Folklore einmal vom Fernsehen der UdSSR in die Wohnzimmer der sowjetischen Arbeiter projiziert wurden, sind heute Ethnien geworden, die aus der russischen Hegemonie auszubrechen versuchen, um ihre Bodenschätze mithilfe multinationaler Unternehmen selbst zu verwerten. Fällt die Massenorganisation aus, kehren die Clan- und Familienstrukturen zurück.

Dagegen sind die afghanischen Taliban geblieben, was sie waren: ein ethnizistisches Lumpenproletariat sunnitischer Koranschüler, die der afghanischen Gruppe der Paschtunen angehören.[68] Mit ihrem Terrorregime, den ethnischen Säuberungen, der Degradierung der Frauen zu Haustieren, dem Bildersturm auf buddhistische Monumente und der Kennzeichnungspflicht für Hindus durch safranfarbene Gürtel befinden sie sich längst auf dem Weg in einen manifesten Faschismus.[69] Das schließt einen blühenden Drogenhandel aber keineswegs aus. Während sie vor 20 Jahren von den USA mit Kriegsgerät versorgt wurden, um das Land gegen die Sowjetunion zu verteidigen, sind sie heute zu Warlords und mafiosen Paten geworden, die den Handel beschützen und Drogensteuern kassieren. Afghanistan verfügt über riesige Anbauflächen für Mohn und Werkstätten für die Verarbeitung und Verfeinerung eines Produkts, das dann auf den Drogenstraßen des 20. und 21. Jahrhunderts die Konsumenten in den Metropolen erreicht. Ihre Macht verdanken die Taliban ihrer Skrupellosigkeit und ihren Waffen. Darüber hinaus beherrschen sie das Volk mit einem Wahn- und Strafsystem, das in den Köpfen ihrer gläubigen Gefolgschaft verankert ist: der Scharia des fundamentalistischen Islam.

Der Angriff einer Gruppe islamistischer Kampfmaschinen auf das World Trade Center in New York und das Pentagon in Washington am 11. September 2001 hat gezeigt, wie ein arabischer Führer mit einer kriegerischen Auslegung des Korans und dem Geld, das mit einem gehörigen Startkapital und weltweit agierenden Unternehmen erwirtschaftet wird, ein internationales Netzwerk fanatischer Gotteskrieger aufbauen und diese zu gewaltigen Anschlägen mobilisieren konnte. Wie die Assassinen des »Alten vom Berge« – daher stammt das französische Wort *assassin* für Mörder – im 12. Jahrhundert den gesamten vorderen Orient mit Mordanschlägen heimsuchten und auch den nicht minder blutrünstigen Kreuzfahrern zu schaffen machten, ist das Netzwerk Al-Qaida des saudischen Führers Osama bin Laden heute zu größeren Mordanschlägen in einer größer gewordenen Welt in der Lage. Ein Kampf zwischen Gut und Böse oder ein wiedergekehrtes Mittelalter als Widersacher der modernen Gesellschaft?

Hinter dem scheinbar religiösen Konflikt islamischer Fundamentalisten mit der westlichen Welt stehen aber vor allem auch wirtschaftliche Interessen. In Afghanistan wird nicht nur Opium produziert, das Land könnte auch für den Transport von Öl aus den südlichen Republiken der GUS in den Persischen Golf eine Rolle spielen. Die religiös-autoritäre Bindung fundamentalistischer Gotteskrieger macht sie, ebenso wie die willfährigen Anhänger christlicher

Sekten, zu billigen Werkzeugen, die in wirtschaftlichen und politischen Machtkämpfen eingesetzt werden können. Ihre bedingungslose psychische Abhängigkeit ist unbedingter, duldsamer und dauerhafter, als es die Abhängigkeit von Sklaven je war.

Heute scheint der Kampf um ethnische oder religiöse Autonomie auch zur Strategie einiger Unternehmen des informellen Marktes zu gehören: die ethnische oder religiöse Bewegung als Firmenmantel, ihre Kriege als Teil der wirtschaftlichen Aktivitäten. Wirtschaft mit anderen Mitteln.[70] Im Gegensatz zur Demokratie stehen weltweite Ethnisierung und kollektive Identitäten fundamentalistischer Glaubenskrieger kapitalistischen Verwertungsinteressen nicht im Weg, im Gegenteil, sie sind hilfreich, weil sie zur Zerstörung der zivilen Gesellschaft beitragen.»Die Politik der Identität«, sagt Susan George in einem Interview,»ist ein großer Vorteil für die Herrschenden, darum wird sie auch immer wieder von den Experten der Arbeitsgruppen wärmstens empfohlen. Die Leute bei der Suche nach ihrer historischen, politischen, religiösen, rassischen oder geschlechtlichen Identität zu unterstützen, verhindert, dass sie sich damit beschäftigen, was sie gemeinsam tun können. Das blockiert die Solidarität. [...] Es scheint vollkommen klar zu sein, dass die Politik der Identität äußerst hilfreich dabei ist, uns abzulenken.«[71][72]

Jede spezifische Identität, das Wort sagt es schon, schließt damit alles nicht Identische aus. Ein alter Mechanismus, der bestimmt, wer dazugehört und wer nicht. Heute wird mit kollektiver Identität Gruppenzugehörigkeit beschworen. Was einmal Rassen und Völker waren, sind kollektive Identitäten geworden. Egal ob es sich um Ethnien oder Religionsgemeinschaften handelt, kollektive Identitäten erkennen keinen Universalismus an, weder eine zivile Gesellschaft noch allgemeine Menschenrechte. Das erste Recht eines jeden Menschen, nämlich ein nicht identisches Individuum zu sein, schließt die kollektive Identität von vornherein aus. In ihr kehren ethnische Gemeinschaften und Stämme,[73] selbst die archaische Horde wieder. Ihr Totalitarismus erweist sich als Wiedergänger der totalitären Bewegungen des 20. Jahrhunderts, während die europäischen und amerikanischen Propagandisten der kollektiven Identitäten sich als intellektuelle Wegbereiter eines neuen Faschismus zu erkennen geben.

Die weltweite Ethnisierung und die Bildung von kollektiven Identitäten setzt sich fast bruchlos in der korporativistischen Identitätsbildung von ökonomischen Großunternehmen und der Propaganda für ihre Produkte fort. Corporate Identity ist die Parole, mit der die Konsumenten in den Bann von Produkten und die Mitarbeiter der Firmenimperien in die Gemeinschaft der Angestellten eingebunden werden. Das geht weit über ein Logo hinaus, Corporate Identity ist Symbol und Ethos der Identität eines Lebenszusammenhangs, der über Waren und Lifestyle definiert ist. Nimmt das Publikum die Corporate Identity wie der Hund den Straßenbaum an, wird es auch alle Produkte der Firma kritiklos kaufen. Das kann für einen vermeintlich guten Zweck sein, wie die große Zahl prosperierender Nächstenliebe- und Hilfsorganisationen beweist, oder einfach dazu führen, dazuzugehören, in der ethnischen Gemeinschaft der Freunde der XY-Ware aufgenommen zu sein. Eine Tendenz, die besonders in der so genannten Jugendkultur auffällt, wo Banden- und Stammesbildung die natürliche Organisationsform ist. In allen anderen Bereichen der Gesellschaft wird deren Zerfall scheinbar durch Identität stiftende Gemeinschaften aufgefangen.

Was heute modisch als Globalisierung bezeichnet wird, ist auch die Globalisierung einer neuen Ethnie, die sich an einem »International Colloquial English« (ICE) weltweit wieder erkennt. Eine Handels- und Kongresssprache, die jährlich um 5000 Wörter wächst und aus einer Mischung aus »Standard American-British English«, Werbeslogans und folkloristischen Sprachelementen vieler Sprachen ehemaliger britischer Kolonien besteht.[74] Ihre Vertreter tragen einheitliche Arbeitskleidung – dunkler Anzug, Attaché-Case –, logieren in identisch ausgestatteten Hotels und kommunizieren, wenn man das so nennen kann, mithilfe einer Sprache, die wegen der vielen Missverständnisse immer gute Laune verbreitet. Hauptsache, das Geschäft kommt zustande. Globalisierung ist nur ein anderes Wort für Standardisierung aller Lebensverhältnisse, eine weltweite Verbreitung des Ethos der globalen Jugend- und Managerkultur, in der die ethnische Gemeinschaft von Global Village zu Hause ist.

Das gleiche spielt sich auch innerhalb der Unternehmen ab. Schon gibt es Lehrstühle für Unternehmenskultur, die in die Geheimnisse der Corporate Identity und die Techniken der Gemeinschaftsbildung einführen. Jedes Jahr veranstaltet die Chase Manhattan Bank die »Chase Corporate Challenge« in Frankfurt am Main, einen Lauf für Corporate Identity, bei dem Mitarbeiter von Firmen, Behörden und Finanzinstituten den Geist ihrer Unternehmenskultur unter Beweis stellen. Der Lauf, der außer in Frankfurt und London bereits in 16 amerikanischen Städten von der Bank organisiert wird, soll zur Stärkung des innerbetrieblichen Zusammenhalts beitragen. Jedes Unternehmen startet in einheitlicher Kleidung, um seine Corporate Identity zu manifestieren. »Im Hinblick auf das raue Klima durch den immer stärker werdenden Konkurrenzkampf in vielen Unternehmen fördert der Lauf ein sicheres Auftreten für die Firma«, behaupten die Veranstalter. Die angestrebte Unternehmenskultur korrespondiert mit dem Ethos der ethnischen und religiösen Gemeinschaften, die sich gemeinsam auf dem Weg zurück ins Mittelalter befinden, in eine Zeit, in der die Gemeinschaft noch Schutz vor Tod und Teufel bot. Wie die ethnischen Gemeinschaften für ihre Mitglieder, fordern auch die Unternehmen ihre eigene Kultur. Darum sind Firmenfeste mit Hymnen, Orden und Preisen Stammesfesten nicht unähnlich.

Wal-Mart, der größte Handelskonzern der Welt, mit 1,1 Millionen Beschäftigten, einem Umsatz von 165 Milliarden Dollar und einem Reingewinn von 5,4 Milliarden Dollar im Jahr 2000[75] – das ist mehr als das Bruttoinlandsprodukt von 161 Staaten der Welt –, hat sich auch zu einem der Vorreiter bei der Ethnisierung der großen Megakonzerne entwickelt. Sam Walton, der Firmengründer, soll die Idee von einer Reise nach Japan und Korea mitgebracht haben, aus Gesellschaften, wo die Wirtschaft in den Händen von feudalen Familienverbänden liegt und modernste Produktionsverfahren mit archaischen Sozialstrukturen amalgamiert sind. Firmenmythologie, Rituale des Zusammengehörigkeitsgefühls und eine unverwechselbare Familienkultur sind die Säulen, auf denen Ideologie und Praxis von Wal-Mart aufbauen. Die Familienkultur gestattet eine autoritative Firmenführung, die mit Schulterklopfen und Belobigungen – wie Gut-gemacht-Buttons, eine besondere Schürze für die beste Verkäuferin des Monats, eigene Unternehmenszeitung, firmeneigenes Fernsehen, regelmäßige Belegschaftsversammlungen, auf denen selbstgedichtete Wal-Mart-Lieder und Firmensprüche vorgetragen werden –, die »Walmartisierung« der Mitarbeiter betreibt und einen »Firmenethnizismus« kultiviert. Eine Hauptversammlung der Aktionäre soll laut *Handelsblatt* wie »ein ›gigantisches Unterhaltungsprogramm nach Art eines religiösen Erweckungsgottesdienstes, wo Gläubige ihre Bekenntnisse erneuern‹«, [76] abgelaufen sein. Keine Frage, eine religiösethnische Unternehmenskultur, die die Gemeinschaft mithilfe von Ritualen wie einen Stamm zusammenhält.

»Zu den Ritualen und Formen der Inszenierung zählen die regelmäßigen Versammlungen der Beschäftigten vor Arbeitsbeginn. [...] Diese Treffen werden bewusst als ritualisierte ›Erlebnisse‹ organisiert. Inspiriert durch seinen Besuch in Japan und Korea, führte Sam Walton den Wal-Mart-Ruf ein, der heute weltweit in allen Filialen während dieser Versammlungen gemeinsam gerufen wird. Hierzu versammeln sich die Beschäftigten in einem Halbkreis. Der Marktleiter fordert die versammelten MitarbeiterInnnen auf, das Wort Wal-Mart zu buchstabieren. Er hebt den rechten Arm, brüllt eine Aufforderung, und die MitarbeiterInnen rufen im Chor zurück. Nach eigenen Angaben sind diese regelmäßigen Morgentreffen ›Teil der Mitarbeiterintegration, die die Identifikation jedes Mitarbeiters mit seinem Verantwortungsbereich‹ stärken soll. Der Ruf ›gibt den Kick für den Arbeitstag und unterstreicht das Zusammengehörigkeitsgefühl‹.«[77] Wie bei jedem Stamm werden Mitglieder, die nicht bereit sind, die Mythologie zu akzeptieren und an den Firmenriten teilzunehmen, aus der Unternehmensfamilie ausgestoßen.

Der Zerfall der Gesellschaft bewirkt auch den Zerfall der Demokratie und macht vor der Zerstörung der Individuen nicht Halt. Ein Effekt, der durch die uneingeschränkte Herrschaft des Gewinnprinzips und die unbegrenzte Akkumulation ökonomischer Macht in Verbindung mit einer hemmungslosen Ethnisierung der Welt erreicht wird. Wo sich Selbstbewusstsein in Markenbewusstsein wandelt und das autonome Individuum zum angepassten Wesen an ökonomische Verhältnisse wird, das Individuum sich also nicht mehr als Individuum realisieren kann, versucht es, in etwas Größerem aufzugehen, sich mit etwas Mächtigerem zu identifizieren und erhofft seine Identität im religiösen, ethnischen oder kommerziellen Kollektiv zu finden.

# V
# Die Korrosion der Gesellschaft

Von wirtschaftlichen Interessenverbänden, sozialen Gruppen und religiösen Gemeinschaften immer wieder bekämpft, wird das Projekt jetzt anscheinend weltweit aufgegeben. Niemals und nirgends wirklich realisiert, war die zivile Gesellschaft eine Utopie, die die Geschichte der Moderne ständig bewegte. Ihr Anspruch: eine gesellschaftliche Verfassung, die eine friedliche Austragung aller Konflikte ermöglicht, niemanden aus der Gesellschaft ausschließt, den Egoismus in die Schranken weist und jeden Einzelnen vor der Gewalt totalitärer Gruppen und Potentaten schützt. Dieser integrierende Universalismus, der als Utopie einer humanen Gesellschaft noch in vielen Verfassungen demokratischer Staaten verankert ist, wird zunehmend von einem Bewusstsein und einer Praxis verdrängt, die allgemeingültige Gesetze der Toleranz und universelle Rechte der Individuen nicht mehr anerkennen. In der Tat schränkt jeder Universalismus die Freiheit einer sozialen, ethnischen oder religiösen Gemeinschaft zugunsten individueller Freiheiten ein, ganz zu schweigen von ambitionierten Alleinherrschern und wirtschaftlichen Machteliten, die die Menschenrechte mit Füßen treten. Dass Menschenrechte den ökonomischen Interessen von Verbänden und der Herrschaft politischer und religiöser Machtgruppen im Wege stehen, ist nicht zu übersehen.

Die exklusive Orientierung an Gruppen-, Volks- oder Religionszugehörigkeiten, die der Soziologe Niklas Luhmann als neues Prinzip der Gesellschaft ausgemacht hat, verstellt den Blick auf die reale Globalisierung wirtschaftlicher Macht. Ihr nützt die Idylle der Gemeinschaft. Als Gemeinschaft der Angestellten oder als Gemeinschaft ethnischer Eventkultur ist sie längst zum Organisationselement großer Wirtschaftsunternehmen geworden. Der Reduktion der Gesellschaft auf die Gemeinschaft entspricht eine Reduktion der Volkswirtschaft auf die Betriebswirtschaft. Mit ihrem Sieg über die Volkswirtschaft gewinnen partikulare Interessen die Oberhand über allgemeine Interessen der Gesellschaft. Während die neoliberale Wirtschaftspolitik, der Kosten-Nutzen-Rechnung folgend, den Wohlfahrtsstaat mit dem Verdikt der Unbezahlbarkeit zum Gegenstand eines betriebswirtschaftlichen Kalküls macht und damit der zivilen Gesellschaft die materielle Basis entzieht, erkennen Gemeinschaften individuelle und universelle Rechte erst gar nicht an. Was den Egoismus wirtschaftlicher Macht mit der repressiven Gemeinschaft verbindet, ist ihre Idiosynkrasie gegenüber der zivilen Gesellschaft.

Idee und Praxis der Zivilität breiteten sich in Europa in der zweiten Hälfte des 16. Jahrhunderts mit dem schwindenden Einfluss der mittelalterlichen Rittergesellschaften und dem Zerbrechen der Einheit der christlichen Kirche aus. Norbert Elias schreibt, dass die kleine Schrift *De civilitate morum puerilium* von Erasmus von Rotterdam, die 1530 herauskam und in kurzer Zeit viele Auflagen erlebte, bis ins 18. Jahrhundert eine solche Verbreitung in Europa fand, dass sogar eine Schrifttype nach dem Buch benannt wurde: *Civilité*.[78] Eigentlich nur ein Buch zur moralischen und sittlichen Unterweisung von Knaben – deren Tischsitten und Umgangsformen –, war es doch von großer Bedeutung, die Jugend anzuhalten, nicht mit den Fingern in die Suppenteller der Nachbarn zu fahren. Die Forderung, die Sphäre des anderen zu respektieren, förderte zugleich die eigene Individualität. So begann der Abschied vom Mittelalter. Kein Wunder, dass die Bücher des Erasmus von der Gegenreformation auf den Index gesetzt wurden.

Natürlich sind das Wort und der Begriff Zivilität viel älter, wie die Herkunft des Wortes zivil vom lateinischen Wort *civis* – freier Bürger einer Stadt oder eines Staates – verrät. Wiewohl noch eine Gemeinschaft, die ihre Partialinteressen gegenüber anderen Gemeinschaften vertritt, Steuern, Wege- und Marktzölle erhebt und eventuell Kriege führt und Frieden schließt, befinden sich die Bürger der Stadt schon auf dem Weg zu einer Gesellschaft, die allgemeinen Gesetzen und einer gewissen Toleranz gegenüber den Fremden verpflichtet ist, die permanent in die Stadt strömen, um am Reichtum ständig wachsender Produktivität oder am Markt als Händler aus aller Herren Länder teilzuhaben. Die städtische Gemeinschaft löst sich Schritt für Schritt von der Alleinherrschaft der einschränkenden und ausschließenden Gemeinschaftsformen der Sippen- und Familienverbände, auf die noch das indoeuropäische Wort *kei-wi* verweist, das sich auf Haus-, Familien-, und Bettgemeinschaften bezieht und als Namensgeber und Ahne des Wortes zivil ausgemacht worden ist. Mit der Realgeschichte wandeln sich auch Sinn und Inhalt der Worte.

Tatsächlich verdanken wir den universalistischen Anspruch, wonach alle Menschen gleich sind und gleiche Rechte besitzen, den monotheistischen Religionen, ohne dass er in der Praxis je eingelöst worden wäre. In säkularisierter Form hat er sich in den Verfassungen und allgemeinen Erklärungen der Menschenrechte niedergeschlagen. Tendenziell umgesetzt wurde er vielleicht in den ersten Tagen einiger sozialer Revolutionen. Aber auch das ist mit einem großen Fragezeichen zu versehen. Sonst standen immer Idee und Tradition einer vermeintlich natürlichen Gemeinschaft Pate, wenn es um die Ausschmückung gesellschaftlicher Ziele ging, die auf Legitimation durch Ursprünge nicht verzichten konnten: der Urkommunismus, die Heimat, die Nation, der wahre Glaube und die oft beschworene kollektive Identität von Ethnien und Völkern. Heute lassen die ökonomischen und sozialen Katastrophen, in der sich, bis auf ganz wenige Ausnahmen, alle Gesellschaften befinden, die Überlebenden im Kampf ums Dasein als Gemeinschaft zusammenrücken, in der Hoffnung, dass die Gemeinschaft, wie das Floß der Medusa, die schiffbrüchigen Gesellschaftsmitglieder an ein rettendes Ufer trägt.

Es scheint, dass die Schutzmechanismen, die die Gesellschaft vor einem Rückfall in die Barbarei bewahren sollen, für Ausfälle und Übergriffe zunehmend durchlässiger werden. Und das nicht nur in Gesellschaften, die – blickt man auf die jüngste Geschichte – zu unbeschreiblichen Gräueltaten fähig waren. Jedes Jahr legt Amnesty international einen Bericht vor, der bestätigt, dass es weltweit wieder schlechter steht um die Menschenrechte. Obgleich sich die meisten Mitgliedsstaaten der Vereinten Nationen durch Unterschrift verpflichtet haben, die Würde des Menschen zu respektieren und den Menschenrechten Geltung zu verschaffen, werden die Menschenrechte missachtet und oft nicht einmal formal anerkannt. Immer wieder werden Menschen entrechtet, in Lager und Gefängnisse geworfen, gefoltert, ermordet oder zu Tausenden einfach wie Vieh abgeschlachtet. Die Rechtfertigung einer derartigen Barbarei durch vermeintlich höher stehende Rechtsgüter wie Volk, Nation oder Religion weist auf ein Syndrom, das die globale Anerkennung der Menschenrechte immer wieder behindert hat.

Wie ist es möglich, dass ein universelles Rechtsgut in solchem Maß entwertet wird, während die Staaten ein anderes, aber damit historisch verbundenes Recht, nämlich das Völkerrecht, das in seinem Kern die Souveränität der Nationen garantiert, respektieren? Auch dort, wo eine vergleichsweise risikolose Intervention im Namen der Demokratie und Menschenrechte möglich gewesen wäre, wie zu Zeiten des Bürgerkriegs in Spanien, ist sie aus Gründen des Völkerrechts unterblieben, wenn man von den Brigaden der Freiwilligen einmal absieht. Den Menschen in Europa wäre zudem viel Leid erspart geblieben, wenn die letzten europäischen Demokratien Nazideutschland lange vor Ausbruch des Krieges, zum Zeitpunkt der Machtergreifung der Nazipartei oder wenig später, als die permanenten Menschenrechtsverletzungen offensichtlich wurden, durch Besetzung militärisch in die Schranken gewiesen hätten. Es scheint, dass die Menschenrechte, sind sie erst einmal vom Wohlwollen einer Völkergemeinschaft abhängig, auf einer fragilen, wenn nicht fragwürdigen Basis ruhen. Sie stehen zum Völkerrecht im Widerspruch. Wiewohl historisch miteinander verbunden und oft in verwirrender Weise in einem Atemzug genannt, wenn zum Beispiel der Dalai Lama die Menschenrechte seines Volkes reklamiert, liegen den Begriffen unterschiedliche Vorstellungen von der Gesellschaft und vor allem unterschiedliche Ideen vom gesellschaftlichen Zusammenleben der Individuen zugrunde.

Im Unterschied zum Prinzip der Menschenrechte, das auf der Demokratie aufbaut und die Individuen als die eigentlichen Subjekte der Gesellschaft anerkennt, sind für das Völkerrecht die Völker die Subjekte. Sie sind es, die Kriege führen oder Frieden schließen, egal ob die beteiligten Nationen die Menschenrechte respektieren oder nicht. Indem das Völkerrecht die Völker und nicht die Menschen zu

Subjekten macht, begünstigt es nicht selten Diktaturen und die von ihnen betriebenen Verletzungen der Menschenrechte. Schon um sich jede Intervention vom Hals zu halten, müssen despotische Regimes auf dem Völkerrecht und der Souveränität der Nation bestehen. Sie verteidigen das Völkerrecht, um die Menschenrechte missachten zu können. Dagegen steht der Universalismus der Menschenrechte, der den Rahmen der Nation tendenziell sprengt.

Dass die politische Formulierung der Menschenrechte auf nationale Revolutionen oder Unabhängigkeitsbewegungen zurückgeht – die englische *Bill of Rights* von 1689, die amerikanische Unabhängigkeitserklärung von 1776 und die Französische Revolution von 1789, die schließlich zur Kodifizierung der Menschenrechte geführt hat –, weist auf eine unglückliche Beziehung, sozusagen auf einen Geburtsfehler hin, der die Menschenrechte und das Völkerrecht wie siamesische Zwillinge miteinander verbunden hat und der uneingeschränkten Respektierung der Menschenrechte bisher im Wege steht.

Ein Blick auf die so genannten Befreiungskriege zu Beginn des 19. Jahrhunderts zeigt, wie diese Kriege wohl die Völker Europas von napoleonischer Usurpation befreit, nicht aber die individuelle Freiheit der Menschen befördert haben. Im Gegenteil, es war der *Codex Napoleon,* in dem die »Droits de l'homme« als einklagbare Rechte der Individuen verankert waren, Menschenrechte, die auf der deutschen Seite des Rheins noch keine Gültigkeit haben sollten. Die Freiheit, die hier erstritten wurde, war nicht die Freiheit des Individuums in einer zivilen Gesellschaft, sondern die Freiheit eines ganz anderen Subjektes: des Volkes. Das wirkt bis heute nach. Die Dumpfheit, mit der dem Universalismus der Menschenrechte immer häufiger eine Absage erteilt wird, hat nicht selten ihre Wurzeln im romantischen Nationalismus, an dem sich immer wieder ganze Völker bis zur Bewusstlosigkeit berauschen.

Diesen Widerspruch zwischen den universellen Menschenrechten, die die Würde und Freiheit des Individuums als politisches Grundgesetz bestimmen, und dem Recht der Gemeinschaft, das als Völkerrecht das Recht des Einzelnen subsumiert, hat schon die *Grande Nation* als Geburtszeichen getragen. Hannah Arendt hat 1955 in *The Origins of Totalitarism* darauf hingewiesen:

»Der verborgene Konflikt zwischen Staat und Nation kam bereits bei der Geburt des ersten modernen Nationalstaates ans Licht, als die Französische Revolution die Erklärung der Menschenrechte mit der Deklaration des souveränen Volkswillens, also der spezifisch nationalen Souveränität, verband. Die gleiche Nation stellte sich einerseits unter die Herrschaft eines Gesetzes, dessen Quelle und Autorität angeblich nur in den Menschenrechten zu suchen waren, und proklamierte doch gleichzeitig ihre absolute Souveränität, der zufolge sie keinen allgemeinen, sondern nur nationalen Gesetzen unterworfen war und nichts Höheres anerkannte als den souveränen Volkswillen, also sich selbst. Das praktisch-politische Ergebnis dieses Widerspruchs war, dass von nun an die Menschenrechte nur als spezifische, nationale Rechte anerkannt und garantiert wurden und dass der Staat selbst, dessen höchste Funktion es ist, jedem Einwohner seine Menschenrechte, seine Bürgerrechte und seine nationalen Rechte zu garantieren, den Charakter eines rationalen Rechtsstaats verlor und von den romantischen Staatstheorien als Inkarnation der ›Seele der Nation‹ vernebelt und vergöttert werden konnte.«[79]

Ohne Zweifel beruht der Universalismus der Menschenrechte auf der Überzeugung, dass alle Menschen zwar nicht gleich seien, wohl aber gleiche Rechte hätten, eine Vorstellung, deren Wurzel auf die monotheistischen Religionen zurückgeht. Als vor über 3000 Jahren der ägyptische Pharao Amenhotep IV. die Göttervielfalt der Ägypter – wenn auch nur für kurze Zeit – durch die Religion des Sonnengottes Aton ersetzte und sich selbst Echnaton nannte, begründete er diesen Universalismus. Denn vor dem Sonnengott Aton waren alle gleich. Eine religiöse Vorstellung, die über die monotheistischen Religionen weitergegeben und im Zeitalter der Aufklärung in das Bewusstsein von der Universalität der Menschenrechte säkularisiert wurde. Obwohl Echnaton nicht der Erfinder des Monotheismus war die Religion selbst stammte vermutlich aus Asien –, und der religiöse Universalismus bereits Vorläufer im »Alten Reich« der Ägypter hatte – im Osiriskult konnte sich jeder Sterbliche in einen Osiris verwandeln –, haben der Monotheismus der jüdisch-christlichen Kultur und die Idee von der Universalität der Menschenrechte in unserer Zivilisation hier ihre Wurzeln.

Bekanntlich hat die Aufklärung am Vorabend der Französischen Revolution weniger mit dem Glauben gebrochen, als vielmehr den Glauben an Gott durch den Glauben an die Natur ersetzt. Waren es vordem Gottes Gesetze, die die Bewegung von Gesellschaft und Natur beherrschten, so traten nun die Naturgesetze an ihre Stelle, um den Gang der Welt zu regeln. Das schuf ein Problem, das bis heute das Bewusstsein vom Verhältnis der Gesellschaft zur Natur beeinflusst hat und zeigt, dass es sich bei dem Versuch, die Menschenrechte als natürliche Grundrechte zu etablieren, um einen schwierigen, aber entscheidenden Schritt handelt, die Individuen von der Herrschaft eines Supersubjektes zu befreien. Denn hat Gott, wenn man der Schöpfungsgeschichte folgt, sowohl die Natur als auch die mythischen Gründer der Gesellschaft wie die Gesellschaft selbst geschaffen, so kann man das von den Naturgesetzen nicht ohne weiteres behaupten. Sie sind weder intellektueller noch materieller Autor der Gesellschaftsbildung, obgleich immer wieder versucht wird, die Gesellschaft unter die Herrschaft eines Naturgesetzes zu zwingen, sei es, dass man Darwins Gesetz von der natürlichen Zuchtwahl auch der Gesellschaft als Regulativ empfiehlt oder die Menschen beschwört, sich in die Barbarei der Nahrungskette einzureihen: fressen und gefressen werden. Die Gesellschaft – wenn auch aus der Natur hervorgegangen und mit der Natur vermittelt – folgt anderen Gesetzen als die Natur im Laborversuch oder in der Wildnis. Allein durch die moralische Grundlage der Menschenrechte und die Idee der Humanität ist die Natur der Gesellschaft zur übrigen Natur in einen Widerspruch gesetzt.

Immanuel Kant hat wenige Jahre vor der Französischen Revolution, in seiner *Grundlegung zur Metaphysik der Sitten* von 1785, die Freiheit und Gleichheit der Individuen, also die Menschenrechte, in seinem allbekannten Imperativ so formuliert: »Handle so, als ob die Maxime deiner Handlung durch deinen Willen zum ALLGEMEINEN NATURGESETZ werden sollte.«[80] Damit ist gerade nicht die soziale Wildnis gemeint, die neoliberale *Opinion leader* anstreben. Sie brauchte nicht erst durch bewusstes Handeln und Gesetze durchgesetzt zu werden, wie die neuen wirtschaftlichen Experimentierfelder in Osteuropa beweisen. Im Gegenteil, Kant hat versucht, individuelle Freiheit und Menschenwürde so zu fassen, dass die Freiheit jedes Individuums durch die Freiheit eines jeden anderen Individuums begrenzt wird. Zugleich sollte diese Maxime gesellschaftlicher Verkehrsformen zum gesellschaftlichen Naturgesetz erhoben werden. Die ehemals vor

Gott gleichen und seinem Gesetz unterworfenen Individuen sollten so zu bewussten und gleichberechtigten Menschen werden, die die Gesetze ihrer Verkehrsformen selbst bestimmen. Allerdings treten sich diese freien Individuen in der bürgerlichen Gesellschaft nur als Eigentümer gegenüber. Alle Formulierungen der Menschenrechte, auf die wir uns bis heute beziehen, stammen aus dieser Zeit. Grundlage war die Idee von einer demokratisch organisierten Gesellschaft, in der sich freie Individuen als Käufer und Verkäufer auf dem Markt gegenübertreten und ihre Interessen in Verträgen frei aushandeln. Ein Grund, weshalb sich vor allem Liberale immer für die Menschenrechte eingesetzt haben, allerdings nur, solange sie ihren geschäftlichen Interessen nicht im Wege standen.

Die Verknüpfung der Menschenrechte mit dem Handel und dem Markt, wo Eigentümer, durch Verträge vermittelt, ihre Interessen austauschen, lässt eine dem Handel innewohnende Ambivalenz auch auf die Menschenrechte einwirken. Einerseits reißt der Handel tendenziell alle Schranken nieder, verbindet und verbündet Menschen und hilft ihnen, ihre Wünsche zu befriedigen und sich als Menschen zu realisieren. Das hat sich expressis verbis in der amerikanischen Unabhängigkeitserklärung und später in der Verfassung der USA niedergeschlagen, wo »the Pursuit of Happiness«, also das Streben nach Glück, zum allgemeinen Recht erklärt wird und den Menschenrechten damit zu einer ökonomischen Basis verhalf. Ist der Markt aber nicht einer gesellschaftlichen Kontrolle unterworfen und begrenzt ein Imperativ nicht das Streben des Einzelnen, so führen Gewinnprinzip und Bereicherung zu ökonomischer Abhängigkeit von Menschen und heben die durch die gleichen Maximen garantierten Menschenrechte wieder auf.

Die Aufgabe der Gesellschaft, den Markt zu kontrollieren, Rahmenbedingungen zu setzen und die Konzentration ökonomischer Macht zu unterbinden, erstreckt sich auch auf die Lebensgrundlage der Individuen. Die Wahrung der Menschenrechte schließt die ökonomischen Lebensrechte der Individuen ein. Garantiert ein Staat seinen Bürgern nicht auch die ökonomische Lebensgrundlage und setzt er sich nicht für eine gerechte Verteilung der Ressourcen ein, verliert er seine Legitimation als demokratischer Staat. Die fehlende Verknüpfung der Menschenrechte mit ökonomischen Rechten hatte Hermann Broch 1940 zu dem Vorschlag veranlasst, die Menschenrechte durch eine *Bill of Economic Rights* zu erweitern. Denn persönliche Freiheit bedeutet immer zugleich auch die Freiheit, wirtschaftlich überleben zu können. In letzter Konsequenz erfordert die Garantie und Verteidigung der Menschenrechte einen demokratisch kontrollierten Markt, durch den auch die ökonomische Freiheit eines jeden Individuums durch die Freiheit jedes anderen begrenzt wird.

Das normative Recht, das die Freiheit und die Menschenwürde auch des Schwachen garantiert, folgt keinem Naturgesetz, ist aber ein zivilisierendes Recht, das ein gesellschaftliches Naturrecht werden könnte, wenn es gelingt, Rückfälle in die Barbarei der absoluten Herrschaft, eines als Naturgesetz vorgetäuschten Pseudorechts von Blut, Rasse, Volk oder Ethnie zu verhindern. Natürlich betrifft das auch durch Religionen gestiftete spirituelle Blutsbande. Hermann Broch schreibt:

»Es geht um eine ›Totalisierung‹ der Demokratie, und weil das Totalitäre im strafgesetzlichen Schutz der normativen Leitlinien besteht, wäre dieser auf die demokratischen Leitlinien anzuwenden. Mit anderen Worten, der Bürger wäre zu verpflichten, die ›Menschenrechte‹ des Nebenbürgers als so absolut zu betrachten, wie sie sind, und sie nie und nirgends, also auch nicht im Alltagsleben, anzutasten.«[81]

Um die Achtung dieses normativen Rechtes zu garantieren, schlägt er vor, dass alle demokratischen Staaten ein Gesetz in ihre Verfassung aufnehmen sollten, das den Schutz der Menschenwürde durch Strafandrohung garantiert:

»Wer in Wort oder Schrift oder tätlich oder sonstwie die moralische Gleichheit der Menschen (Bürger und Nicht-Bürger) angreift, also den Versuch unternimmt, eine nicht durch strafrechtliche, sondern bloß durch biologische oder religiöse oder sonstwie gesinnungsmäßige Kriterien definierte Gruppe von Personen, sei es kollektiv, sei es individuell verächtlich zu machen, oder vom Genuss der dem Staatsbürger zustehenden Rechte (u.a. insbesondere von dem einer legalen *Pursuit of happiness*) auszuschließen, oder von der Ausübung der dem Staatsbürger zukommenden Pflichten fern zu halten, oder sonstwie dem Hass der Mitbürger auszusetzen, oder diese zu solchem Hass aufzufordern, der macht sich – gleichgültig ob ein derartiger Versuch glückt oder nicht – des ›*Verbrechens gegen die Menschenwürde*‹ schuldig und sollte [...] bestraft werden.«[82]

Erwartungsgemäß ist ein solches Gesetz nicht durchsetzbar, wenn die Völker es nicht wollen, und überdies ist es sehr fragwürdig, ob eine Gesellschaft durch ein Gesetz überhaupt humanisiert werden kann. Denn die Strafandrohung selbst ist es ja, die in letzter Konsequenz immer eine Todesstrafe meint, so wie jede Verletzung der Menschenrechte in letzter Konsequenz auf die Aberkennung der Lebensrechte zielt. Das aber hieße, der Barbarei in der Gesellschaft wieder Platz einzuräumen. Jedem Strafrecht haftet qua Strafrecht immer noch die Inhumanität der Rache an.

Strebt man eine humane Gesellschaft an, ist nicht der Staat der Souverän, sondern das Individuum. Es allein repräsentiert die Gattung, alle Menschen, was man von den Völkern nicht behaupten kann. Denn der Universalismus der Menschenrechte übersteigt jede nationale Souveränität und verbietet eigentlich in letzter Konsequenz auch die Intervention von Staaten in andere Staaten – nicht wegen der Verletzung des Völkerrechts, das den Menschenrechten nachgeordnet ist, sondern weil Staaten, wie jede Gemeinschaft, mit ihren Fundamenten bis in die Vorgeschichte reichen und immer noch Elemente jener Wildnis und Barbarei mitschleppen, die die Menschen als Individuen ständig bedrohen. Einen Kompromiss bilden Staatengemeinschaften wie die Vereinten Nationen, die als ideeller Repräsentant aller Menschen auch deren Rechte zu schützen hätten.

Auch Versuche, die Menschenrechte unter Naturgesetze zu subsumieren, vergewaltigen sie und heben ihre Geltung auf, weil Humanität weder aus Naturgesetzen abzuleiten ist, noch gegen sie bestehen kann. Menschenrechte sind ein fragiles Gebilde, das vor der Natur geschützt werden muss. In der Wildnis gedeihen keine Menschenrechte, auch nicht, wenn sie ein Biotop ist. Die Idee des Artenschutzes auf bedrohte Völker, ethnische oder kulturelle Minderheiten anzuwenden, diente weder der Wahrung der Menschenrechte, noch könnte sie überhaupt sozialen Gebilden gerecht werden.

Darüber hinaus bedeutet Artenschutz wie der Schutz bedrohter Völker oder kultureller Minderheiten gerade nicht den Schutz des einzelnen Individuums, sondern den Schutz eines Stammes oder eines Volkes. Minderheitenschutz heißt demnach auch, wenn man der Logik des Rechtsbegriffes folgt, die Abgrenzung der Gesellschaft von einer als Minderheit gekennzeichneten Gruppe, und er schließt damit den latenten Ausschluss dieser Gruppe aus der Gesellschaft ein. Mit der kulturell, ethnisch oder sonstwie bestimmten Minderheit wird zugleich die davon unterschiedene Mehrheit gefasst und dem Rassismus, dem Ethnozentrismus und der Xenophobie wieder eine scheinbar legitime Grundlage verschafft.

Obwohl in der Moderne formuliert, geht das Völkerrecht auf eine weit ältere Form der Gesellschaftsbildung zurück als das Menschenrecht: auf eine Gentilverfassung, die, durch Blutsbande und Inzesttabu nach innen und außen befestigt, den ökonomischen Zusammenhalt der Stammesgesellschaft garantierte. Ein Individuum, verbunden mit der Vorstellung individuellen Glücks, war diesen Gesellschaften ebenso unbekannt wie dem Völkerrecht. Die Nation ist, wie das Volk, eine romantische Erfindung, die im Nebel der jüngeren Geschichte an die Stelle des rationalen Staates gesetzt wurde, um das Individuum vor der Entfremdung in der Wildnis moderner Gesellschaften zu retten. Von Dichtern und Dramatikern heute wiederbelebt, um einem Bedürfnis nach Lebenssinn ein Ziel und ein Identifikationsobjekt zu bieten, ist das Nationalbewusstsein die Droge, an die zu klammern sich das irritierte Individuum entschlossen hat. Wird ein gesellschaftliches Gebilde wie Volk oder Nation jedoch zur natürlichen Lebensgrundlage der Individuen stilisiert, so tritt eine ominöse Gemeinschaft an die Stelle einer rationalen Gesellschaft, die allein in der Lage wäre, die Menschenrechte zu schützen oder, wie Hannah Arendt sagt, der »souveräne Volkswille« wird zu jenem absoluten Subjekt, dem zuerst die Menschenrechte und später die Menschen selbst geopfert werden.

In Deutschland hat der politische Begriff der Gemeinschaft eine Vorgeschichte, die uns in die Zeit der Französischen Revolution und der deutschen Gegenrevolution führt. Kultur versus Zivilisation war der Schlachtruf, der reichlich heterogene Gruppen zu jenem Volk verband, das allein die Sprache – das vermutete Herz des Volkes – und eine gewisse soziale Rückständigkeit von anderen Völkern unterschied. Kultur war sein historischer Kampfbegriff. Er führte zur »Vereinigung der deutschen Stämme in der Kulturnation«, die später eine beispiellose Verbindung von Technik und Barbarei hervorgebracht hat. Kein Wunder, dass sich der Begriff *Zivilität,* der bis ins 18. Jahrhundert noch geläufig war, später nie hat durchsetzen können. Als Gegenbild zu jedem rationalen Begriff von der Gesellschaft wurde Kultur immer wieder reklamiert, wenn es darum ging, die Diskussion und vor allem die Realisierung von Gesellschaftsentwürfen der Moderne zu verhindern. So während der Befreiungskriege vor fast 200 Jahren, als mit dem Imperator Napoleon zugleich die Maxime der Französischen Revolution aus dem Land getrieben wurde, oder als vor 60 Jahren der so genannte jüdische Bolschewismus ein für allemal vernichtet schien und jede Form der Gesellschaftskritik und damit verbundene Konzepte einer sozial gerechten und demokratischen Gesellschaft gleich mit verschwinden sollten. Dass diese Kultur bis heute auf blutigem Boden gedeiht, bezeugen der »Verein für die Pflege des Deutschtums im Ausland« – Ehrenvorsitzende Hindenburg, Hitler – und das Bundesvertriebenengesetz: »Deutscher Volkszugehöriger ist, wer sich in seiner Heimat zum deutschen Volkstum bekannt hat, sofern dieses Bekenntnis durch bestimmte Merkmale wie Abstammung, Sprache, Erziehung, Kultur bestätigt wird.«

Dem Gegensatzpaar Zivilisation und Kultur entspricht jenes von Gesellschaft und Gemeinschaft. Die Diskreditierung und Auflösung gesellschaftlicher Heilslehren haben ein Vakuum hinterlassen, in das hinein seit einiger Zeit wieder die traditionelle Gemeinschaft gestellt wird, um als Leuchtfeuer den schiffbrüchigen Gesellschaftsmitgliedern die Richtung zu weisen. Kommunitarismus ist das Stichwort, unter dem sich die Gemeinden versammeln. Wieder einmal kommt die neue Heilslehre aus den USA, wo die Lagerfeuer der puritanischen Siedler nie ganz erloschen und die Freiheit des Einzelnen immer von der Gemeinschaft garantiert und erstritten wurde, vorausgesetzt, dass es sich nicht um Einwanderer aus Lateinamerika oder Asien oder um schwarze Outcasts handelt, die sich schon durch ihre Hautfarben selbst ausschließen, oder um Gesellschaftsmitglieder, die am amerikanischen Gemeinschaftsleben einfach nicht teilnehmen wollen. Der Widerstand gegen eine aufgeklärte Gesellschaft und ihren Staat ist nirgends so groß wie in den USA, wo religiöse und kulturell bestimmte Gemeinschaften immer den Ton angegeben haben. Das führte bis zu den bewaffneten Militia-Wehrsportgruppen, die in den

Wäldern von Wyoming den Widerstand gegen den allmächtigen Staat und seine Gesellschaft probten. Natürlich haben sich – wo Druck ausgeübt wird, entsteht Gegendruck – die Outcasts auch selber in Gemeinschaften organisiert, die, wie die Black Muslims unter ihrem Führer Sarakhan, schon zum Probemarsch auf Washington angetreten sind.

Der nach Europa exportierte Kommunitarismus steckte vor allem sozialdemokratische Theoriesucher an, die sich nach einer kapitalismusverträglichen Soziallehre sehnten, die international anerkannt ist und zugleich die Möglichkeit bietet, an die politische Romantik des 19. Jahrhunderts anzuschließen: den Traum von der Kulturnation. Allerdings mit einem Unterschied: Im Gegensatz zur Romantik, die aus dem Protest gegen die kapitalistische Industrialisierung hervorgegangen ist, möchten die Kommunitarier ihre Gemeinschaft mit dem kapitalistischen Markt versöhnen. Sie akzeptieren den Wirtschaftsliberalismus, unter dessen Fittichen in Gestalt von Industrie- und Bankgruppen ganz andere Gemeinschaften entstehen – Joint Ventures. Als Keule für den Befreiungsschlag vom bürokratisch erstarrten Wohlfahrtsstaat, der an einer auf abstrakten Rechts- und Egalitätsnormen basierenden Ethik festhält, dient die wiederentdeckte Gemeinschaft. Als Droge, die, in ständig wachsenden Dosen genossen, die Sinnstifter aller politischen Lager in Trance versetzt, gestattet sie doch, den Blick vom einzig real existierenden Universalismus des Geldes, des Kapitals, der Börsen und Weltmärkte abzuwenden, um ihn liebevoll aufs soziale Biotop der Gemeinschaft zu richten. Schreitet aufseiten des Geldes die Konzentration weltweit fort, erleben wir im Bereich sozialer Organisations- und Zielvorstellungen die Hinwendung zum Traumschloss der guten Menschen, eine nostalgische Kinderfantasie, in der sich jeder aufgehoben fühlen kann.

An die Stelle der Gesellschaft soll die Gemeinschaft treten, die ethnische oder religiöse Gruppe, vielleicht die Familie im weitesten Sinne, um den mächtigen Staat und die abstrakte und vor allem unsentimentale Gesellschaft als Bezugsrahmen des Individuums zu ersetzen. Die jeden Bürger als Menschen mit gleichen Rechten respektierende Intention des Rechts- und Sozialstaates wird von einer Tendenz abgelöst, die die Interessen einer Gruppe über den Schutz des Individuums stellt. Die Gemeinschaft ist das neue Subjekt, das selbstständige Individuen nicht anerkennt und jeden Widerspruch eliminiert, der sich der kulturellen, sozialen oder ökonomischen Hegemonie nicht unterwirft. Kein Teil der Gemeinschaft darf im Dissens stehen. Damit wird ein historischer Prozess der Zivilisierung gesellschaftlichen Lebens aufgegeben und durch soziale Fantasiegebilde ersetzt, deren Vorbilder meist im europäischen Mittelalter zu suchen sind. Orden und Rittergesellschaften dienen nicht nur Jugendlichen als Projektionsflächen für romantische Gemeinschaftsvorstellungen, sie büßen auch bei Erwachsenen ihre Anziehungskraft nicht ein. Gerät die moderne Gesellschaft in die Krise, verspricht die Flucht ins christliche Mittelalter, mit seinen Burgen, Kaiserpfalzen und der mächtigen Kirche, Sicherheit und Geborgenheit, wie sie nur noch ein Märchen gewährt. Das ist die Welt der guten, tugendhaften Menschen, die einfältig – vielleicht wie Parzifal – nur nicht die richtigen Fragen stellen.

Nicht zufällig stammen Traktate und Bücher der neuen Kommunitarier meist von christlichen Theologen, die im Verein mit der ökumenischen Offensive, Geheimorden des Vatikan und Fundamentalisten unterschiedlicher Provenienz, den Elenden der Welt in der Gemeinschaft Rechtgläubiger Trost spenden wollen. Hatte schon die Enzyklika *Quadrogesimo anno* von 1931 – als katholische Soziallehre ganz im politischen Kontext der Zeit – »Arbeitgeber und Arbeitnehmer zu arbeitsfriedlichem Zusammenschluss und berufsständischem Aufbau der Gesellschaft« an Stelle der Unordnung der Klassengesellschaft aufgerufen, also ein mittelalterliches, korporativistisches Gesellschaftsmodell wiederbelebt, so steht – 60 Jahre später – die Enzyklika *Centesimus annus* in derselben Tradition. Ganz im Sinne Thomas von Aquins – dessen Maximen Glaube, Liebe, Hoffnung die Lehre der Kirche bis heute leiten –, sieht sie im Privateigentum eine »vom Schöpfer beabsichtigte Möglichkeit der menschlichen Entfaltung« und in der Teilnahme an der Marktwirtschaft »eine große Hilfe für die Entwicklung des Charakters«. In der Gesellschaft, die als Gemeinschaft von Gemeinschaften interpretiert wird, erfährt jeder Gerechtigkeit durch die Gruppe, in die er geboren wurde. Ganz im Sinne des mittelalterlichen Gewährsmannes John of Salisbury – »Handwerker und Bauern sind die Beine der vorwärtsschreitenden Masse des ganzen Körpers« –, haben alle Teile sich dem Wohlergehen des Ganzen zu fügen. Natürlich lehnt diese Soziallehre den Wohlfahrtsstaat ab, während eine korporativistisch organisierte Gemeinschaft, von Prinzipien der Subsidiarität geleitet, sehr wohl in ihr Konzept passt.

Als Antwort auf eine weltweite Krise wird einer irritierten Bevölkerung, die einen Ausweg aus der Verunsicherung sucht, die Rückkehr zu vermeintlich bewährten Gemeinschaftsformen anempfohlen. Fantasierte Lagerfeuer archaischer Stammesverbände und groß inszenierte Opferveranstaltungen, in Medienspektakel übersetzt, sollen den Ausweg aus der Katastrophe weisen. Gruppenbildungen aller Art, im Kiez und in der Region, folkloristische Gemeinschaftsveranstaltungen und Selbsterfahrungsgruppen, die vielen neuen Völker und Glaubensgemeinschaften, die derzeit wie Pilze aus dem Boden schießen, alle erscheinen als Reaktionsbildungen auf die Auflösung des fragilen *Contrat Social* wie des Wohlfahrtsstaates. Sie alle suchen Gemeinschaft und Identität.

Aber kann überhaupt eine Person oder eine Gruppe mit sich selbst identisch sein, wenn sie nicht ein totes Ding ist? Alles Lebendige ist ständig im Fluss. Ändert sich ein Sachverhalt, ändert sich die Sache selbst. Der Traum von der Identität ist dagegen der erfundene Ausgangspunkt, zu dem man zurück will. Anfällig für den Sog der Macht, hat jede Identität imperialen Charakter. Durch die Einheit von Subjekt und Objekt in der Gemeinschaft wird ein Zwang ausgeübt, der sich meist in der hierarchischen Struktur derartiger Gruppenbildungen spiegelt. Gemeinschaft und Messianismus hängen eng zusammen, zu ihr gehören Führer und Volk. Ist also die Wiederkehr des militanten Stammeswesens in Europa identitätsverbürgende Kraft der Gemeinschaft, Ausdruck destruktiver Kräfte, die, mit der Vernichtung der anderen, die Flucht in die Selbstvernichtung angetreten haben?

Fluchtbewegungen sind in allen Schichten der Bevölkerung zu beobachten. Ausgehend von den Mittelschichten – die immer einen Hang zu Nostalgie und historischer Folklore bewiesen –, hat der Ruf nach der Gemeinschaft auch Philosophen und Schriftsteller erfasst und manchen von ihnen, wie Botho Strauss, zu Elogen aufs Volk und seine Sittengesetze und die zur Bewahrung der Kultur notwendigen Blutopfer hingerissen. Vielleicht ist es gerade die blutige Opfergemeinschaft, die heilsuchende Mythomanen wiederhaben wollen. Seit die letzte Gemeinschaft dieser Art in den eigenen Exzessen unterging, sind kaum 60 Jahre vergangen. Ein deutscher Wahn, der die jüngste Vergangenheit im Flackerlicht romantischer Lagerfeuer widerscheinen lässt. Anstatt die dunkle Seite der eigenen Wunschvorstellungen zu reflektieren, empfiehlt der Dramatiker einer ganzen Gesellschaft die Rückkehr in die Barbarei. Allein das Wort Sittengesetz ruft nicht nur nach der Sittenpolizei, es lässt eine ganze Welt fragwürdiger Ehrbegriffe wieder auferstehen, von den Kreuzzügen bis zu den Schützengräben der Weltkriege des 20. Jahrhunderts.

Zurück zu den Ursprüngen – die es nie und nirgends gegeben hat – oder in die vermeintliche Heimat – ein Fantasiegebilde, das Heimatsüchtigen eine Projektionsfläche für ihre exotischen Wünsche bietet –, das sind die Losungen in auswegloser Situation. Gerade weil Folge von Voraussetzungen, die unaufgeklärt im Dunkel bleiben, führen die ungelösten Konflikte, Krisen und Katastrophen zur Bildung von Ursprungsmythen aller Art. Das ist nicht nur eine deutsche Spezialität. Revolutionen führten zu ihrer Legitimation stets einen sozialen Ursprungsmythos ins Feld. Die kommunistische Urgesellschaft, die Natürlichkeit einfacher Verhältnisse, wie sie Rousseau und auch der Zöllner gleichen Namens in romantischem Überschwang ausgemalt haben, gab es ebenso wenig wie die von Rassefanatikern reklamierte reine Rasse, die Urhorde sozusagen. Abgesehen davon, dass es im biologischen Verständnis Menschenrassen sowieso nicht gibt – Rassen sind Affen einerseits, Menschen andererseits –, sind sie eher Ergebnis von Züchtungen oder genetischer Manipulation. Der Ausgangspunkt, wenn man denn überhaupt davon reden kann, ist die Mischung.

Ähnlich wie bei der derzeit modischen Rückkreuzung von Schäferhunden mit Wölfen, in der Hoffnung, dadurch wieder auf den natürlichen Ursprung, sozusagen auf den Grundhund zu kommen, ist noch gar nicht abzusehen, welche sozialen Konsequenzen die Rückkehr zu vermeintlich alten, scheinbar einfachen und übersichtlichen Gemeinschaftsformen nach sich zieht, die in Krisenzeiten immer wieder gesucht werden, um als romantische Fluchtburg gegen gesellschaftlichen Zerfall zu schützen. Da die allgemeine Dissoziation wieder Gruppenbildungen begünstigt, ist es kein Wunder, dass jede Art partikularer Verbindung, seien es Familien-, Interessen- oder Glaubensgemeinschaften, zu den stabilsten und aggressivsten Sozialformen in der Geschichte gehören. Ihr Partikularismus hat nicht nur dem Universalismus widerstanden, er hat ihn immer wieder vernichtet. Die mythische Gemeinschaft ist des Menschen ärgster Feind.

# VI
# Der neue Mensch

»In einer Arbeitswelt voller Drehtüren sind
die Masken der Kooperativität nahezu der
einzige Besitz, den ein Arbeitnehmer von
Aufgabe zu Aufgabe, Firma zu Firma
mitnimmt – diese Fenster der sozialen
Fähigkeiten, deren ›Hypertext‹ ein
gewinnendes Lächeln ist.«

RICHARD SENNETT[83]

»When you're smiling,
the whole world smiles with you!«

NAT KING COLE


Kein Tag ohne einen Aufruf zu mehr Flexibilität. Sie gilt als neues
Wundermittel, der kränkelnden Gesellschaft wieder auf die Beine zu
helfen. Vor allem, wer einen Job sucht, sollte flexibel sein, wie jeder
Produzent, der seine Ware an den Mann bringen will. Von Wirtschaft
und Gesellschaft verlange die Globalisierung, auf die Bedingungen
des Weltmarktes einzugehen und die Herausforderung anzunehmen,
sagen die Strategen des Marktes. Nur durch allseitige Flexibilität können die alten statischen Verhältnisse in der Gesellschaft aufgelöst und
ungenutzte Kräfte für das globale Spiel aktiviert werden. Kaufen, verkaufen und flexibel sein, rät die neue Heilslehre. In der wirtschaftlichen Praxis der Gesellschaft, ihrem Sozial- und Bildungswesen, selbst
in der individuellen Ökonomie der Bürger ist Flexibilität zur Voraussetzung für das Überleben geworden und als neue Tugend zum
Schlüssel für die Lösung aller Probleme avanciert. Wer nicht flexibel
ist, den bestraft der Markt.

Geistige und physische Mobilität waren immer Grundlage erfolgreichen Handels. Sie bedeuten erst Handelsfähigkeit. Soweit die Er-

innerung reicht, gehörte Flexibilität zu den unabdingbaren Requisiten der Akteure auf dem Markt. Händler hatten die Preise auszuhandeln und wendig zu sein. Der Handel trat an die Stelle der Gewalt, sowohl in der Gesellschaft als auch zwischen den Gesellschaften. Durch Handel und Verhandlungen wurde die Gesellschaft zivilisiert, Kompromissbildungen machten ein mehr oder weniger gewaltloses Zusammenleben erst möglich. Wie weit auch der Handel mit Gewalt behaftet sein kann, zeigt die sprachliche Nähe zu Händel. Dahinter steckt die Hand, die handelt, eingreift, etwas bearbeitet. Das kann auch der Geschäftspartner sein. Einmal zugelangt, und schon ist der Handel perfekt – Mafiamethoden. Dass dem Wort handeln erst seit dem 16. Jahrhundert auch eine kaufmännische Bedeutung zukommt, lässt vermuten, dass der Marktfriede lange Zeit äußerst fragil war. Friedlicher Handel kann nur gedeihen unter dem Schutz einer höheren Macht. Sei es ein Gott, der Kaiser oder das bürgerliche Gesetz, der Handel ist nur frei, wo er von äußeren und inneren Zugriffen befreit und keiner den anderen in Abhängigkeit zwingen kann. Allein in der Obhut der Gesellschaft kann ein gewaltfreier Handel gedeihen.

Jedes Zusammenleben in Gesellschaften und von Gesellschaften wird durch Gesetze geregelt, um Gewalt in Grenzen zu halten. Sie werden ausgehandelt oder kommen durch Abstimmung zustande. Obwohl aus demokratischer Herrschaft der Mehrheit über eine Minderheit hervorgegangen und nicht aus der Einigung aller auf gemeinsame Interessen, repräsentieren Verfassungen und Gesetze doch immer einen Schutz, ohne den ein friedliches Zusammenleben in der Gesellschaft gar nicht möglich wäre. Erst diese außerökonomische Zwangsgewalt ist imstande, den Marktfrieden für einen zwanglosen Handel zu gewährleisten. Triumphiert partielle Gewalt über Recht und Verfassung, gerät die Gesellschaft in einen Prozess der Selbstzerstörung.

Kapitalkonzentration und die weltweite Geschäftsbasis multinationaler Unternehmen haben längst die ökonomischen Steuerungsinstrumente nationaler Regierungen neutralisiert, das Gewaltmonopol des Staates ausgehöhlt und zu Teilen auf die Wirtschaftsimperien verlagert. Jedenfalls geht die Potenz großer Unternehmen heute weit über die wirtschaftliche Kraft vieler Nationen hinaus. Was einmal von außen dem Markt seinen Platz zugewiesen und ihn kontrolliert hat, ist heute ein ohnmächtiger Teil desselben geworden. Das Verhältnis hat sich umgekehrt: Nicht die Gesellschaften oder eine supranationale Organisation bestimmen die Rahmenbedingungen für den Markt, sondern global agierende Unternehmen entscheiden, ob und wann nationale Regierungen mit Gesetzen in das Wirtschaftsleben eingreifen, oder besser gesagt, die supranationale Unternehmen unterstützen dürfen. Sie haben Mensch und Gesellschaft in Dienst genommen. Die Forderung, flexibel auf diese Situation zu reagieren, heißt, sich Gewaltverhältnissen anpassen zu müssen, die nicht demokratisch legitimiert sind. Mit dem Verschwinden der sozialen Aufsicht über den Markt im Zeitalter seiner Globalisierung wird Flexibilität zu einem anderen Wort für Unterwerfung unter ökonomische Macht. Und was der Verdrängungswettbewerb in der Wirtschaft verlangt, setzt sich in allen Bereichen der Gesellschaft fort.

Wenn es keine Instanz außerhalb des Marktes mehr gibt, die seinen Spielraum festlegt, wird die Utopie von einer humanen Gesellschaft durch Ökonomismus ersetzt und jedes Problem der Welt zu einem Problem der Betriebswirtschaft. Kein Zufall, dass Unternehmer Regierungsgeschäfte übernehmen, während Politiker zu Unternehmern werden. Wer in der Wirtschaft herrscht, gibt auch in der Gesellschaft den Ton an. Als *Homo oeconomicus* soll der Mensch mit seinesgleichen weltweit in Geschäftsbeziehungen treten. An die Stelle eines humanen, sozialen Wesens ist als neues Leitbild für die Gesellschaft der Zukunft der Unternehmer getreten. Längst haben Institute der Wirtschaft und staatliche Kommissionen, wie die Kommission für Zukunftsfragen der Freistaaten Bayern und Sachsen, ein Bild des neuen Menschen entworfen.[84] Danach soll jedermann Unternehmer werden und als Unternehmer Mitglied der »unternehmerischen Wissensgesellschaft«. Sie ist keine Geheimgesellschaft von Weisen, wie der Name vielleicht suggeriert, sondern ein Club aufstrebender Unternehmer der weltweit agierenden Gründergeneration auf dem Neuen Markt. Schnell, ehrgeizig, anpassungsfähig und selbstsicher haben es einige von Basteleien in der Garage bis zu einem Weltimperium gebracht. Das idyllische Silicon Valley − englischer Rasen, gepflegte Gärten, Sanatoriumsatmosphäre − ist Heimat und Hinweis auf den

Produktrahmen der Marktführer. Sie verkörpern Vorzeigekarrieren der Wachstumsbranche Computertechnologie. Die steigende Zahl der Millionäre und der wachsende Konsum von Luxus tragen zur Verbreitung des Mythos vom neuen Menschen bei.

Für die Unternehmer der so genannten Wissensgesellschaft bezieht sich Wissen nur in einem sehr eingeschränkten Maß auf das, was mit dem Wort Wissen traditionell assoziiert wird. Seit den Tagen des Homo sapiens – der Namen sagt es bereits – bauen Gemeinschaften von Menschen auf Wissen auf. Erlebtes im Gedächtnis in Erfahrung zu verwandeln und zu speichern, Kommunikationstechniken zu entwickeln, um Erfahrungen weiterzugeben, und planend das gesellschaftliche Leben gegen zerstörerische Kräfte von außen und innen zu schützen, das sind Elemente, ohne die keine Gesellschaft lebensfähig wäre. Es handelt sich um Wissen, das, akkumuliert und weitergegeben, zur Quelle gesellschaftlichen Reichtums wird, technisches Wissen, das in Maschinerie und Produktionsprozesse eingeht. Immer war die Gesellschaft eine Wissensgesellschaft.

Die Techniken, mit denen Wissen gespeichert und weitergegeben werden, haben sich allerdings im Lauf der Geschichte geändert. Ein Dilemma besteht nun darin, dass elektronisch gespeichertes Wissen über das Wissen seiner Verwalter nicht hinausgeht. In dem Maß, wie elektronische Speichertechniken andere Techniken verdrängen, werden auch damit verbundene Formen des Empfindens, Denkens und Handelns verdrängt oder zumindest weitgehend modifiziert. Das Buch ist keine Diskette oder CD. Es repräsentiert ein anderes Verhältnis zur Welt. Alle Techniken seit Steinbeil und Keilschrift sind niemals nur externe Techniken, sie stehen immer in einem Verhältnis zum Gefühlsleben und Denken der Menschen.

In der so genannten Wissensgesellschaft werden elektronisch gespeicherte Informationen in immer neuen Kombinationen in Produkte und diese auf dem Markt in Geld verwandelt. Ein Verwertungsprozess wie jeder andere auch. An die Stelle von »Kapital und Arbeit« – behaupten die Autoren der Zukunftskommission – träten nun »Kapital und Wissen« als agierende Elemente der Wertschöpfung. Die Produkte der Computerindustrie und ihre Anwendung als Speicher wiesen den Weg. Eine Behauptung, die sowohl Faszination als auch

Amnesie verrät. Die Faszination am elektronisch gesteuerten, globalen Markt, der für Unternehmer oft mit dem Traum von der Weltherrschaft verbunden ist, löst offenbar jedes historische Bewusstsein auf. So wie elektronische Techniken mechanische Techniken in Produktion und Distribution ersetzt haben, werden auch diese durch neue Techniken ersetzt werden, sobald Krieg und ökonomischer Verwertungsdruck es erfordern. In Wahrheit ist das Wort Wissensgesellschaft ein Tabuwort für eine selbst ernannte Elite und für Unternehmen, die mithilfe modernster Technik ökonomische Vorherrschaft anstreben. Ihre ahnungslosen Adepten bilden das Fußvolk.

Was es mit dem Wissen der Wissensgesellschaft auf sich hat, zeigt der inflationäre Gebrauch der Wendung »wissen um«, auch durch die Propagandisten der Wissensgesellschaft. Eine Modewendung, die Tiefe verrät – abgründige Tiefe. Dolf Sternberger hat im *Wörterbuch des Unmenschen*[85], einer Kritik an spezifischen Wortbildungen aus der Nazizeit, analysiert, was uns das Ungetüm verrät. »›Wissen‹ heißt ursprünglich soviel wie ›gesehen haben‹. Was wir gesehen haben, das wissen wir. [...] Man kann also nur etwas wissen oder nichts wissen. [...] Dieses ›um‹ ist ein Umweg zum Gegenstand – wenn es ihn auf diesem Umweg denn überhaupt je erreicht. [...] Wer um etwas weiß, der wird es niemals richtig wissen. [...] Das Darumwissen ist das sprachliche Merkmal einer Ersatzreligion wie einer Ersatzwissenschaft.«[86] Die Benutzer der Wendung »wissen um« bestätigen damals wie heute, dass sie dazugehören, also nicht nur, dass sie nichts wissen, sie sind auch dabei, Wissenschaft durch einen Glaubensnebel zu ersetzen, und damit – bewusst oder unbewusst – eine tödliche Ersatzreligion wieder zu beleben.

Das hohle Pathos, mit dem die Wissensgesellschaft als »Gesellschaft der Zukunft« von Politik und Wissenschaft propagiert wird, kann nicht darüber hinwegtäuschen, dass die Probleme der Welt durch die computerbestimmte Wissensgesellschaft nicht nur nicht gelöst werden, sie werden erst gar nicht erkannt. Viele Millionen Menschen werden in dieser Gesellschaft nicht die geringste Chance haben. Was sollte für sie die Basis der Wertschöpfung sein? Die Müllberge, in denen sie leben und nach Lebensmitteln suchen? Allerdings gehen auch sie flexibel auf die Bedingungen der Weltwirtschaft ein.

Optimistische Kommentare zur Lage auf dem Arbeitsmarkt wirken wie magische Veranstaltungen, um die Bürger davon abzuhalten, die Grundlagen von Wirtschaft und Gesellschaft infrage zu stellen und die sich auflösende Arbeitsgesellschaft zum Gegenstand einer Untersuchung über Ursachen und Folgen dieses Prozesses zu machen. Als berichteten sie über das Wetter, führen Regierungen den Index des Arbeitsmarktes als Naturereignis vor. Offenbar wird die Konjunktur einer globalen Wirtschaft von derart vielen Faktoren beeinflusst, dass einigermaßen sichere Voraussagen über die regionale Entwicklung gar nicht möglich sind. Was bleibt, ist die Hoffnung auf bessere Zeiten. Offizielle Stellungnahmen zur wirtschaftlichen Entwicklung zeugen denn auch von blindem Glauben an eine höhere Macht – die unsichtbare Hand des Schicksals. Während ökonomische Interessen und technischer Fortschritt zwangsläufig zur Einsparung von Arbeitsplätzen treiben, erklären Politiker der Arbeitslosigkeit den Krieg. Ein Paradox.

Auf dem Kriegsschauplatz an der Heimatfront, wo die Gesellschaft unter dem Banner liberaler Wirtschaftspolitik gegen sich selbst Krieg führt, soll die riesige soziale Kraterlandschaft, die durch die Sanierung unwirtschaftlicher Betriebe entstanden ist, durch Meldungen über einzelne Erfolge an der Arbeitsfront aus dem Bewusstsein verdrängt werden. Die nostalgische Hoffnung auf bessere Zeiten stützen Meldungen, die scheinbar auf die Bedürfnisse der Menschen antworten: Einige neue Arbeitsplätze hier oder dort und zusätzliche Jobs in Dienstleistungsunternehmen werden dem Millionenheer der Arbeitslosen wie die Hasen beim Hunderennen vor die Nase gehalten.

Die Utopie des Marktes als Ort des lebendigen Austauschs von Waren und Meinungen ist längst von einer Illusionsmaschine abgelöst worden. Gigantische Bedürfnispromotoren und Verteilerapparate haben die Welt in das neue Arkadien verwandelt, das Menschen ein- oder ausschließt. Wer nicht sein Glück immer wieder zur Schau stellt, hat sich selbst abgemeldet. Dem entspricht ein Arbeitsmarkt, der Menschen, unabhängig von ihren Fähigkeiten, in die Gesellschaft integriert oder aus ihr verbannt. Gefragt sind ganz neue Qualitäten. Mittanzen oder vor die Hunde gehen, ist die Devise. Wie der kleine Lottogewinn die Hoffnung auf den großen Gewinn am Leben erhält und sogar beflügelt, so wird jeder Hinweis auf eine Investition in der Branche, die ein paar Arbeitsplätze schafft, als Rettung der Arbeitsgesellschaft missverstanden. Dass in holländischen Reality-TV-Veranstaltungen auch Arbeitsplätze gewonnen werden können, unterstützt die Auffassung, wonach die Arbeitsplatzbesitzer Gewinner im Gesellschaftsspiel und so etwas wie die letzten archaischen Helden sind, die aus dem namenlosen Heer der Arbeitslosen herausragen.

Arbeit – die man im Altertum den Sklaven überließ – wurde einst von den Strafarbeitern des griechischen Mythos als Fluch des gesellschaftlichen Lebens dargestellt, andererseits verwandelte derselbe Mythos das Strafbataillon der Götter in eine Gruppe von Helden, die den Prozess der Zivilisation erst in Gang gesetzt haben. Herakles, der berühmte griechische Heros, leistete seine zivilisierenden Werke nicht aus freien Stücken, sie wurden ihm als Strafarbeiten aufgegeben. Das waren Kulturwerke, wie der Hydra den Garaus machen, sprich: Trockenlegen der Lernäischen Sümpfe, oder Heldentaten wie das Bezwingen des Nemeischen Löwen, dessen Fell gegen Eisen, Bronze und Steine geschützt haben soll, ein Panzer also, der für Krieger ein unverzichtbares Requisit war. Mit diesem Fell bekleidet, ließen sich imperiale Herrscher gern in Standbildern darstellen, um so unbezwingbar zu erscheinen und Feinde abzuschrecken. Das von US-Präsident Reagan geplante und von Bush junior wieder reaktivierte Projekt eines elektronischen Radar- und Raketenschildes zur Abwehr feindlicher Angriffe steht in der Tradition dieses archaischen Mythos.

Den Menschen am nächsten stand Sisyphos. Er hat den Tod gefesselt, Bestattungsopfer hintertrieben und sich geweigert, in die Unterwelt einzuziehen. Natürlich wurde der Tod vom Kriegsgott Ares – der beruflich für die Produktion von Toten zuständig war – wieder von den Fesseln befreit. Zur Strafe musste Sisyphos bekanntlich einen Felsbrocken auf den Gipfel eines Berges schaffen, der ihm, hatte er den Gipfel fast erreicht, immer wieder den Abhang hinunterrollte. Seither wird vergebliche Arbeit mit seinem Namen assoziiert. Sein Scheitern erscheint als Parabel für das Scheitern der menschlichen Gesellschaft, der es bis heute nicht gelungen ist, durch Arbeit ein Paradies allgemeinen Wohlstands zu produzieren. Im Gegenteil, mit jeder Steigerung der Produktivität der Arbeit nimmt das Elend in vielen Teilen der Welt zu.

In der Geschichte gesellschaftlicher Selbstdarstellung standen die Arbeit und der Genuss der Arbeitsprodukte immer in enger Verbindung miteinander, zumal wenn bei Opfern und Festen auch die Produkte der Arbeit wie Liebesobjekte verzehrt wurden. Der Gegenstand der Arbeit, ihr Werk, stand im Mittelpunkt des Kults und garantierte als soziale Bedürfnisse vermittelndes Objekt den gesellschaftlichen Zusammenhalt. Die sprachliche Verwandtschaft der griechischen Worte *érgon* – Werk – und *órgia* – heilige Handlung oder Fest – zeigt, dass bereits im Bewusstsein der Antike Opfer und Fest, oder Arbeit und Konsum, zwei Seiten der gleichen Medaille gewesen sein müssen. Dass Arbeit als Strafe für die Verletzung sexueller Tabus aufgefasst wurde, bezeugt die Bibel. Adam und Eva wurden deswegen aus dem Paradies verstoßen. Der Apfel, den Eva Adam anbot, ist ein klassisches Symbol für das weibliche Geschlechtsteil. Derart wird Arbeit als Strafe oder Opfer in unmittelbare Beziehung zu befriedigendem Genuss gestellt. Aus dem Paradies vertrieben, sollten sie ihr »Brot im Schweiße ihres Angesichtes essen«, was soviel heißt wie: »Erst die Arbeit, dann das Vergnügen.« Arbeit ging also immer dem Konsum voraus; aber beide waren unverzichtbare Teile der gesellschaftlichen Reproduktion. Die Forderung, wer nicht arbeite, solle auch nicht essen, entspricht noch jener Opferlogik, die bis in die jüngste Geschichte mit Todesfolge exekutiert wurde. Durch die unlösbare Verbindung von Arbeit und Leben in der modernen Gesellschaft verschwindet mit der Arbeit auch jede Lebensperspektive. Und dass man ohne Arbeit nichts zu essen hat, ist für Millionen im Elend lebender Menschen längst zur bitteren Realität geworden.

Obwohl das Wort Arbeit ursprünglich auf *arb*, verwaist, zurückgeht, also auf Waisen, die sich ihr Brot wie Sklaven durch Arbeit verdienen mussten und eigentlich nicht zur Gesellschaft gehörten, weil sie keine Familie hatten, ist Arbeit schon im Mittelalter zum Beruf und damit zur religiösen Pflicht erhoben worden. Von Gott zum Arbeiter oder Krieger berufen zu sein, beglaubigte Handwerker wie Kriegshandwerker. Von Martin Luther schließlich in der Lehre vom allgemeinen Priestertum in den Adelsstand befördert, ist Arbeit zur

Grundlage der modernen Welt avanciert. Auch hier sollten die biblischen Letzten wieder die Ersten sein.[87]

Die Arbeitsgesellschaft war der Rahmen, in dem sich die Gesellschaftsentwürfe der Moderne bewegten. Alle sozialen Beziehungen sollten durch Arbeit und die Produkte der Arbeit vermittelt werden. Als Gegenstand objektivieren sie die Bedürfnisse des Einzelnen und vermitteln, als vergegenständlichtes Bedürfnis, Individuum und Gesellschaft. Das Ziel war eine Gesellschaft, die ihren Reichtum durch Arbeit schafft und mehr oder weniger gerecht verteilt und als Konsumgesellschaft ihren Mitgliedern gestattet, die Früchte ihre Arbeit zu ernten und zu genießen. Vollbeschäftigung und Wohlstand für alle. Mit dieser Utopie wurde zugleich die Illusion genährt, dass die Vermehrung der Produkte, ihr Besitz und Konsum, auch äußere wie innere Gefährdungen der Gesellschaft bannen könne. Der Fortschritt versprach den Menschen, an einer Entwicklung teilzuhaben, an deren Ende ein glückliches Leben aller stehen sollte, nämlich in befriedigenden gesellschaftlichen Lebensverhältnissen zumindest von sozialen Katastrophen befreit zu sein. Dahinter steht der Glaube, dass Produktivität und wirtschaftliches Wachstum die Schlüssel zu einem befriedigenden Leben seien – eine Säkularisierung mittelalterlicher Heilserwartungen sozusagen. Das heißt eben nicht, dass die Gesellschaft vom Opfer befreit wäre. In Arbeit und Organisation rationalisiert, tritt das Opfer als Opfer nur nicht mehr in Erscheinung.

Die Entwicklung der Zivilisation bestand vor allem in der schrittweisen Substitution des Opfers – zunächst des Menschenopfers und dann auch jedes stellvertretenden Opfers. Rückfälle wurden mit Verboten und Strafandrohungen bedacht, weil schon der Gedanke an die barbarische Erbschaft den Zusammenhalt der Gesellschaft bedrohte. Attraktivität und Verführungsmacht blutiger Opfer haben ihre Wirkung aber nicht eingebüßt, wie Rückfälle bis in die jüngste Zeit belegen. Die moderne Gesellschaft ist nun den Weg der Verdrängung weitergegangen. Alle Hinweise auf die Opferbasis werden dem Bewusstsein ausgetrieben. Wie die Schlachthöfe aus den Stadtzentren an die Peripherie der Städte verlagert wurden und damit das Schlachten als Lebensgrundlage der Gesellschaft den meisten Menschen nicht mehr bewusst ist – und erst durch auftretende Seuchen und die da-

mit verbundene Massenschlachtung und Kadaverbeseitigung wieder
ins Bewusstsein dringt –, so wird auch der Krieg als permanenter Teil
und Konsequenz gesellschaftlicher Reproduktionsformen, und das
ganz unabhängig von dem großen Sektor der Waffenproduktion, immer wieder kunstvoll verdrängt. Mystisch verschleiert und allgemein
als Ausnahme oder Unfall betrachtet, verschwindet mit dieser Ver-
schiebung ein Teil der gesellschaftlichen Realität aus dem Bewusstsein. Diese Verdrängung hält aber nur, solange die Dämme halten, die
gegen die eigene Gewalt errichtet wurden.

Das Bestreben, das Joch der Arbeit abzuschütteln und sich von der
Arbeit überhaupt zu befreien, folgt derselben Logik. Der Arbeit – als
Fluch oder Strafe begriffen – wurde ein Paradies gegenübergestellt,
das als endliche Befreiung von der Last der Welt ersehnt und damit
ans Ende aller Tage ein Ziel stellte, das unschwer als Projektion einer
falschen Erinnerung an die Kindheit zu erkennen ist. Der Mythos
vom Paradies als Ursprung und Ziel der Geschichte. Der Glaube, dass
die arbeitsfreie Zeit eine Zeit ist, die, jenseits der Opferlogik angesie-
delt, die Menschen von aller Mühsal befreit und die Gesellschaft in
die Vorräume des Paradieses führt, ist von liberalen und sozialistischen
Wortführern gleichermaßen propagiert worden. Die Zeit der Muße
und Kontemplation wurde als eine von der Arbeit unabhängige Ge-
genwelt dargestellt. Von ihr wurde das Heil der Welt erwartet. Das
Reich der Freiheit. Es bildet heute die Grundlage für die Selbsttäu-
schung der postmodernen Freizeitgesellschaft. Sie begreift sich als
Konsumverein und reduziert alle Probleme auf technische Organisa-
tionsprobleme, obgleich jeder weiß und tagtäglich am eigenen Leib
erfährt, dass die Gesellschaft insgesamt immer noch im Bann eines archaischen Opferkults steht. Der Impuls der Rache beherrscht noch
weitgehend den Gerechtigkeitssinn. Ein Qualitäten ignorierendes
Leistungsdenken und vor allem das Denken in Äquivalenten, das immer vom Opfer ausgeht, regiert die Welt der Arbeit wie die der Freizeit und zeigt, dass beide Teile derselben Wirtschaftsverfassung sind
und den gleichen Marktgesetzen unterliegen. Dass die Vermehrung
der Freizeit nicht automatisch zu Reflexion, Fantasie und freier Krea-
tivität führt, beweist das riesige Heer der zu permanenter Freizeit ge-
zwungenen Arbeitslosen wie ganze zur Untätigkeit verdammte, mar-

ginalisierte Gesellschaften. Das Reich der Freiheit bleibt jene Fantasiewelt, die schon Galeerensklaven am Ruder ausharren ließ und die bis heute der Arbeitsgesellschaft als Überlebensdroge dient.

Wachstum der Wirtschaft bedeutet immer Steigerung der Produktion bei gleichzeitiger Senkung der Produktionskosten. Das heißt: wirtschaftliche Konzentration, tendenzielle Reduktion der Produktvielfalt, billige Massenware und die Entwicklung von Produktionsverfahren, die von Menschen verrichtete Arbeit durch Technologien ersetzen, die nicht nur billiger, sondern – das ist die Hoffnung – auch zuverlässiger und für die Unternehmen kalkulierbarer sind. Mit anderen Worten: Jede technische Modernisierung hat das Ziel, auch den Kostenfaktor Arbeit auf ein Minimum zu reduzieren. Dazu bietet auch eine ökologisch orientierte Wirtschaft keine Alternative, obgleich das Stichwort Ökologie eine Zeit lang alle Heilserwartungen auf sich gelenkt hat. Wie alle anderen wäre sie gezwungen, die Produktionskosten zu senken, will sie sich auf diesem Markt durchsetzen. Die Anwerbung billiger Arbeitskräfte oder die Verlagerung der Produktion in so genannte Billiglohnländer – eine Drohung, die ihre Wirkung auf die Arbeitsplatzbesitzer in den Industrieländern allerdings nicht verfehlt – ist in diesem Prozess nur eine historisch vorübergehende Erscheinung, weil der technische Fortschritt ja gerade die unqualifizierte Arbeit überall durch Maschinen ersetzt. Allen Beschwörungen zum Trotz bewirkt jede technische Modernisierung einer kapitalistischen Wirtschaft immer auch eine Reduktion der Arbeitsplätze und nicht deren Vermehrung. Wieweit mit technischer Modernisierung verbundene Heilserwartungen allerdings das Denken beherrschen, beweist der verbreitete Glaube, dass die derzeitige Verfassung der Wirtschaft das fortschreitende Elend in der Welt aufhalten könnte.

Tatsächlich spitzt sich die Lage weltweit zu. Täglich werden mehr Menschen aus dem Konsumparadies gedrängt und ganze Gesellschaften marginalisiert. Damit werden viele Millionen ihrer elementaren Menschenrechte beraubt, weil Menschenrechte als Lebensrechte Leben garantieren sollen und darum eine ökonomische Grundversorgung voraussetzen. Es wachsen die Armut, die Arbeitslosigkeit und der Abstand zwischen Arm und Reich in fast allen Ländern der Erde, ebenso zwischen den Ländern. Man könnte auch sagen, das Wachstum der Armut hält mit dem Wachstum des Reichtums Schritt, nur dass es sich nicht um dieselben Menschen als Träger handelt. Millionen Afrikaner stehen schon am südlichen Rand des Mittelmeeres, Millionen Lateinamerikaner drängen in den Norden, und Millionen im Elend lebender Menschen stehen in Asien an der Grenze einiger prosperierender Staaten, ganz zu schweigen von den Millionen, die selbst in den reichen Industrienationen aus der Konsumgesellschaft ausgeschlossen sind. Da hilft es weder, die Armut zu verstecken, noch die Wirtschaft mit einer Ethik auszustatten, die alle verpflichtet, den Kampf ums Dasein als ein Paradies der Fürsorge erscheinen zu lassen. Unter den Ausgeschlossenen wütet der Kampf ums Dasein in seiner härtesten Form. Die Gewalt, mit der sie um Abfall kämpfen, spiegelt die Gewalt, mit der sie aus der Gesellschaft ausgeschlossen wurden.

Es scheint, als ob die aus der Gesellschaft verdrängte Arbeit heute im Krieg wiederkehrt. Auffällig ist nicht nur die ständig zunehmende Anzahl von Kriegen und die wachsende Kriegsbereitschaft weltweit, auffällig ist auch, dass die Ziele eines jeden Krieges, nämlich die Autonomie des Gegners zu brechen, längst internalisiert und zur allgemeinen gesellschaftlichen Maxime erhoben wurden. Der Krieg, eine Fortsetzung der Ökonomie mit anderen Mitteln? Beide sind Teil derselben Produktionsverhältnisse, und was sie verbindet, sind Denken und Praxis blutiger Opferkulte. Sie bedrohen die Gesellschaft. Weil die wirtschaftliche Verfassung immer mehr Menschen ausschließt und damit das Elend in der Welt in gigantischem Ausmaß vergrößert, sind die Grundlagen der Ökonomie, die das bewirkt, infrage zu stellen.

Wollen die Unternehmen im globalen Wettbewerb bestehen, müssen sie rationalisieren und billiger produzieren. Das führt zur Konzentration ökonomischer Macht und weiterem Anwachsen der Massenarbeitslosigkeit. Dem wird vonseiten der Regierungen mit Maßnahmen begegnet, die die Situation eher verschärfen. Um wettbewerbsfähig zu bleiben, sollen die Steuerabgaben und die Staatsausgaben der Länder reduziert werden, was dazu führt, dass die zivile Gesellschaft untergraben und die Erosion der Demokratie weiter getrieben wird. Der Ausschluss von Teilen der Bevölkerung von sozialen Leistungen, medizinischer Versorgung, Bildungseinrichtungen und Information fördert die Spannungen in der Gesellschaft und schürt eine allgemeine Gewaltbereitschaft, die sich auf der Straße und in den Medien entlädt.

Lange vor dem Verschwinden der Arbeit war in der Arbeitsgesellschaft bereits der Gegenstand der Arbeit abhanden gekommen. Gemeint ist die Beziehung des Produzenten zu seinem Produkt. Taylorismus und das enorme Anwachsen der Bürokratie hatten zur Folge, dass Millionen arbeitender Menschen, wenn überhaupt, immer nur zu Teilen des Produkts ihrer Arbeit in Beziehung treten konnten. Vom Konsum und Verzehr der Produkte waren sie ohnehin meist ausgeschlossen. Dem Verschwinden der vermittelnden Objekte entspricht die Wandlung der Arbeitsgesellschaft in eine erlebnisorientierte Freizeitgesellschaft, in der es nicht mehr die produzierten Gegenstände sind, über die Menschen zueinander in Beziehung treten, sondern Ereignis-Erlebnisse, wie sie von der Unterhaltungsindustrie angeboten werden. Der von Ereignis zu Ereignis hetzende Konsument wird in der Arbeitswelt zum Gelegenheitsarbeiter.

Wenn er als »Unternehmer seiner Arbeitskraft« auf den Markt geht, sucht der flexible Mensch einen Job. Das Wort ist an die Stelle des Wortes Arbeit getreten, weil Arbeit, vor allem in der so genannten Dienstleistungsgesellschaft, unspezifisch und gegenstandslos geworden ist. Es weist auf einen Wandel nicht nur in den Formen ökonomischer Reproduktion. Auch die Verhältnisse der Menschen untereinander sind davon betroffen. Der Job atomisiert die Gesellschaft. Während Handwerker sich noch in einem Berufsverband organisieren können, fehlen Menschen, die einen Job haben oder suchen, spezifische, gemeinsame Fähigkeiten und Interessen. Ihnen fehlt ein Gegenstand, sie haben kein Objekt, das sie bearbeiten oder herstellen, wie etwa Tischler oder Metallarbeiter, die dadurch mehr als ein Job verbindet. Mit Job lässt sich nicht einmal ein sinnvolles Wort bilden. Der Jobber ist ein Gelegenheitsarbeiter, einer, der Gelegenheiten nutzt, als Stockjobber ist er ein Börsenspekulant.

Das Wort Job bezieht sich ursprünglich auf ein Stück, einen Klumpen, einen Batzen, eine Fuhre für einen Pferdewagen. Der Besitzer des Pferdewagens übernahm eine Fuhre und bekam dafür einen Heller oder Batzen. Job und Entgelt sind zwei Seiten der gleichen Medaille. Ein Job ist Stückarbeit, das, was abfällt, kann auch ein Korruptionsanteil sein, illegale Arbeit. Den öffentlichen Dienst für private Interessen zu nutzen, eine Unredlichkeit, Betrug, auch das ist ein Job. Selbst Killer der Mafia tun nur ihren Job. Das Wort Job bezeichnet vor allem ein direktes Verhältnis zum Geld, ohne Umschweife, ohne Vermittlung durch Arbeit und Werk. Zeitarbeit ist das moderne Wort für diese Verwertung von Händen und Köpfen. Sie führt zu mehr Abhängigkeit als jedes Arbeitsverhältnis zuvor.

Schlecht bezahlt und allzeit bereit, das ist der so genannte »Unternehmer seiner Arbeitskraft«. Er muss froh sein, dass für ihn etwas abfällt. Seine Anpassungsfähigkeit wird zu Orientierungslosigkeit, ein Schicksal, das er mit allen Schwachen teilt, die gezwungen sind, flexibel auf die Bedingungen des Marktes zu reagieren. Von Leuten, die mit der Zeit gehen, wurde diese Situation schon positiv gewertet und die Orientierungslosigkeit zur Tugend erhoben, in Berlin selbst eine Initiative der »Glücklichen Arbeitslosen« gegründet[88]. Was hier als Neuheit gepriesen wird, ist die Kultur der arbeitslosen Computer- und Turnschuhgeneration. Ihre Überlebenstechniken führen zu so genannten »Bastelbogenbiografien«. Sie jobben da, wohin sie der Zufall verschlägt, und sind frei im doppelten Sinne des Wortes. Sie verfügen über viel Freizeit und stehen frei zur Verfügung, wursteln sich durch, nehmen Abschied von der Karriere und ziehen sich aus jeder sozialen Verantwortung zurück. Ihr Leitbild ist der Manager als eigener Freizeitgestalter. In der Freizeit immer beschäftigt, halten sie über ein Netzwerk Verbindung zu Freunden, wie Firmen zu Lieferanten und Kunden[89]. Ihre Stilisierung: eine Farce, genannt Selbstverwirklichung, mitunter auch in neuen Religionsgemeinschaften, der bizarre Widerschein von Interessen, denen es nicht mehr gelingt, ein Individuum zu konstituieren. Eigentlich sind sie Outcasts, sie haben sich längst aufgegeben und suchen in neuen Gemeinschaften Halt. Der scheinbare Nonkonformismus ist in Wahrheit ein Konformismus neuer Art. Die Organisation der Lebenswelt, Kleidung und die Formen der Kommunikation sind Zeichen der Uniformierung, die Schutzbedürfnis und einen Hang zur Bandenbildung verraten.

Der flexible Mensch bleibt immer in Bewegung und bringt keine Opfer, außer dem großen Selbstopfer, sich den Bedingungen der Flexibilität zu unterwerfen. Er ist anpassungsfähig, leicht zu führen und folgsam, weil er jedem Druck nachgibt. Er ist ebenso leicht zu überreden wie zu beeindrucken. Ein Mensch der Massengesellschaft und der Spektakel. Verloren in der zusammenhanglosen Zeit seiner diversen Jobs und permanenten Jobsuche, kann er keinen Lebensentwurf, keine Perspektiven entwickeln. Denn sie setzen Planung voraus. Wie die mythischen Protoplasten Adam und Eva aus weichem Ton geformt sind und kein Eigenleben haben, soll auch der flexible Mensch biegsam sein und bald diesen, bald jenen Job annehmen, wie der Markt es von ihm verlangt. Er muss Konformist sein, wenn er überleben will, und, wie die Wagen im römischen Zirkus, der Bahn um die Wendepunkte seines von außen bestimmten Lebens folgen, in dem ohne Anfang und Ende Zukunft und Vergangenheit im Strudel einer immer schneller rotierenden Gegenwart verschwinden. Richard Sennett hat ihn den driftenden Menschen genannt. Er lebt »in einer Welt, die durch Flexibilität und ständigen Fluss gekennzeichnet ist«, wo »Unternehmen zerfallen oder fusionieren, Jobs auftauchen und wieder verschwinden, wie zusammenhanglose Geschehnisse«.[90]

Obgleich Flexibilität Handlungsfähigkeit unterstellt und von einem Subjekt ausgeht, das zu anderen handelnd in Beziehung tritt, heißt Flexibilität für den ökonomisch Schwachen, der nichts als seine Hände und etwas Kopf zu verkaufen hat, doch nur Unterwerfung unter Bedingungen, die ihm von anderen vorgegeben werden. Das gilt für die ökonomischen Interessen der Bürger ebenso wie für die Menschenrechte: Dem Mittellosen gelingt es nur selten, seine Interessen zu realisieren. Dazu bedarf es der Organisation der Gesellschaft, eines Rechtsstaates, der auch dem Schwachen seine Lebensrechte, und einer Assoziationsform, welche die Durchsetzung seiner ökonomischen Rechte garantiert. Das soll nun alles zerschlagen werden. Mit dem Bild des Arbeitenden als »Unternehmer seiner Arbeitskraft« wird Arbeiterorganisationen der Kampf angesagt. Flexibilität tritt an die Stelle von Solidarität. In einer Gesellschaft, in der alle Unternehmer sind, steht endlich wieder jeder gegen jeden. Ein neoliberales Konzept, mit dem – im Bewusstsein, dass Arbeiterorganisationen nur in sozialistische Knechtschaft führen – zum letzten Befreiungsschlag ausgeholt wird. Endlich sind alle gleich, und jeder kann auf der Basis seines Vermögens und seiner Fähigkeiten mit anderen in Geschäftsbeziehungen treten.

Der dadurch einsetzende allgemeine Verdrängungswettbewerb führt automatisch zum Ausschluss eines großen Teils der Bevölkerung aus der Gesellschaft. Die Aufkündigung der Solidargemeinschaft, die Vertreibung des Staates aus der Gesellschaft, die Kürzung der Sozial- und Bildungsausgaben und die Beschneidung der Rechte Arbeitender, also die Flexibilisierung aller sozialen Bereiche, hat zu vielen Millionen Arbeitslosen und Sozialhilfeempfängern geführt. Diese Ausgeschlossenen werden in Zukunft in Ghettos, in Lager oder ins Gefängnis wandern, weil der Staat nicht mehr in der Lage ist, ihren Unterhalt zu finanzieren. Es sind zu viele. Sie werden auf dem informellen Markt einen illegalen Job suchen oder gleich die Laufbahn eines kriminellen Unternehmers einschlagen. Auch das ist Flexibilität.

In den USA, wo die flexible Gesellschaft schon weiter ist als in Europa, hat das zu einem florierenden Markt auf dem Gefängnissektor geführt[91]. Von der Unterbringung im privaten Strafvollzug bis zu militärischen Drillanstalten ist eine Vielzahl von *Correction corporations* in diesem Geschäft tätig. 1983 wurde in den Vereinigten Staaten das erste private Gefängnis von der *Correction Corporation of America* (CCA) gebaut.[92] Messen, Werbung für die Unterbringung von Gefangenen bei Gerichten und für billige Arbeitskräfte bei Unternehmern – der Möbelhersteller Kwalu soll 1997 seine Produktion von Südafrika in Gefängnisse von South Carolina verlegt haben[93] –, selbst Import-Export-Handel mit Strafgefangenen, um die Gefängnisse in den einzelnen Staaten besser auszulasten, gehören zu den Geschäften der aufstrebenden Branche. Von 1980 bis zum Jahr 2000 ist die Zahl der Strafgefangenen von einer halben Million auf zwei Millionen gestiegen. Jede Woche ein neues Gefängnis für tausend Straftäter.[94] Die USA, ein Land, das vier Prozent der Weltbevölkerung beherbergt, verwahrt ein Viertel aller Strafgefangenen der Welt. »Allein Kalifornien hat mehr Gefangene in seinen Anstalten als Frankreich, Großbritannien, Deutschland, Japan, Singapur und die Niederlande zusammen«, schreibt Konrad Lischka, »mit über 600 000 Beschäftigten sind die staatlichen und privaten Gefängnisse nach General Motors und Wal-Mart der drittgrößte Arbeitgeber der Vereinigten Staaten.«[95]

Schon spricht man von einem internen GULAG der USA oder von einem zweiten Vietnam. Es scheint, dass der gefängnis-industrielle Komplex nicht nur den militärisch-industriellen Komplex als großen stabilisierenden Wirtschaftszweig der USA abgelöst hat, er ist, wie dieser, auch längst in die Unterhaltungsindustrie und das soziale Alltagsleben integriert. Joseph T. Hallinan[96] schreibt, dass Gefängniswärter zwischen Gefangenen Kämpfe auf Leben und Tod inszenieren und darauf setzen lassen, so wie beim Hahnen- oder Hundekampf. Und »das Fremont County in Colorado hörte nicht auf zu bauen«, berichtet Jordan Mejias, »bis 13 Strafvollzugsanstalten eröffnet waren, und will sich nun stolz als ›Correction Capital of the World‹ fühlen. Weit davon entfernt, die elektronisch gesicherten Trutzburgen mit Schandflecken zu verwechseln, werden Sandwiches nach ihnen benannt und Einweihungen von Neubauten mit Volksfesten begangen. So wurde im texanischen Polk County für einen Unkostenbeitrag von 25 Dollar der festliche gestimmten Bevölkerung die Gelegenheit geboten, Originalmenüs aus der Gefängnisküche zu verkosten, in einer Zelle zu nächtigen und dem Bürgermeister zu lauschen, wie er zur Gitarre den *Folsom Prison Blues* anstimmte.«[97] Einige Firmen sind schon an die Börse gegangen, ein sicheres Zeichen für eine prosperierende Wachstumsindustrie.

Lager oder Gefängnisse, wie sie totalitäre Gesellschaften für unangepasste, Widerstand leistende Menschen eingerichtet haben, könnten sich auch, ganz ohne eigentliche Ideologie, nur durch die freie Entfaltung eines vollständig deregulierten Marktes als Konsequenz von selbst durchsetzen: für Menschen, die nicht flexibel sind. Aus *Wer sich nicht wehrt, der lebt verkehrt* ist die *Tugend der Anpassungsfähigkeit* geworden.

Der Ruf nach Flexibilität ist in Wahrheit ein Ruf nach Unterwerfung unter eine höhere Macht. Sei es das Naturgesetz ökonomischer Ausscheidungskämpfe, nach dem nur der Tüchtigste überlebt, oder sei es die direkte Unterwerfung Arbeitender unter die von anderen vorgegebenen Bedingungen ihrer Tätigkeit, immer ist es eine äußere Gewalt, die das Leben des flexiblen Menschen bestimmt. Er ist weder an der Konzeption der Rahmenbedingungen noch irgendwie an der Bestimmung von Abläufen beteiligt, denen er folgt. Wie der Gläubige

den Geboten seines Gottes, gehorcht er den so genannten Sachzwängen, die als objektive Naturgewalt erscheinen und doch nur Teil einer
von Menschen selbst geschaffenen Realität sind. Er verabsolutiert sie,
wie der Gläubige seinen Gott. Der flexible Mensch ist ein autoritärer
Mensch ohne Eigenwillen.

# VII
# Leben im Paradies

Wir leben in einer Welt, in der vom Markt produzierte und an den Markt gebundene Lebensformen auftauchen und sofort wieder verschwinden, wenn es das Gesetz von Angebot und Nachfrage oder einfach nur die Beschleunigung der Kommunikation verlangt, in der elektronisch produziert und konsumiert wird und Computer und Medien die reale Welt in eine virtuelle Welt verwandeln, in der alles mit allem in Echtzeit verbunden ist; in einer Welt, in der Wunsch und Wunschbefriedigung, Einbildung und Wirklichkeit nicht mehr zu unterscheiden sind, in der die Werbung für eine Sache schon deren Konsum suggeriert, also nicht einmal mehr materieller Ersatz nötig ist, um den Fortschritt von Ersatzbildung zu Ersatzbildung zu gewährleisten. An die Stelle von Opfern und Opferersatz oder Waren und immer wieder neuen Waren als deren Substitute, die ihre Versprechen dann doch wieder nicht einlösen, ist Befriedigungsersatz durch immaterielle Güter getreten, die dem Konsumenten den Übertritt aus der realen Welt in eine virtuelle Welt gestatten. Was für postmoderne Konsumenten subjektive Wunschrealisierung, ist für alle Ausgeschlossenen objektive Tatsache: Beide verbindet ein Leben in sozialer Virtualität. Handelt es sich vielleicht um etwas, das Religionen und gesellschaftliche Utopien immer angestrebt, aber niemals erreicht haben? Ist die Gesellschaft damit endlich an dem lang ersehnten Ziel angekommen, keine Ziele mehr anstreben zu müssen?

Während sich christlicher Eschatologie zufolge erst am jüngsten Tag das Himmelreich für alle Rechtgläubigen öffnen soll, ein Paradies, das sie durch Gott wohlgefälliges Verhalten, Arbeit und Opfer ein Leben lang erkaufen, in dem dann keine Opfer mehr verlangt werden und ein nicht enden wollender Frohsinn die Seligen befällt, verkünden ökonomische Heilslehren das Paradies schon zu Lebzeiten, wenn nicht der Zeitgenossen, so doch von deren Enkeln oder wenigstens von den Enkeln der Enkel als Ziel der Geschichte. Adam Smith wollte noch, allerdings ohne ein bestimmtes Ziel der Geschichte in einem irdischen Paradies in Aussicht zu stellen, durch Egoismus und allseitige Konkurrenz den Wohlstand der Nationen herbeigeführt wissen, durch Steigerung von Produktivität und Austausch, an dem alle gleichermaßen profitieren sollten. Dann riefen die Sachwalter der kommunistischen Heilslehre in der Sowjetunion einfach das Ende der Geschichte der Klassenkämpfe aus. Ziel erreicht! Natürlich waren hier und dort noch Nachbesserungen nötig, aber im Grunde war er da, der Kommunismus, wo jeder seinen Fähigkeiten entsprechend tätig sein und alle Bedürfnisse befriedigen konnte. Der mühevolle Weg vom urkommunistischen Paradies zum Kommunismus der »allseitig entwickelten Persönlichkeit«, wie ihn die Autoren der kommunistischen Heilslehre darstellten, war zurückgelegt. Morgens arbeiten, mittags lesen und abends fischen, oder umgekehrt. »Der Kommunismus, er ist so einfach«, wie es im Lied heißt, so einfach, dass Lenins Köchin nun den Staat leiten kann. Dass dieser längst ein totalitäres Terrorregime und ökonomisch bankrott war, tat der Überzeugung keinen Abbruch. Man war an einem Ziel angelangt, hinter dem es keine weiteren sozialen Ziele mehr gab.

Mit dem Präfix *post* in Postmoderne oder Posthistoire wird etwas Ähnliches behauptet: Wir befinden uns jenseits der Geschichte, jenseits aller Finalität, es gibt keine Utopie, keine Zukunft, keine Gesellschaft mehr, die ein Ziel anstrebt und ihre politischen und ökonomischen Verhältnisse auf den Weg dorthin ausrichtet. Damit scheint die Gesellschaft der Postmoderne zumindest in ihren avancierten Teilen das zu sein, was soziale Heilslehren seit der Konzentration menschlichen Strebens auf die Ökonomie gesucht haben: eine konflikt- und widerspruchsfreie Gesellschaft, die allenfalls noch umgebaut oder ausgebaut zu werden braucht, in der sich das Individuum einrichten und versöhnen kann mit der omnipräsenten Gegenwart, die sich, wie das Universum, permanent ausdehnt und Zukunft und Vergangenheit verschlingt. Mit der Zukunft verschwindet auch die Vergangenheit als Erinnerung an uneingelöste Versprechen und unbefriedigte Wünsche, die einmal in einer zukünftigen Gesellschaft realisiert und befriedigt werden sollten. Dadurch wird die Vergangenheit zu einer Ansammlung von Ereignissen, die auch untereinander in keiner historischen Beziehung mehr stehen. Posthistoire heißt, dass es keine Geschichte mehr gibt. *Post* heißt wirklich, alles hinter sich gelassen zu haben. *Post* ist das letzte Wort, der letzte Posten sozusagen. Sinnlos, hier noch weiter gehen zu wollen.

Mit Sicherheit ist die Postmoderne keine vorübergehende Mode – ihre trotz aller aufgeregten Bewegung statische Ziellosigkeit verrät das ohnehin –, sondern ein von ideellen und materiellen Heilslehren immer wieder angestrebtes Ziel, ein gesellschaftlicher Endzustand, der nicht erst durch lautstarke Propagandisten eines postmodernen Lifestyles in die gesellschaftliche Wirklichkeit übertragen werden muss. Weder wurde die Postmoderne dadurch eingeläutet, dass man 1972 einige Wohnblocks der Moderne des 20. Jahrhunderts in St. Louis abriss, wie die *Encyclopædia Britannica* zu wissen glaubt, noch durch die Explosion moderner Wohnblocks in England, was von Anwälten der Postmoderne in Europa gern behauptet wird. Sie ist nicht das Ergebnis von Theoriemüdigkeit oder intellektueller Verwirrung, sie gehört auch nicht zu jenen Eintagsfliegen, die berauschte Köpfe in Pariser Kaffeehäusern immer wieder der erstaunten Welt als *dernier cri* verkaufen – Posthistoire und Postmoderne waren das lang gesuchte Ziel, an dem sich alle Spannungen auflösen und die gesellschaftliche Entwicklung in ein Endstadium tritt.

Die Vision vom Ende der Geschichte ist eine säkularisierte Erlösungsmetapher. Wo Religionen das elende irdische Leben am Ende aller Tage mit einem Himmelreich zu belohnen versprechen, stellen materielle Heilslehren das Ziel der Geschichte in einer konflikt- und spannungsfreien Posthistoire dar. Das Ende der Geschichte als Ende der Völkerschlachten, als Ende der Klassenkämpfe, als Ende der Geschlechterkämpfe und auch der Zivilisation erst produzierenden Geschlechterspannungen, also auch das Ende der Zivilisation mit all ihren fragilen Errungenschaften. Für Georg Wilhelm Friedrich Hegel[98] hatte die gesellschaftliche Entwicklung mit der von Napoleon geführten *Grande Nation* ihr Ziel erreicht, für den Hegelinterpreten Alexandre Kojève[99] war es die von Stalin geführte kommunistische

Gesellschaft, und für seinen Schüler Francis Fukuyama[100] bedeutete schließlich der Sieg des amerikanischen Kapitalismus über den sowjetischen Kommunismus das endgültige *Ende der Geschichte*. Hegel, Kojève und Fukuyama verbindet der Glaube, dass die Geschichte in der von ihnen anvisierten Posthistoire ihr Ziel erreicht habe. War für Hegel noch der nationale Rechtsstaat, in dem vor dem *Code Napoleon* alle gleich sein sollten, das Ziel der gesellschaftlichen Entwicklung und für Kojève die von Stalin geführte kommunistische Weltgesellschaft, so sieht Fukuyama schließlich in der Globalisierung des Gesellschaftsmodells der westlichen Demokratien und ihres *Free Market* das Ende der historischen Entwicklung. Kojève und Fukuyama verbindet aber noch etwas anderes: Sie sind Endzeitpropheten und haben ein Faible für geschlossene, im Grunde totalitäre Gesellschaftsformen, in denen endlich alle Widersprüche aufgehoben und die Bürger friedliche, entpolitisierte Diener und Konsumenten geworden sind. In den Zwangsmechanismen des *American way of postmodern life*, die permanente Anpassung und heiteres Mitmachen zu Bedingungen für das Überleben in der Gesellschaft machen, setzt sich der Totalitarismus fort, der in faschistischen, nationalsozialistischen und kommunistischen Gesellschaften vorgebildet wurde.

Wenn Posthistoire das Ziel der Gesellschaft nach dem Ende ihrer Geschichte ist, ein Ziel, das totalitäre Zwangssysteme von Religionen adaptiert und aufs irdische Leben übertragen haben, in der Meinung, dass sich paradiesische Zustände allgemeinen Wohlergehens auch in der Realität durchsetzen würden, dann markierten die großen Kriege, der Erste und der Zweite Weltkrieg, die katastrophalen Endpunkte dieser Geschichte oder waren zumindest deren Vorboten. Was danach kommt, ist die Posthistoire: eine faschistische Gesellschaft, eine von parareligiösen Wahngebilden geleitete NS-Gesellschaft, eine kommunistische Weltgesellschaft oder die heitere Postmoderne, die ironisch, das behaupten zumindest einige ihrer Propagandisten, auf die Scherben der zurückliegenden Geschichte blickt.

Um ihre Visionen zu stützen, haben Autoren der Postmoderne gelegentlich Walter Benjamins *Geschichtsphilosophische Thesen*[101] zitiert. Vor allem Benjamins neunte These, in der er eine kolorierte Federzeichnung von Paul Klee aus dem Jahre 1910 mit dem Titel *Angelus Novus* als Engel der Geschichte interpretiert, bildet das Zentrum postmoderner Faszination. Der Engel hat, so sieht es Benjamin, Augen und Mund weit aufgerissen und wird, in seiner Interpretation, von einem vom Paradies her wehenden Sturm, der sich in seinen ausgebreiteten Flügeln verfangen hat, unaufhaltsam mit dem Rücken in die Zukunft getrieben, während ihm die Vergangenheit, als eine einzige Katastrophe, »unablässig Trümmer auf Trümmer häuft und [...] vor die Füße schleudert. Er möchte wohl verweilen, die Toten wecken und das Zerschlagene zusammenfügen«, doch der Sturm, das ist der Fortschritt, gestattet es nicht, er weht den Engel der Geschichte in eine nicht erkennbare, nicht einsehbare Zukunft.[102] Benjamin sympathisierte zu jener Zeit mit dem Marxismus. Er war um eine Versöhnung des »historischen Materialismus« mit der jüdisch-chistlichen Religion bemüht und glaubte, dass ein Messias den Antichrist überwinden würde und der »erlösten Menschheit [dann] ihre Vergangenheit vollauf zufällt und in jedem ihrer Momente zitierbar« sein wird.

Diese postmoderne Erlösungsvision, in der alle Konflikte stillgestellt und die Geschichte erloschen sein wird, teilen Benjamin und Kojève mit Autoren, die den Wiederanschluss an die mythische Zeit der unaufgeklärten Vergangenheit als religiöse Initiation suchen. Anders gesagt, »der Ursprung ist das Ziel«, ein Motto, das Walter Benjamin, Karl Kraus zitierend, seiner vierzehnten These über den »Tigersprung ins Vergangene« voranstellte. Immer ist es die Sehnsucht nach einem Ursprung, einem unbewegten, der durch Stillstellung aller Konflikte und Spannungen wieder erreicht werden soll. Handelt es sich möglicherweise um die Stille nach einer gewaltigen Katastrophe, die die Geschichte als Scherbenhaufen und den »Tigersprung ins Vergangene« als Ausweg erscheinen lässt?

Für Autoren wie Karl Kraus ging im Ersten Weltkrieg die bürgerliche Welt der Nationalstaaten zugrunde.[103] Das Imperium, das Subjekt, das Individuum, die Humanität versanken im Gemetzel der Schlachten. In der Folge dieses Krieges hatten sich zwei sozialpolitische Heilsbewegungen herausgebildet, die den Rest des Jahrhunderts beeinflussten und die beide zu Recht beanspruchen konnten, die bürgerliche Geschichte beendet zu haben. Obschon ihre Gesellschaftsformationen scheinbar verschwunden sind, lebt ihre destruktive Sehnsucht nach einer konfliktlosen und wenn nötig mit Gewalt pazifizierten Welt weiter. Eigentlich ist es eine Todessehnsucht, sie will, dass alles aufhört, ein Ende jeder Konfliktkultur und Geschlechterspannung, und zerstört dabei die zivile Gesellschaft ebenso wie die Individuen.

In einem Vortrag über »Theoriemüdigkeit« hat der Trendforscher Norbert Bolz[104] – »der Humanismus ist tot« – geschildert, wie sich der Begründer der mathematischen Ökonomie, Antoine Cournot[105], die Zeit nach der Geschichte vorgestellt habe. Seine Visionen waren dabei von der Realität gar nicht so weit entfernt. Die Zeit nach dem Ende der Geschichte sieht er als Stillstand, ein Naturzustand, in dem die Wiederholung des Immergleichen die bestimmende Bewegung sein wird: »Die Leidenschaften des politischen Lebens haben sich beruhigt; alle Interessen haben als gemeinsamen Nenner die Aufrechterhaltung des Status quo. Das Gesellschaftssystem stellt sich auf Dauer, indem es alle politischen Kräfte neutralisiert; dadurch werden alle Lebensenergien abgespannt. [...] Blickt man vom Posthistoire zurück auf die Geschichte, so erscheint sie nur noch als ein flüchtiges Zwischenspiel. [...] Absehbar wird ein Endzustand absoluter Kristallisation, in dem die Menschen wie Termiten ein Gehäuse endloser Routine und Ereignisfolgen bewohnen. Dieses statische Zeitalter der Nachgeschichte hat dann wieder die Stabilität der Vorgeschichte erreicht.« Eine Erlösung von der konfliktreichen Suche nach einer besseren Welt, die es sowieso nicht gibt. »Ganz deutlich ist auch«, schreibt Bolz weiter, »dass es ein befreiendes Gefühl ist, ›danach‹ zu sein. Wir sind den Albdruck los, den man Moderne genannt hat. Die Moderne war eine Zeit avantgardistischer Projekte, die uns zu unserem Glück zwingen wollten: Wir sollten aufgeklärte Menschen, selbstdenkende Wesen, autonome Subjekte und mündige Bürger werden. [...] Es handelt sich beim Posthistoire nicht um den Untergang des Abendlandes, also eine Verfallsphase, sondern um den Austritt aus der Geschichte.«[106] Genau das verbindet, sollte hinzugefügt werden, Faschismus, Nationalsozialismus und Kommunismus mit der Posthistoire. Sie repräsentieren Versuche der Gesellschaft, durch Stillstellung sozialer Konflikte und Spannungen aus der eigenen Geschichte auszusteigen.

Oder mit Kojèves Worten: »Was verschwindet, ist der Mensch im eigentlichen Sinn. Das Ende der menschlichen Zeit oder der Geschichte bedeutet ja ganz einfach das Aufhören des Handelns im eigentlichen Sinn des Wortes. Das heißt praktisch: das Verschwinden der Kriege und blutigen Revolutionen. Und auch das Verschwinden der Philosophie; denn da der Mensch sich nicht mehr wesentlich ändert, gibt es keinen Grund mehr, die Grundsätze zu verändern, die die Basis der Welterkenntnis und Selbsterkenntnis bilden.«[107] Ist die schöne Neue Welt erst einmal fertig, gibt es keine Geschichte mehr. Wohin sollte sie auch führen?

Die Spannung, die jedes Finalitätskonzept notwendig verursacht, scheint nun endlich aufgehoben zu sein: kein Streben nach einer Utopie mehr, kein Ziel der Geschichte, keine Zukunft als Projekt. Endlich angekommen in Cucania, dem Land, wo Milch, Honig, Wein und Suppenströme fließen, die Fische sich selber braten und einem gebratene Tauben und Backwerk nur so in den Mund fliegen, jenem »Tischlein, deck dich«-Paradies, das schon die altattische Komödie mit dem Goldenen Zeitalter des Kronos identifizierte. Lukian sah darin die »Insel der Seligen«, und Thomas Morus galt es als Vorbild für die Faulenzerwelt *Utopia*. Im spanischen Märchen von der »Isla de Jauja« war es die in Peru angesiedelte Goldinsel, nämlich das Eldorado, nach dem die Conquistadoren ja immer gesucht hatten. Es scheint, dass das maßlose Gewinnstreben, das alle Schranken niederreißt und schließlich zur Entwicklung des sich bis in die letzten frei gebliebenen Nischen der Welt ausdehnenden *Free Markets* beiträgt, auch die Gesellschaft zu ihrem lang ersehnten Ziel führt: eine von sozialen Zielvorgaben und den dadurch erzeugten Spannungen und Konflikten befreite Posthistoire.

Für den Markt existieren gesellschaftliche Produkte wie Geschichte, Vergangenheit und Zukunft ohnehin nicht. Sie sind kein Gegenstand des Tauschs. Tauschakte dienen allein der Befriedigung von Bedürfnissen, letzten Endes von sexuellen Bedürfnissen, deren Abkömmlinge sie sind. Als Karikatur dieser Bedürfnisse erscheinen jene depravierten Leidenschaften, für die der Markt ein ständig erweitertes Angebot in der aktuellen Erlebnis- und Eventkultur bereitstellt. Dafür reißt er alle Schranken nieder und verdrängt Vergangenheit und Zukunft zugunsten einer omnipräsenten, allein durch nicht abreißende Ereignisketten bestimmten Gegenwart.

In dem Maß, in dem der Markt zu einem weltbeherrschenden Gebilde wird, verkehrt sich das Verhältnis der Gesellschaft zu ihrer Institution. Während der Markt aufhört, eine gesellschaftliche Einrichtung zu sein, werden die Individuen der Gesellschaft zu Objekten des Marktes. Dadurch werden auch der Kredit, was nur ein anderes Wort für Vertrauen ist, und alle bisher mit dem Markt verbundenen Elemente verschwinden, die aus der Geschichte der Gesellschaft und ihrer sozialen Organisation stammen. Die Totalisierung des Marktes vernichtet die Geschichte ebenso wie die zivile Gesellschaft, die mit ihren Utopien von Gerechtigkeit, Demokratie und Menschenwürde auf dem Markt nur noch, wenn überhaupt, als Markenartikel erscheinen. Nach einer langen Irrfahrt, so wird behauptet, hat die Gesellschaft, vielleicht ohne es richtig bemerkt zu haben, ihr Ziel erreicht. Alle Gesellschaftsmitglieder sind aufgefordert, aus dem Geisterschiff Geschichte auszusteigen, an Land zu gehen und das Paradies der postmodernen Konsum- und Entertainmentkultur zu betreten.

Das postmoderne Lebensgefühl gestattet es, gleichgültig gegenüber jedweder historischen Form, ohne jede Erinnerung, gerade so wie ein Tourist auf einer Kreuzfahrt oder ein Konsument im Shoppingcenter, sich vom Unterhaltungswert des inszenierten Warenangebots stimulieren und von derartigen Erlebnissen aus der Welt wegtragen zu lassen. Die emotionale Bindung an die Objekte, ihre Brauchbarkeit, wird durch den Erlebnisrausch, in dem der Mensch als Subjekt gleichsam verglüht, abgelöst. Denn auch die Warenhäuser und die neuen Einkaufszentren der E-Kultur – Entertainment, Erlebnis, Event –, die wie Disneyland zum Familienausflug einladen, bieten ja nicht mehr Waren zum Konsum an, sondern inszenieren Erlebniswelten, in denen der Warenumsatz eher beiläufig und unauffällig vonstatten geht. Shopping als Erlebnis. Darauf baut die Einrichtung der Malls überall in der Welt auf, aber auch die neuen Unterhaltungscenter und überhaupt alle innerstädtischen Bereiche, die zunehmend in derartige Gebilde verwandelt werden. Tatsächlich handelt es sich eher um Themenparks, die als spektakuläre Ereignisse ausschließlich von ihrem Erlebnis- und Unterhaltungswert bestimmt sind.

Gewöhnlich wird Walt Disney als Vater der Themenparks angesehen, schon weil seine Disney World als ältestes Spektakel dieser Art gilt und, nicht zu vergessen, weil sein kleiner Gehilfe Mickey Mouse seit geraumer Zeit die Kinder auf ein Leben in der Postmoderne vorbereitet. Aber im Land der inszenierten Heimat- und Traumparadiese hatte er, wie Heinz Horat[108] schreibt, schon Ende des 19. Jahrhunderts in Abbot Kinney einen Vorgänger, der südlich von Santa Monica Venice in eine sumpfige Landschaft setzte. Eine Wohnstadt sollte es werden, mit Canale Grande und Piazza San Marco, mit Renaissance-Arkaden für die kulturbedürftige amerikanische obere Mittelschicht, die längst gewohnt war, Kopien wie Originale zu goutieren. Doch selbst ein großes Theater, auf dem Sarah Bernhardt auftrat und eigens engagierte echte Gondoliere, die auf den Kanälen zwischen palmenbesetzten Lagunen italienische Stimmung herbeisangen, konnten der Sache nicht helfen. Das Publikum blieb aus, die Anlage musste geschlossen werden. Es war offenbar noch zu früh, eine Postmoderne *avant la lettre* sozusagen.

Dagegen scheint das vor einiger Zeit eröffnete »Venetian«[109] in Las Vegas die Erwartungen der amerikanischen Venedig-Enthusiasten zu erfüllen. »Venetian« ist nicht nur das größte Hotel-Casino in Las Vegas – obgleich das nicht wenig wäre, wo doch seit dem Zweiten Weltkrieg von Las Vegas die amerikanische Politik zumindest mitbestimmt wird[110] –, »Venetian« bedeutet *Full Entertainment* für Millionen Besucher im Jahr. Ein riesiges Areal, über 90 000 Quadratmeter, das Hotel mit dem größten Touristenspeicher der Spielstadt, aber noch sehr viel mehr: »Die Eleganz und der Stil von Venedig kombiniert mit dem Reiz von Las Vegas«, wie es in der Werbung heißt, Piazza San Marco, Campanile, Rialto-Brücke, Kanäle durch die Shopping Area mit Gondeln und Gondolieri, alles »built virtual to scale of original«, also originalgetreue Nachbauten. »Keine Reise nach Venedig oder ins Venetian wäre vollkommen, ohne einmal in einer authentisch venezianischen Gondel anmutig und romantisch durch den Canale Grande geglitten zu sein. Erwachsene zwölf Dollar fünfzig, Kinder unter zwölf fünf Dollar.«

Gleich neben dem »Mercato« des »Venetian«, wo Souvenirs erstanden werden können, hat Guggenheim seine Filiale »Guggenheim Las

Vegas« eröffnet. Das ist kein Spielsalon, sondern Teil der Event Company Guggenheim, die mit Filialen in Venedig, Bilbao und Berlin, mit kooperierenden Museen wie der Eremitage in St. Petersburg, dem Kunsthistorischen Museum und der Albertina in Wien, dem ZMK in Karlsruhe den Museumsbetrieb in die populäre Eventkultur integriert und durch das Franchise-System von McDonalds den Ansprüchen modernen Marketings angepasst hat. Guggenheim leiht den Namen, liefert komplette Produktpaletten – Ausstellungen, Kataloge, Werbung – und streicht die Gewinne ein. Dazu kommt ein Guggenheim-Reiseunternehmen, das Tickets für Ausstellungen verkauft, Hotels reserviert und im Fall einer Ausstellung im Guggenheim-Berlin auch komplette City-Tours und einen Flug über den Alexanderplatz anbieten kann.[111] Was Disney billig, ist McGuggenheim recht. Downtown Manhattan plant die Company ein Projekt für 800 Millionen Dollar, das mit der vierfachen Ausstellungsfläche des Guggenheim-Museums an der Fifth Avenue, nebst Büros, Kinos, Theater, Restaurants, Einkaufszentrum, zu einem der großen Unterhaltungszentren der Stadt werden soll.

Allein das »Venetian« bleibt eine Shopping Mall mit Glücksspiel und Hotel, ein auf Las Vegas zugeschnittenes Ensemble der Eventkultur. Die richtigen Themenparks präsentieren historische Ereignisse, technische Visionen und Heldenepen wie Hollywood in den großen Filmen. Sie bieten »begehbare Geschichte« an, eine Erfindung, die die historische Realität durch virtuelle Authentizität ersetzt. Oder wie sich der Verantwortliche für den Themenpark der Expo 2000 ausdrückte: »Wir setzen auf das authentische Erleben.« Vom Erlebnis ergriffen und von keiner Realität mehr erreichbar zu sein, ist das Signum der Authentizität. Dies ist es, was in der Religion wie in der Posthistoire gesucht wird. In Hannover sollte ein inszeniertes Gesamtkunstwerk den Zuschauer in eine andere Welt entführen: »Allabendlich nach Einbruch der Dunkelheit wird der EXPO-See zum Schauplatz außergewöhnlicher Ereignisse: Musik ertönt, Wasserfontänen schießen aus dem See empor, meterhohe Wasserwände erheben sich und werden zu Projektionsflächen für Bilder und Filme. Licht und Nebel, Feuer und Flammen erschaffen die fantastische Szenerie für ein theatralisches Spektakel: Flambée – Human Facets. Im Zusammenwirken von technischen Effekten und Fantasie entsteht ein multimediales Gesamtkunstwerk, das 10 000 Zuschauern ein unvergessliches Erlebnis bietet.«[112] Soweit das Programm. Authentisches Erleben, Gesamtkunstwerk, Flambée – Human Facets? Gleichgültig, was vorgeführt wird, allein die Wortwahl verrät eine Affinität der Veranstalter zur Eventkultur des NS.

Aber das ist alles nichts gegen einen der größten im Weltreich der Eventkultur, die Disney Company. Zusammen mit Time-Warner sind sie die Top Player der Unterhaltungsindustrie von Orlando bis Hongkong und Shanghai. Von einem kleinen Laden in Kansas City ist Disney zu einem der größten Medienkonglomerate der Welt angewachsen. Von den Disney-Themenparks, den Filmstudios, der Miramax Film Corporation mit ihren Abspielkinos, Fernsehsendern und Radiostationen überall in der Welt, Sportclubs und Sportfernsehen, Zeitschriften- und Buchverlagen, Musik- und Videohandel und dem nicht unbedeutenden Vertrieb von Disney-Markenartikeln in eigenen Shops bis hin zu veritablen Kleinstädten, die von der Disney Company für die amerikanische Mittelklasse errichtet wurden, reicht das Imperium von Mickey Mouse.

Das Herzstück Disneyland zeigt, wie Geschichte zum Ereignis und die ganze Welt in ein postmodernes Potpourri verwandelt werden. »Der eigentliche Themenpark besteht nach dem Vorbild des ›klassischen‹ Ur-Disneylands in Anaheim aus fünf Ländern«, heißt es auf der Homepage von Disneyland Paris.[113] »Diese Länder finden sich aber auf keiner ›normalen‹ Landkarte, es handelt sich um die ›Mainstreet USA‹ – eine amerikanische Kleinstadt um die Jahrhundertwende, dem ›Frontierland‹, wo der ›wilde Westen‹ dargestellt ist, dem ›Adventureland‹, in dem man allerlei Abenteuer erleben kann, dem ›Fantasyland‹, wo man die meisten Disneyfiguren treffen kann und schließlich dem ›Discoveryland‹ […], wo sogar ein Mondflug auf die Besucher wartet!« Während »Frontierland« der Propaganda der amerikanischen Geschichtslegende von der Gemeinschaft der Siedler und ihrem heldenhaften Kampf gegen heimtückische Indianer dient, in der stereotype Helden sich wie Münchhausen immer wieder selber schaffen und damit den Mythos der Neuen Welt verkörpern, verweist »Adventureland« schon auf postmoderne Verkaufsstrategien, die Shopping in ein Abenteuererlebnis verwandelt haben. Was in Paris fehlt, ist Disneys Magic Kingdom mit der Aschenputtelburg, ein Neuschwansteinverschnitt, vor dem in Orlando, der Hauptstadt des Imperiums, ein mannshohes Monument Walt Disney in Enver-Hodscha-Haltung darstellt, mit Mickey an der Hand und ausgestrecktem Arm auf die schöne Neue Welt weisend. Die Inschrift auf dem Sockel des Denkmals, »Partners«[114], weist nicht nur auf zwei ausgebuffte Unterhaltungskünstler, sondern auf die Disney World als Partner der Welt. Von ihr wird die Kultur der postmodernen Form totaler Unterhaltung in der Welt verbreitet und gesteuert. Zwar wurde das »echte« Neuschwanstein, eine Themenburg *avant la lettre,* von Ludwig II. »im echten Styl der alten deutschen Ritterburgen, mit Reminiscenzen aus Tannhäuser und Lohengrin«, so Ludwig an Wagner, schon vor mehr als 100 Jahren erbaut, die Touristenmassen aber, die jährlich zu Ludwigs Mythen- und Märchenburg strömen, sind erst durch die Kultur der Disney World und ihrer Themenparks auf das authentische Erlebnis vorbereitet. Die Authentizität von Disneys Cinderella Castle hat die Touristen auch von der Authentizität Neuschwansteins überzeugt.

Disney World, das sind Stereotypen, die die Welt als Spektakel vermitteln. Leben in der Virtualität. Der Themenkomplex Main Street ist so authentisch wie das Leben der leibhaftigen Bewohner – Lehrer, Rechtsanwälte, Ärzte – von Celebration[115], einer Kleinstadt, die die Company südlich von Orlando gleich gegenüber der Disney World an der Bundesstraße vier errichtet hat. Eine Stadt mit Reminiszenzen vor allem des amerikanischen Südens, Gebäudegruppen erinnern an Savannah, Charleston und Beaufort, South Carolina, an kleine Städte in North Florida und South Georgia. Geschichte als Souvenir. Die Main Street mit Läden im Alt-England-Stil, einem Gerichtsgebäude und einem Rathaus, drängt die Vermutung auf, dass Disney dabei ist, auch die reale Welt ins Reich der Maus zu integrieren. Das Areal ist ein Disneyareal, es gibt keine gewählte Regierung, die Gesetze Floridas gelten nur bis an die Grenzen von Celebration, deren Gemeindeordnung von der Disney Company vorgeschrieben wurde. Selbst Bauform und Farbe der Häuser und das, was von außen durch ein Fenster zu sehen sein darf, bestimmt die Company, die auch die Dienstleistung für Ver- und Entsorgung bereitstellt.[116] Ein Menschenpark, an dem die Bewohner keinerlei Anstoß nehmen, im Gegenteil, sie sind froh, nichts mehr selber entscheiden zu müssen. Sie sind Objekte einer Welt, die allein von partikularen wirtschaftlichen Interessen beherrscht wird. Mit der vollständigen Privatisierung des öffentlichen Raums lösen sich Öffentlichkeit und Gesellschaft auf. An ihre Stelle treten die Kulträume des Event, die die Bedürfnisse der Individuen nach Veranstaltungen befriedigen, bei denen sie ihre eigene Individualität zugunsten der Identität mit einer Kultgemeinde aufgeben können.

Dass Städte in der Postmoderne ihre politische und kulturelle Funktion als gebautes Selbstverständnis der Gesellschaft verloren haben, ist konsequent, wo doch ihr Träger, die Gesellschaft als Organisation selbstbewusster Individuen mitsamt ihren Zielen, aufgegeben und vom postmodernen Gleichschritt der Massen und einer immer schriller werdenden Welt totaler Unterhaltung in den Boden gestampft wurden. Ob Athen, Rom oder Paris, immer waren es Städte, von denen die Gemeinschafts- und Gesellschaftsbildung ausging. Die religiöse, kulturelle und ökonomische Form der Assoziation der Individuen repräsentierten Gebäude und gebauter Raum, vor allem im Zentrum der Stadt. Mit der Globalisierung des Marktes, seiner Ausdehnung in alle privaten wie öffentlichen Bereiche, verschwindet auch das politische und ökonomische Zentrum der Gesellschaft, der Marktplatz. An seine Stelle tritt ein Themenpark mit historischen Versatzstücken, ein Zentrum postmoderner Attraktionen, die Festivalisierung der Stadt oder eine in Architektur übersetzte Ansammlung von Werbeträgern, vielleicht auch, auf der Suche nach Identität, ein Ensemble der heute bevorzugten Retro- oder Kulissenarchitektur – die Altstadtatmosphäre soll erhalten bleiben –, die mit historischen Reminiszenzen für Waren und Dienstleistungen aller Art wirbt und wie ein Firmenmantel gestattet, hinter den Kulissen dubiosen Geschäften nachzugehen.

Was einmal öffentlicher Raum war, verwandelt sich zunehmend in einen Ereignismarkt, der auch die letzten, noch nicht kommerzialisierten Nischen bis in die Privatsphäre usurpiert. Fernsehen oder das Heimtheater in einem der modischen McMansions, ein mit *Surround sound* vollbeschalltes Kino in den eigenen vier Wänden, einem historischen Coca-Cola-Automaten in der Ecke, wie es jetzt in den USA bei den *Winners* Mode ist[117], Shopping in der Mall, Urlaub im Themenpark oder in den in Themen-, Abenteuer- und Amüsementparks verwandelten Städten, die als Bürgerstädte ohnehin keine Funktion mehr haben. Schon hat die Verwaltung von New York City, nachdem sie die Obdachlosen in *Correction camps* oder in die Kanalisation verbannt hat, damit begonnen, den ersten städtischen Themenpark in New York zu installieren. Zusammen mit der Disney Company wurde die Gegend um den Times Square in eine Einkaufs- und Erlebnismeile verwandelt, in der Touristen »die Kosmopolis nun in der gepflegten Atmosphäre einer Shopping Mall genießen können«[118]. Und das neue Theater-, Opern- und Konzerthaus Lincoln Center an der Amsterdam Avenue wird »einen römischen Tempel mit einem [...]Porticus aus korinthischen Säulen (die künftige Metropolitan Opera), eine römische Basilika, Badehäuser im gleichen Stil und zwei weitere Tempel, die einen [...]Triumphbogen flankieren«[119], erhalten.[120] Kulissen überall, wo inszenierte Erlebniswelten den postmodernen Konsumenten zerstreuen sollen, wie etwa die 1980 von Charles Moore gebaute Piazza d'Italia in New Orleans. Eine Mischung aus Entertainment und so genanntem kommerziellem Jargon, Neon, Events und all dem Kitsch der Werbepalette, die von dem Architekten Robert Venturi in seinem Buch *Learning from Las Vegas*[121] zum Motto postmoderner Architektur erhoben wurde.

Seit einiger Zeit sind so viele Malls ins Geschäft postmoderner Unterhaltungsveranstaltungen eingestiegen, dass schon Reiseführer gebraucht werden, um Familienausflüge oder einen Urlaub in einer Mall zu planen. Indem sie selbst zu Event- und Themenparks werden, sind sie dabei, die klassischen Themenparks abzulösen. In den USA soll es mehr als 43 000 derartige Einkaufszentren geben, in denen immer mehr Menschen ihre Freizeit verbringen.[122] An die Stelle der großen Reiseziele, wie Landschaften, Naturwunder, historische Stätten und Städte, sind heute die Malls[123] getreten, Unterhaltungszentren mit Lese- und Konzerträumen in Buchhandlungen, Theatern, Stätten des »Einzelhandelsdramas«[124], wo der Verkauf in Szene gesetzt und von Unterhaltung begleitet wird, Stätten, in denen Besucher Akteure und Zuschauer zugleich sind, Mega-Kinos mit mindestens zwölf Abspielstätten, Themennachtklubs, Hard Rock, Rain Forest und Internet Cafés, ein Aquazoo, Spielräume für Kinder und Kindergärten und natürlich ein Hotel, wo die ganze Familie übernachten und in jedem denkbaren Stil essen kann, Dinnerpartys eingeschlossen. Und wie in den Themenparks, wo bekannte Reiseziele als gebaute Zitate besichtigt werden können, haben auch die Malls ihre Bühnenbilder, zwischen denen die Einzelhandelsgeschäften ihre Waren anbieten. Das größte Einkaufszentrum der Welt, West Edmonton in Cananda,»ist größer als hundert Fußballfelder«, schreibt Jeremy Rifkin,»und beherbergt den weltweit größten überdachten Amüsierpark, den weltweit größten überdachten Wasserpark, eine Flotte von U-Booten, den weltweit größten überdachten Golfplatz, 800 Geschäfte, elf Kaufhäuser, 110 Restaurants, eine Eisbahn, eine konfessionslose Kirche, ein Hotel mit 360 Betten, 13 Nachtclubs und 20 Kinos. Die Besucher können von einem Schauplatz zum anderen ziehen: durch Pariser Boulevards streifen oder die Bourbon Street New Orleans' entlanggehen. Die inneren Gelände sind üppig begrünt, und die Decken sind mit einem besonderen reflektierenden Material verkleidet, das den Anschein natürlichen Sonnenlichts erweckt.«[125] Trotz Plätzen und Boulevards, die zum Bummel und zur Kommunikation einladen, handelt es sich jedoch nicht um öffentliche Räume. Fotografieren und Flugblätter verteilen sind verboten, die Besucher nur Gäste auf einem privaten Areal.

Wo die ganze Familie Urlaub macht, steht die Jugend im Zentrum der Veranstaltung. Davon gehen Disney World und alle Themenparks und Malls aus. Alles ist auf Jugendliche zugeschnitten. Sie sind das große Publikum der Events und des Konsums. Umgangsformen und Kleidung, Unterhaltung durch Fernsehen, Hollywood und Disney, die großen Shows und Lachveranstaltungen, Love Parade und Lichterketten spiegeln eine weitgehend infantilisierte Gesellschaft.»Bloß nicht erwachsen werden, dann siehst du schon alt aus«, scheint die Devise des postmodernen Jugendkults zu sein. Ein Kult, der allerdings immer wieder in der Geschichte eingesetzt wurde, wenn es darum ging, eine Gemeinschaft auf einen Glauben oder ein Ideal einzuschwören. Im ausgemalten Himmelreich waren bis auf den Hausherrn niemals alte Menschen zu sehen, Märtyrer sein, heißt jung zu sterben, und nationalistische Bewegungen haben in ihrem Namen meist das Beiwort *jung* geführt oder sich einfach die Deutsche Jugend oder die Jugend der Welt genannt. Der Jugend gehört die Welt, das war das Leitmotiv der totalitären Vorgänger der postmodernen Konsumgesellschaft, die die Jugend als Ausgangsmaterial benutzten. »Ein Blankoscheck, in den man das gewünschte Ergebnis nur einzutragen braucht«, wie Fidel Castro einmal gesagt haben soll. Wo sonst könnte man jede historische Erinnerung so einfach abschneiden und die Gegenwart zur immer gewünschten Zukunft erklären?

Das Modell des postmodernen Spiels ohne Ziel hat der Szene-Ethnologe Florian Illies im IKEA-Kinderparadies entdeckt. »Ein riesiger Glaskasten, mit bunten Kugeln gefüllt, durch die man sich stundenlang durchwühlen kann, ohne dass man sich weh tut und ohne dass man irgendwo ankommt.«[126] Das größte Möbelhaus der Welt zeigt, dass es möglich ist, wie mit einem Segelboot sich immer vor dem Wind haltend, bruchlos von einer Posthistoire in die nächste zu gleiten. Das Modell der *Nordischen Jugend*, eine schwedische Naziorganisation, der der Firmengründer Ingvar Kamprad auch noch nach dem Zweiten Weltkrieg verbunden war (er war mit dem schwedischen Nazichef Engdahl eng befreundet),[127] gilt heute noch für IKEA. »IKEA hat eine einzigartige Unternehmenskultur, mit klaren Werten, die wichtig für uns sind – Werte, die ein Gefühl der Gemeinschaft schaffen. Wir bieten eine Umgebung, in der jeder Einzelne Teil eines Teams ist«, steht im Katalog *Wir bei IKEA*, der jährlich mit einer Auflage von 60 Millionen unter die Leute gebracht wird – ein Weltbestseller. Aber Kamprad sagt noch deutlicher, wohin die Reise geht: »Lasst uns zu einer Gruppe konstruktiver Fanatiker heranwachsen, die mit unbeirrbarer Hartnäckigkeit das Unerträgliche, das Negative zu akzeptieren zurückweist. Was wir wollen, können wir noch immer tun. Zusammen. Eine ruhmreiche Zukunft!«[128] So steht es im *Testament eines Möbelhändlers* von Ingvar Kamprad, einem Buch, das den Mitarbeitern des Unternehmens in aller Welt zu lesen aufgegeben ist. Unter dem Chef sind alle ein fröhliches, zufriedenes Team, das zum Ruhm des Hauses, vielleicht des schwedischen »Volksheims«[129], sein Bestes gibt. Die autoritäre Gemeinschaft oder das abhängige Team leben in einer scheinbar konfliktfreien Zone, um den Preis totaler Unterwerfung unter einen Führer oder einen Chef, der ihnen den Bewegungsraum vorgibt. Sie regredieren zu Kindern, die im IKEA-Kinderparadies zu Hause sind.

Was für die Posthistoire der Schritt in eine vermeintlich konfliktfreie Ursprungswelt, ist für das Individuum eine psychische Regression in einen infantilen Status, in dem alle Konflikte und Geschlechterspannungen stillgestellt sind. Dass die Teilnehmer an von Disney inspirierten postmodernen Konsum- und Unterhaltungsveranstaltungen in ihrer psychischen Entwicklung regrediert, infantilisiert sind, beweisen die Formen der Massenveranstaltungen sowie der allgemeine Spiel- und Unterhaltungscharakter, der auf eine Mentalität von Zehn- bis Zwölfjährigen schließen lässt. Diese Regression entspricht ontogenetisch einer Regression in die Latenzzeit individueller psychischer Entwicklung, also einer Phase, in der gewöhnlich die Geschlechterspannungen stillgestellt sind, einer Phase individueller psychischer Entwicklung, in der das Individuum eine Katastrophe hinter sich hat, der Ödipuskomplex zerstört ist und neue Geschlechterbeziehungen noch nicht wieder aufgebaut sind. Dem entspricht der Hang zur Romantik wie der zur Bandenbildung, das Interesse an Kult, Religion und Drogen. Gewalt und Fluchtbewegungen gehören zum Alltag der postmodernen Jugendkultur. Anstelle der psychoanalytischen Forderung, unbewusste Wünsche und Affekte wenigstens zu Teilen ins Bewusstsein zu heben, wird versucht, die darin verkörperte produktive Spannung zu liquidieren. Das zeigt sich in der enterotisierenden Wirkung der Produkte der Postmoderne wie in ihrem Kitsch. Ein Signum aller totalitären Gesellschaften.

Die Stadtzentren mit ihren Straßenmöbeln und Fußgängerzonen reklamieren die gleiche verbiedernde Gemütlichkeit, die allabendlich vorm Fernsehschirm aufkommt. Das Ausbleiben von Spannungen weist die Gebilde postmoderner Architektur als Kitsch aus. An ihnen vermisst man jene Humanität, die doch seit den Tagen der Renaissance immer von der Artikulation von Geschlechterspannungen, von Triebspannungen ausgegangen ist. Ihnen fehlt die Eleganz gelungener moderner Architektur, die in ihren erotischen Qualitäten nicht eingelöste Bedürfnisse reflektiert. Kitsch, das ist Zusammengekitschtes, Zusammengeschmiertes – daher stammt der Ausdruck – aus Abfällen, er hat sein musikalisches Äquivalent im Potpourri, dem Eintopf, der in Frankreich als *pot-pourri* die Küchenabfälle der Woche enthält. Das heißt auf die Kunst übertragen: historische Abfälle, Stilabfälle, Kulturabfälle. Obgleich Kitsch oft vorgibt, Kunst zu sein, verkehrt er deren Intention, indem er gerade nicht Spannungen artikuliert, auf die Befreiung von Unterdrückung und Zwängen abzielt, sondern sich in Spannungslosigkeit gemütlich einrichtet. Im Grunde wird durch Kitsch, wie durch die immer mit Kitsch spielende Werbung, das Objekt der Begierde, das eigentlich nur stört, entfernt, die den Trieb orientierende Spannung zwischen den Geschlechtern neutralisiert, wie es das deutsche Wort für *Marketing*, vermarkten, bereits verrät. Denn das Präfix *ver-* deutet an, dass etwas zum Verschwinden gebracht werden soll. Und das ist über befriedigende Formen des Austauschs hinaus auch die unerträglich gewordene Spannung, die als erotische Spannung noch den Gegenständen innewohnt und als Spannung verschwinden soll.

Was in dem Bedürfnis nach Spannungslosigkeit zum Ausdruck kommt, ist die Antwort auf gesteigerte Spannung, die von den Individuen nicht mehr ausgehalten wird. Es ist zu vermuten, dass heute die reale Angst vor ebenso real möglichen Katastrophen durch Regression verdrängt wird. Dazu passt auch die hysterische Heiterkeit der postmodernen Formensprache, ihre Geschwätzigkeit. Es kommt aber noch ein wesentliches Moment hinzu: die Angst vor der Katastrophe wird verdrängt, indem man sich in einen Zustand nach der Katastrophe hineinhalluziniert und damit die Katastrophe selbst gleich überspringt. Die Hoffnung auf eine Lösung der Konflikte in der Geschichte wird gleichsam *ex post* aufgegeben; damit sind auch Kausalität und Logik aufgehoben und schließlich auch die unerwünschte Nötigung, Zusammenhänge ordnend zu begreifen in einer Welt, die man ohnehin nicht mehr verstehen, sondern nur noch erleben will. Der komplizierte Vorgang der so halluzinierten Wunschbefriedigung in den inszenierten Erlebniswelten bezieht die Antizipation des postkatastrophalen Zustands in seine Form der Regression mit ein. Derart fallen in ihm Zukunft und Vergangenheit in eins, und es ist keine entscheidende Vermittlung mehr notwendig. Eine individuelle Posthistoire, in der Erlebnissucht und die sie befriedigenden Ereignisketten das Leben in der Postmoderne bestimmen.

Diese psychische Regression führt zu der Vielfalt der Kitschprodukte, mit denen die Postmoderne die Städte überschwemmt. Selbst fasziniert von der möglichen Katastrophe, deren Vorgeschmack das enttäuschte Individuum bereits erfahren hat, erlaubt die Postmoderne dem Konsumenten, sich beruhigt in einen konfliktfreien Zustand nach der Katastrophe zu halluzinieren, in dem ihm die Bruchstücke der Geschichte, gleichgültig nebeneinander und zufällig einander zugeordnet, im postmodernen Veranstaltungsereignis dargeboten werden. In diesem Showgeschäft der *Disneylandisierung* der gesellschaftlichen Lebenszusammenhänge finden gotische ebenso wie romanische oder klassizistische und auch faschistische und Nazikunst als gleichwertige Veranstaltungselemente nebeneinander Platz.

Unterhaltungssucht ist auch eine Todessehnsucht. Mit der hysterischen Erlebnissucht wird jeder Erfahrung, das hieße ja Verarbeitung von Erlebnissen, eine Absage erteilt und der angestrebten Subjektlosigkeit des neuen Lebensgefühls der zeitlose Rahmen geschaffen. »Subjektlosigkeit«, sagt Klaus Heinrich, »ist ein anderer Ausdruck für den Opferstatus des Selbst, und zwar nicht des herausgehobenen, sozusagen ontologisch präparierten Selbst, sondern mit Schubkraft einer davon faszinierten Opfergesellschaft, also als moderner, auch mit politischen Termini zu fassender Kultgesellschaft.« [130] Gleichsam als heitere Tanzveranstaltung, wie damals auf der untergehenden Titanic, versöhnen derartige Spektakel scheinbar mit einer drohenden Katastrophe, indem sie sie als überwunden zu halluzinieren versuchen. Das ist das »danach« der ersehnten Posthistoire.

Von den Propagandisten der Postmoderne wird immer wieder der Aufklärung, vermittelt oder unvermittelt, die Schuld an der in die Krise geratenen Zivilisation angelastet und in diesem Zusammenhang oft Francisco Goyas kleine Radierung mit dem Titel *El sueño de la razon produce monstruos* zitiert. Damit wird unterstellt, dass es die Vernunft sei, deren verhängnisvoller Traum von der Moderne gefährliche, Angst machende Ungeheuer, nämlich die aktuellen Produktionsverhältnisse der technischen Zivilisation einer wuchernden Wachstumsgesellschaft hervorgerufen habe, obgleich schon die

Zeichnung Goyas uns offenbar etwas anderes sagen will. Wir sehen dort einen schlafend auf einen Tisch gelehnten Künstler, hinter dem flatterndes Getier aufsteigt. Zu seinen Füßen ruht eine Katze, die ihn mit aufgerissenen Augen anblickt. Kunsthistoriker haben das so interpretiert, dass die schlafende – eine weitere Bedeutung des Wortes *sueño* – Vernunft Ungeheuer hervorbringe und Fantasie und Künste einer wachen, das heißt aufgeklärten Vernunft bedürfen, wollen sie keine Monster erzeugen. Neben allerhand Fledermäusen und fliegenden Fabelwesen sehen wir aber im Vordergrund einige Eulen, die den Schlafenden umfliegen, was eine weitergehende Deutung der Radierung nahelegt.

Die Eule ist das Wappentier der Athene. Sie galt als die klügste aller Vögel, denn sie kann auch im Dunkeln etwas erkennen, wo, wenn man dem Volksmund folgt, alle Katzen grau sein sollen. Goyas Katze im Vordergrund ist darum wohl auch hell. Als Göttin der Künste, Weisheit und Wissenschaften war Athene die Schutzpatronin der Stadt, allerdings eine Kopfgeburt des Zeus, nämlich eine patriarchal domestizierte, ursprünglich aber dem Mutterrecht, also einer Gesellschaft, in der Vaterschaft unbekannt war, entstammende Frau. Zur Erfinderin der Wollarbeit stilisiert, verkörpert Athene das im Geschlechterkonflikt unterliegende Geschlecht und damit in der Tat eine Vernunft, die die patriarchale Domestizierung der Natur wie des weiblichen Geschlechts festzuschreiben scheint. Sie ist, wiewohl auch strategische Kriegerin, immer eine gewissermaßen in patriarchalem Auftrag Konflikte schlichtende, vermittelnde Figur, wie es der Herrin des Hauses noch in jeder patriarchalen Familie zukommt. Da es sich aber um einen Traum handelt, nötigt die Radierung auch, den Traum in die Interpretation aufzunehmen.

Träume sind Verarbeitungsformen eben dieses Geschlechter- und Triebkonfliktes. Was die Rationalität täglich verdrängt, kehrt in ihnen gelegentlich monströs wieder. Das sind die flatternden Ungeheuer im Hintergrund, die fliegend auf die sexuelle Basis des Verdrängten hinweisen: Natur, die Angst macht, weil man glaubt, dass sie sich rächen könnte. Im Traum aufgenommen, sind sie, wenn auch in verzerrter Form, nicht mehr ausgeschlossen, sondern integriert und mahnen, wie hier in der Radierung Goyas, dass die reduzierende Vernunft sich auch der Ungeheuer anzunehmen, will sagen, dass die Vernunft sich um die weibliche Seite des Konfliktes zu erweitern habe, damit auch die darin verkörperten, unterdrückten Triebwünsche realisiert werden können. Was den Traum mit der Kunst verbindet, hätte auch in die Vernunft einzugehen.

Das Bedürfnis, der real möglichen oder auch halluzinierten, als Gefahr erkannten und erwarteten Katastrophe auszuweichen, treibt das Individuum in scheinbar ungefährliche Formen der Lustbefriedigung. Es lässt den Fetischisten, dem das fremde, weibliche Genitale Angst bereitet – *au fond* vor möglicher Rache der unterdrückten und ausgebeuteten, mit der Weiblichkeit assoziierten Natur – und, weil der Trieb dennoch befriedigt werden will, zum Fetisch greifen. Das begründet den Fetischismus in seiner pathologischen Form, aber auch den Warenfetischismus in den ständig wechselnden Fetischen des Konsums, die ihre Funktion nur deshalb erfüllen, weil sie durch die Vorlust stimulierende Werbung immer wieder aufgeladen werden, aufgeladen werden müssen, wie die Fetische der »Primitiven«, die ihren Dienst ohne den dazugehörigen Zauber verweigern würden.

So ist es eine Angstsituation, die zur Regression auf frühere Stufen der psychischen Entwicklung des Individuums wie der Gesellschaft veranlasst, zu Infantilisierung und zur Regression auf Partialtriebe. Auf dem Markt spielt in diesem Zusammenhang die Funktionalisierung der Vorlust eine entscheidende Rolle, bei der Werbung zumal, um der Angst auszuweichen und über ständige Vorlusterlebnisse direkt in den spannungslosen Zustand nach dem Lusterlebnis zu gelangen. Das ist gewissermaßen die von Freud beschriebene Simulation des anorganischen Zustands, nach dem auch alles Leben strebe, der Tod. Die Angst des Individuums vor der Gefahr, in der es unterzugehen droht, treibt dazu, sich über Vorlustfunktionen Erlebnisse zu verschaffen, die zwar nicht mit den angestrebten Lusterlebnissen identisch sind, wohl aber das Individuum in einen Gefühlszustand versetzen, der mit dem spannungslosen Zustand nach dem eigentlichen Lusterlebnis vergleichbar ist. Der Zustand »danach«, die persönliche wie gesellschaftliche Posthistoire. Dass dadurch auch das Individuum als Subjekt verschwindet, ist unerheblich, wo es doch so der drohenden Katastrophe ausweichen konnte, um wenigstens zu überleben.

Aber überleben, das Wort sagt es schon, heißt hier, das Leben hinter sich lassen und in die Welt der individuellen wie kollektiven Posthistoire einzutreten, wo es weder Zukunft noch Vergangenheit, nur den bewusstlosen Rausch im permanenten Event gibt. Dass dabei Drogen hilfreich oder gar unabdingbar, wenn nicht überhaupt das schnellere und sicherere Fahrzeug sind, um die materielle Welt zu verlassen, beweist der weltweit ansteigende Bedarf an Opiaten.

# VIII
# Welcome to Global Village

»Do you want some coffee, Sir?«
»Yes, number one, Nescafé classic please.«
»Welcome to Global Village.«

Ein Gespenst geht um in den Köpfen: Globalisierung. Das Zauberwort spielt an auf eine Revolution, die sich mit wachsender Geschwindigkeit unaufhaltsam ausbreitet und nun auch diejenigen zu erfassen droht, die ihre Zelte noch nicht auf dem Gemeinplatz des globalen Dorfes aufgeschlagen haben. Wie ein Mahlstrom oder ein Materie verschlingendes schwarzes Loch scheint die fortschreitende Globalisierung eine Kraft zu sein, der man sich nicht entziehen, nur fügen kann. Jeder Widerstand wäre gegen die entfesselten Elemente ohne Aussicht auf Erfolg. Wohin die Reise geht, weiß noch niemand zu sagen.

Keine Frage, dass ein mächtiger Sog unterschiedliche Gesellschaften, Menschen und Mächte zusammenführt und unter den Fittichen einer neuen, globalen Kultur subsumiert. Endlich eine Welt. »Come together« ist denn auch der Slogan, mit dem ein Marktführer die Welt in seine Obhut nehmen möchte. Nicht mehr Neugier und das Interesse an neuen, unbekannten Speisen und Sprachen, Ländern und Leuten, an Erfahrungen mit Fremden und Fremdem, wie zu Zeiten des Handels, als Händler noch Reisende waren[131], also die Ausdehnung, Erweiterung und Bereicherung der eigenen Kultur sind heute die treibende Kraft, sondern die Reduktion der Vielfalt auf die Einheitskultur des Global Village, wo alle Menschen wenn nicht Brüder, so doch wenigstens Nachbarn geworden sind, die sich im gleichen Umgang mit den gleichen Waren weltweit wieder erkennen.

Dabei ist eine Tendenz zur Globalisierung, die räumliche Ausdehnung und Einverleibung von Gesellschaften und Gewohnheiten, nicht neu. Noch jedes Imperium hat sich mit den eroberten Ländern und unterworfenen Gesellschaften zumindest deren Produkte und zu Teilen auch die Kunst ihrer Verarbeitung angeeignet. Erinnert sei nur daran, was Alexander der Große aus Persien nach Griechenland geschafft hat, oder an das römische Imperium, dessen Soldaten nicht nur Produkte aus allen besetzten Regionen – Rom lebte von dem, was über das *mare nostrum* in die Stadt geschifft wurde –, sondern auch unzählige Kulte samt Zubehör nach Rom mitgebracht haben. Ohne diesen Transfer wäre zum Beispiel das christliche Weltreich vermutlich so nie entstanden; zumindest hätte es Rom nicht beerben können. Auch das Christentum steht für Globalisierung ein, nicht nur, weil es den Universalismus des Glaubens, wonach alle Menschen von Gott geschaffen und darum gleich seien, in einem christlichen Weltreich zu materialisieren versuchte, sondern auch, weil die Absorption von Elementen paganer Kulte und Religionen – aus ehemaligen Göttern wurden Heilige, die ehemaligen Festtage der Evangelisierten, vielleicht um ein paar Tage verrückt, nahm man in den eigenen Kultkalender auf – das Christentum selbst in eine Mischung aus Fragmenten anderer Kulte und Religionen verwandelte. Der Synkretismus der christlichen Religion weist auf globale Aneignung fremder Kultelemente, die in die Globalisierung des eigenen Kults eingeflossen sind.

Zur römischen Kaiserzeit war die Großstadt Alexandria der größte Handelsplatz der Welt, eine Drehscheibe für den Fernhandel, der Asien und Afrika mit Rom verband. Die Stadt beherbergte nicht nur die berühmte Bibliothek, sondern auch römische, griechische, ägyptische, jüdische, arabische und indische Fernhändler, die über das Rote Meer und den indischen Ozean begehrte Waren wie Frauen, Sklaven, Seide, Edelsteine, Perlen, Pfeffer, Zimt, Weihrauch und Myrrhe aus Afrika, Arabien, Indien, Indonesien und China ins Kaiserreich importierten und im Gegenzug römisches Gold, Silber, Metallwaren nach Afrika, Arabien und Asien exportierten.[132] Der Warenverkehr muss ungeheure Ausmaße gehabt haben, ein Milliardengeschäft, mit dem heutigen weltweiten Warenverkehr vergleichbar, wenn man die unterschiedliche Größe beider Welten berücksichtigt. Import und Export bilden die Grundpfeiler jeder Globalisierung. Sie bringen Fremdes zusammen und lassen daraus etwas Neues entstehen.

Auch Wanderungen von Völkern und Flüchtlingen haben zur Globalisierung von Kulturgütern und sozialen Organisationsformen beigetragen. Die Flucht, die ja immer durch äußeren Zwang veranlasst wird, ist im Grunde eine Vertreibung, die es dem Flüchtenden allerdings, obwohl Objekt der Vertreibung, gestattet, agierendes Subjekt zu werden: Er flieht, geht ins Exil. Dadurch wird er erst zu einem sich seiner selbst bewussten Menschen, war er vordem doch nur Objekt eines ethnischen oder nationalen Subjekts, das ihn verbannt hat. Durch die Vertreibung gewinnt er seine Menschlichkeit, indem er sich als ein besonderes Individuum mit einem besonderen Schicksal bewusst wird. In der Fremde wird der Mensch zum Menschen, ist die Entfremdung doch seit den Tagen des mythischen Paradieses eine Voraussetzung der Menschwerdung des Homo sapiens. Das wissen wir nicht erst seit Hegel und Marx. Die Mythologien der Völker wie auch die Bibel argumentieren ähnlich. Vertreibung und Exil sind Voraussetzungen einer humanen Gesellschaftsbildung. Im Exil, auch wenn es nur unvermeidliche Folge der je individuellen Erfahrung sein sollte, finden die eigenen Wünsche im Fremden ihr Objekt, und nur dort kann das Individuum mit anderen Individuen in Austauschbeziehungen treten. Der Tausch setzt Bedürfnisse voraus, ein Spannungsverhältnis, das zum Springpunkt jeder Kulturentwicklung geworden ist. Für Kunst, Dichtung, Musik und Architektur hätte es ohne dieses Spannungsverhältnis nie einen Anlass gegeben.

Das prominente Beispiel für eine durchs Exil bedingte kulturelle und wirtschaftliche Entwicklung sehen wir im 18. und 19. Jahrhundert in Nordamerika. Natürlich wurden hier zunächst, wie immer als Folge massenhafter Auswanderung und durch die Okkupation fremder Territorien, Gesellschaften vernichtet. Aber durch den Einwanderungskontinent angezogen, haben sich in Nordamerika zugleich Kulturen, Lebensformen und Ideen, die in Europa durch Religion und Staat unterdrückt wurden, realisiert und etwas Neues entstehen lassen, das es vordem so nicht gab. Die erste demokratische Verfassung der Welt weist auf ein neues gesellschaftliches Ideal: die zivile Gesellschaft. Sie wird seither in vielen Nationen angestrebt, wenngleich sie auch immer ein Ideal zu bleiben scheint. Die Globalisierung der bürgerlichen Demokratie, des Verfassungsstaats und der Menschenrechte ging von der amerikanischen Unabhängigkeitsbewegung und der Französischen Revolution aus.

Pferde, die Reitkunst und vor allem der Steigbügel sind von reitenden Kriegern aus Asien nach Europa mitgebracht worden. Der Steigbügel gestattet, das Pferd mit den Beinen zu dirigieren und mit den freien Händen, bei hoher Geschwindigkeit reitend, Pfeile mit einem Bogen abzuschießen. Darauf sind Weltreiche aufgebaut worden. Als die Griechen der ersten asiatischen Reiter ansichtig wurden, erschienen ihnen Pferd und Reiter vermutlich als Einheit und gaben Anlass zu den Mythen von Zentauren und Zentaurenkämpfen. So haben auch mexikanische Indios die spanischen Conquistadoren wahrgenommen. In der offenen Kapelle von Actópan und in der Kirche San Miguel Arcángel in Ixmiquilpan[133], beide im mexikanischen Bundesstaat Hidalgo, wurden Spanier zu Pferd als Zentauren dargestellt. Den Griechen schienen die asiatischen Reiter aus der Unterwelt, dem Tartaros, zu kommen. Daher hat das kaukasische Reitervolk der Tartaren seinen Namen. Hunnen, Mongolen und schließlich die Osmanen entwickelten den Steigbügel, vor allem aber einen über viele hundert Meter weit schießenden Bogen zu einem Instrument, mit dem sie ihre Reiche aufgebaut und auch wieder verloren haben, wenn Völker mit überlegener Kriegskunst ihnen entgegentraten.

Die Kunst des Weinbaus ist mit jüdischen Stämmen vom Kaspischen Meer in den vorderen Orient mitgewandert, um später von den mediterranen Gesellschaften zu dem entwickelt zu werden, was wir heute als Kunst des Weinbaus und der Weinproduktion kennen. Sie hat es zumindest in Europa zu einer Vielzahl differenzierter Rebsorten gebracht, die ihrerseits wiederum mit der Entwicklung von Speisen substantiell in Verbindung stehen und vom Tisch des zivilisierten Europäers gar nicht mehr wegzudenken sind. Und überall dort, wo europäische Emigranten sich niederließen, brachten sie Weinbau und Küche, Pflanzen und Tiere, aber auch technische Fähigkeiten wie Haus-, Berg- und Straßenbau mit, was zur Entwicklung einer völlig neuen Kultur führte und ihre neue Heimat bereichert hat. Auch das ist Globalisierung.

Die Entwicklung des Welthandels, der zunächst vor allem von Genuesen und Venezianern beherrscht wurde, die durch den Orienthandel bis dahin unbekannte Produkte nach Europa schafften, trug zu einer enormen Bereicherung der europäischen Kultur bei. Allerdings wurden die Karawanen reisender Händler, die im 13., 14. und 15. Jahrhundert Seide, Spezereien und Porzellan, das in England noch heute »China« genannt wird, auf den berühmten Handelsstraßen aus China und Indien über Persien und die Türkei nach Europa geschafft haben, heute durch organisierte Handelsketten einer Mafia abgelöst, die ein nicht weniger begehrtes Produkt aus Afghanistan auf die europäischen Märkte leiten: das Heroin. Die erhöhte Nachfrage nach Rauschmitteln und die spezielle Entwicklung von Transporttechniken für Konterbande begünstigen die globale Verbreitung dieses begehrten Stoffs.

Durch die Kreuzzüge und die Kriege mit den Sarazenen kamen unbekannte Pflanzen, vergessene Wissenschaften, Medizin und die Technik des Wasserbaus in den Besitz des christlichen Europa. Und schließlich hat die Entdeckung Amerikas die europäische Kultur so grundlegend verändert, wie seit der Entwicklung des Ackerbaus nichts – genau genommen beide, die europäische und die amerikanische Kultur, wie sie sich seit der Eroberung des Kontinents entwickelt haben. Denn die Extraktion der Metalle in der Neuen Welt war nur die eine Seite, die andere der Transfer von Techniken, Pflanzen und Tieren nach Amerika. Daraus erwuchs ein überaus reger Handel, ohne den sowohl Europa wie Amerika nicht wären, was sie heute sind.

Der Tabak, der gerade wegen seiner Krebs erregenden Wirkung global geächtet wird, was die Giganten der Tabakindustrie zwingt, auf den informellen Markt und andere Rauschmittel umzusteigen, war ursprünglich in Amerika zu Hause. Als Kolumbus am 17. Oktober 1492 jene karibische Insel betrat, die heute Kuba heißt, soll er Männer und Frauen beim Rauchen beobachtet haben. Das gespaltene Rohr, mit dem sie den Rauch durch die Nase inhalierten, nannten sie »tobaco«, vielleicht bezog sich das Wort aber auch auf die ganze Rauchzeremonie. Das ist nicht mehr so genau festzustellen. Das Kraut, mit dem sie den Rauch erzeugten, hieß *cohiba*, wie heute die berühmte kubanische Zigarre. Geraucht wurde in ganz Amerika. Zunächst bei religiösen Kultveranstaltungen, um mit Göttern in Verbindung zu treten, aber auch, um Verbindungen untereinander einzugehen und Verträge zu besiegeln. Die Friedenspfeife blieb nicht allein ein indianisches Requisit, auch Manager und Politiker tauschen bis heute bei erfolgreichen Geschäften und Vertragsabschlüssen gern Zigarren aus.

In Europa wurde die Pflanze zunächst nur als Zierpflanze gehalten. Doch als der Leibarzt Phillips II. Tabak als Allheilmittel empfahl – der Rauch dämpft den Hunger, erhöht die Widerstandskraft und hat eine aseptische Wirkung – und sich die Nachricht von der Wunderwirkung in Europa verbreitete, entwickelte sich das Medikament rasch zum Rauschmittel und wurde schließlich, dank Kommerzialisierung, ein Artikel des Massenkonsums. Der Kult, der im 17., 18. und 19. Jahrhundert in Europa ums Rauchen betrieben wurde, stand den religiösen Zeremonien der amerikanischen Indios in nichts nach. Er breitete sich zuerst an den Höfen und dann in den Bürgerhäusern aus, ein Statussymbol, das das wachsende Selbstbewusstsein der Bürger demonstrierte. Vom Herrenkult im Rauchsalon bis zur Zigarette der Kinohelden – eine Domäne der Männlichkeit. Ob Pfeife, Zigarre oder Zigarette, Rauchen war lange Zeit ein unverzichtbares Requisit sowohl von Machos und Eroberern als auch von Künstlern und Intellektuellen sowie von Staats- und Wirtschaftsführern. Erst als das Patriarchat nicht mehr zu halten war, brachen auch Frauen und Kinder in die Welt der Raucher ein. Ein Erfolg auch der Entwicklung der Tabakindustrie, die, vom Gewinnprinzip geleitet, nur wachsen kann, wenn der Konsum wächst. War es zunächst der Staat, der Privilegien und Monopole vergab – 1674 soll Colbert das erste Privileg für den Anbau und Verkauf von Tabakwaren in Frankreich erteilt haben, ein Privileg, das später der Compagnie des Indes vorbehalten blieb –, so gingen die Monopole, nach erfolgreichem Kampf der Liberalen gegen die den freien Markt einschränkende Staatsaufsicht, an private Monopolgesellschaften über. Die British American Tobacco zum Beispiel, zu der eine Vielzahl von bekannten Zigaretten- und Tabakfirmen gehören, ist heute ein derartiger Megakonzern, der auf dem formellen wie auf dem informellen Markt weltweit Geschäfte macht. Das Beispiel zeigt, wie die Globalisierung des Tabakkonsums mit der Konzentration ökonomischer Macht wuchs.

Wer von Kuba redet, redet von Tabak und Rum. Die Insel ist bis heute gezeichnet durch eine über Jahrhunderte andauernde Tabak- und Zuckermonokultur. Ein Ergebnis des wachsenden Bedarfs in Europa und Amerika, aber auch eines schwunghaften Handels, bei dem ein Abfallprodukt der Zuckerproduktion, die Melasse, eine besondere Rolle spielen sollte. Zuckerrohr, das ursprünglich aus China stammte, kam durch arabische Händler über Nordafrika auf die Kanarischen Inseln und wurde von dort von spanischen und portugiesischen Kolonisatoren in die Karibik und nach Brasilien verbracht. Zucker war nicht nur ein begehrtes Konservierungs- und Aufputschmittel, aus der fermentierten Melasse ließ sich ein noch begehrteres Produkt destillieren: der Rum. Wenn auch die Herkunft des Wortes im Dunkeln liegt – es soll von *rumbullion*, also Aufruhr stammen –, der Zuckerrohrbranntwein wurde bald zum beliebtesten Getränk auf den Weltmeeren und von den Seefahrern auf allen Reisen mitgenommen. Sie trugen zu seiner Globalisierung bei. Doch für das weltweit wachsende Geschäft und die ständig steigende Produktion waren darüber hinaus für kapitalistische Reproduktionsverhältnisse charakteristische Metamorphosen des Produkts verantwortlich, bei der Rum und andere Waren die Rolle eines Durchgangsmediums bei der Wertschöpfung spielten. Um den ständig steigenden Bedarf an Arbeitskräften auf den Tabak- und Zuckerrohrpflanzungen zu befriedigen, schafften Händler Sklaven aus Afrika nach Westindien und tauschten sie dort gegen Zuckermelasse ein, aus der sie in den Neu-England-Staaten Rum brennen ließen, den sie in Afrika wieder gegen Sklaven eintauschen konnten. Eine Produktion von Waren durch Waren in einem sich selbst reproduzierenden Kreislauf, bei dem auf jedem Umschlagplatz ein ordentlicher Gewinn für die Unternehmer abfiel. Heute haben Großbrennereien das Monopol an sich gerissen und für die Verbreitung eines Brands gesorgt, der in europäischen und amerikanischen Bars niemals fehlen darf und die Fantasie der Barkeeper in aller Welt zur Erfindung immer neuer Drinks beflügelt.

Viele Produkte haben den Weg über den Atlantik in die Neue Welt und als spezialisierte Form der Verarbeitung wieder zurück in die Alte Welt gefunden. So auch das argentinische Steak, das heute vielleicht wegen des grassierenden Rinderwahnsinns, der durch die Weltherrschaft des Gewinnprinzips nun auch seine eigene Globalisierung erfährt, nicht mehr so beliebt ist, wie es lange Zeit war. Als die großen Fleischfabriken von Buenos Aires, die denen von Chicago in nichts nachstanden, im 19. Jahrhundert, als bessere Kühl- und Konservierungsmethoden eine längere Lagerung und den längeren Transport von Fleischprodukten ermöglichten, mit dem weltweiten Export ihrer Produkte begannen, wurde das Land der Gauchos und Pampas ebenso bekannt, wie es das Land der Cowboys bereits war. Vor allem während der großen Kriege erlebte der Verkauf argentinischen Getreides und argentinischer Fleischprodukte an alle kriegführenden Parteien eine derartige Hausse, dass Argentinien am Ende des Zweiten Weltkriegs unter den reichsten Nationen der Welt auf Platz vier aufgerückt war. Doch Argentinien verkaufte noch ein weiteres Produkt, mit dem die Country Music der amerikanischen Cowboys nicht mithalten konnte: den Tango.

Einwanderer, vor allem aus Spanien und Italien, fanden in den Schlacht- und Fleischpackhäusern an den Ufern des Riachuelo elende Arbeit und in Baracken eine noch elendere Unterkunft. Sie bildeten eine gewaltgeladene Männergesellschaft, die sich in den Kneipen der Armen und Obdachlosen von Buenos Aires mit billigem Wein bewusstlos trank und ihr Elend in Gewalt und Gesang ausagierte. Andalusische und italienische Liebeslieder, Alkohol, Kokain und die Ehrvorstellungen der südeuropäischen Machos, das war die Welt der Messerhelden der Bars am Rio de la Plata. Hier entstand in einer Mischung aus Gewalt und Sex der argentinische Tango. Zu Beginn soll es ein nur von Männern getanzter Kampf gewesen sein, der nicht selten blutig endete, ein Ballett der Ehre sozusagen. Später kamen die Prostituierten hinzu, die bei den Fleischhauern und Packern ihr Glück suchten. Die europäischen Einwanderer und die zugereisten Bauern aus dem argentinischen Hinterland bildeten mit allen Glücklosen des Hafenviertels eine soziale Gruppe mit einer spezifischen Gewaltkultur. Das Ausagieren des Verhältnisses einer Prostituierten zu ihrem Zuhälter soll die Grundform des Tangos gewesen sein. Lieder und Tänze wurden improvisiert, sie drückten die brutale Welt derer aus, die nichts zu verlieren hatten. Der Tango ist ein Produkt der Deklassierten. Der Rhythmus stammt vom Candombé der Sklaven aus Afrika, dazu kommt eine Erbschaft von der kubanischen Habanera. Darüber hinaus bietet das Wort berühren, *tangere*, schon eine sprachliche Brücke an. Die männliche Gewalt, die in der Berührung und in der Tanzführung zum Ausdruck kommt, verweist auf eine latent homosexuelle Komponente und Unterwerfungsrituale der Wildnis. Eine weitere Quelle ist die Milonga, deren Musik aus einer Mischung indianischer Rhythmen mit der Musik der spanischen Kolonisatoren besteht. Sie kam mit den Zuwanderern aus der argentinischen Pampa nach Buenos Aires. Als Musikinstrumente dienten vor allem die Gitarre, das Instrument der spanischen Conquistadoren, und das in den achtziger Jahren des 19. Jahrhunderts von europäischen Einwanderern mitgebrachte Bandoneon, eine einfache Ziehharmonika, die auch von nicht geschulten Arbeitern gespielt werden konnte. Es verleiht bis heute dem Tango die charakteristisch melancholische Stimmung.

In Europa, so wird behauptet, wurde der Tango durch eine Gruppe argentinischer Studenten bekannt gemacht, die um die Wende des 19. zum 20. Jahrhundert in Paris mit Tangovorführungen Begeisterungsstürme auslösten. Wie der Jazz wurde der Tango von der Geldaristokratie der Vorkriegszeit und von Tanzorchestern aufgenommen, die, mit einem Hauch Verwerflichkeit spielend, sich damit einen antibürgerlichen Touch verliehen. Es war zugleich die Zeit nordamerikanischer Tänze, wie zum Beispiel des Quick Step, ein Synonym auch für schnelle Geldzirkulation. Tanztees, Tanzorchester, Big Bands und eine tendenziell die bürgerliche Welt sprengende, in der Entwicklung begriffene Unterhaltungsindustrie bemächtigte sich des Neulings. Das wirkte auf Argentinien zurück. Auch dort hielt der Tango Einzug in die bessere Gesellschaft und wurde in den zwanziger, dreißiger und vierziger Jahren des vergangenen Jahrhunderts zur Nationalkultur befördert. Natürlich verschwand dadurch nicht das dem Tango innewohnende Gewaltverhältnis der Geschlechter, es wurde zu einem eleganten Unterwerfungsritual veredelt und, mit kulturellen Weihen versehen, in den Olymp der argentinischen Staatskultur gehoben. Kein Wunder, dass der Tango unter dem faschistischen Regime von Juan und Evita Peron noch einmal eine wahre Blütezeit erfuhr, ehe er in den 50er Jahren durch Rock 'n' Roll und die nordamerikanische Leitkultur abgelöst wurde.

Heute gelten die Finnen als die größten Tangotänzer Europas, während der neue Tango zu Konzertmusik geworden ist, die im gedämpften Rhythmus zwar noch einen Hauch seiner gewaltgeladenen Entstehungsgeschichte ahnen lässt, sonst aber, wie der Jazz, längst zu einer weltweit in Salons und Konzerthäusern dargebotenen Musik für das kultivierte Publikum gehört. Die Geschichte zeigt, wie aus einem spezifischen, gewaltgeladenen Tanz vermittels Zivilisierung und Globalisierung eine Musik entstanden ist, die ihren Ursprung sublimiert hat und aus einem simplen und doch raffinierten Instrument Komplexität und Vielstimmigkeit zu zaubern imstande ist. *Aires de Buenos Aires*, gespielt von Gerry Mulligan und Astor Piazzolla, verbindet den Jazz mit dem neuen Tango in einer melancholischen Musik, die die romantischen Träume der Deklassierten verkörpert und sie zugleich als Illusion verabschiedet. So wie es war, wird es nie wieder sein.

Aber was wäre der Tango ohne die Schlachthäuser, was der Braten ohne die Beilage. Kaum eine Pflanze der Neuen Welt hat die europäischen Speise- und Ernährungsgewohnheiten so verändert wie Tomaten und Kartoffeln. Beide stammen ursprünglich aus den Anden, wurden aber auch in anderen Regionen Lateinamerikas kultiviert. Jedenfalls hat die Tomate vom Aztekischen *tomatl* ihren Namen. In Europa wurden Tomaten und Kartoffeln fast zweihundert Jahre lang nur als Zierpflanzen in Gärten gehalten, weil sie als giftig und ungenießbar galten. Nachtschattengewächse eben. In der Tat enthalten die Blätter der Pflanze das Neurotoxin Solanin. Trotzdem wurde die Tomate – die in Italien wegen der gelben Farbe, die sie anfangs gehabt haben soll, Goldapfel, *pomodoro*, genannt wurde – in Spanien und Italien schon im 17. Jahrhundert in die Küche geholt, aus der sie seither nicht mehr verschwand. 1692 soll bereits das erste Kochbuch mit Tomatenrezepten in Neapel erschienen sein. Heute werden Tomaten überall auf der Welt angebaut. Sie haben ihren festen Platz auf dem Küchenzettel aller Kulturen, vor allem aber auf dem von Global Village. Ende des 20. Jahrhunderts gehörten die USA zu den größten Tomatenproduzenten der Welt, und Tomatenprodukte waren, in welcher Form auch immer, unabdingbare Bestandteile der Lieblingsspeisen ihrer Bürger: Pizza, Hamburger und Hot Dog. Ein Reich, in dem schier unversiegbare Ketchupströme fließen.

In der gleichen Zeit trat die Kartoffel ihren Siegeszug durch die

Kochtöpfe Europas an. Wie die Tomate wurde sie ebenfalls bis ins 17. Jahrhundert nur in Haus- und Apothekergärten gehalten. In Quetchua hieß sie *papa*, wie heute noch in Lateinamerika, das englische Wort *potato* und das deutsche Wort Patate gehen darauf zurück. Die Italiener nannten sie *tartufolo*, weil sie den Trüffeln ähnlich sah. Daher stammt das Deutsche Wort Tartoffel und später Kartoffel, und die Franzosen nennen die gleiche Erdfrucht *pomme de terre*, also Erdapfel. Vielfalt und Verbreitung der Wörter weisen auf die Verbreitung der Pflanze. Den Weg in den Kochtopf fand der braune Erdapfel dann schnell in Zeiten der Not, in Deutschland vermutlich zu Zeiten des Dreißigährigen Krieges, allerdings immer noch als Frucht der Hausgärten. Als Handelsware wird sie erst Mitte des 18. Jahrhunderts erwähnt. Das mag auch daran liegen, dass der Geschmack der Knolle noch lange zu wünschen übrig ließ. Sie hinterließ einen brennend kratzigen Geschmack im Hals, vermutlich wegen des hohen Solaningehalts. Wirtschaftliche Not und auch politischer Druck setzten die Kartoffel schließlich durch. Erinnert sei nur an den so genannten Kartoffelbefehl des Preußenkönigs Friedrich II., der 1756 den Anbau von Kartoffeln wärmstens empfahl:»Es ist von Uns in höchster Person in Unsern andern Provintzien die Anpflantzung der so genannten Tartoffeln, als ein nützliches und so wohl für Menschen, als Vieh auf sehr vielfache Art dienliches Erd Gewächse, ernstlich anbefohlen.«[134, 135]

Etwas Druck, wirtschaftliche Not und schließlich ökonomisches Verwertungsinteresse machten die Kartoffel dann binnen zweihundert Jahren zu einem Grundnahrungsmittel in Europa. Sie wurde zum Getreideersatz, weil man glaubte, dass ihr Anbau ergiebiger war und ihr Nährwert, Vitamine eingeschlossen, den des Getreides übersteigt. Man glaubte vor allem während der Industrialisierung im 19. Jahrhundert, die Ernährung der Arbeitskräfte mit einem billigen Grundnahrungsmittel gewährleisten zu können. Vincent van Goghs Gemälde *Die Kartoffelesser* (1885) dokumentiert das Leben in der Arbeitswelt dieser Zeit. Doch da blieb die Kartoffel nicht stehen. Sie wurde veredelt, der Geschmack diversifiziert, und in den Küchen von Bürger- und Arbeiterhäusern wurden immer neue Zubereitungsformen erfunden, bis die Kartoffel schließlich die Ernährungsgewohnheiten der Europäer vollkommen verändert hat. An ihre Stelle trat das, was man heute Küche nennt, eine kultivierte Zubereitung von Speisen, die immer wieder neue Zubereitungsformen nach sich zieht. Aus wenig schmackhaften Nachtschattengewächsen aus den Anden wurden in ein paar hundert Jahren diverse veredelte Früchte entwickelt, die den Geschmack der Welt verändert, aber über lange Zeit weder vereinheitlicht noch reduziert haben. Eine Globalisierung, ohne die keine kulturelle Entwicklung möglich gewesen wäre. Allerdings führen Gewinnprinzip und Monopolbildung heute wieder zu einer Reduktion der Produktvielfalt und Qualität, wie die von jedem Geschmack befreiten Standardtomaten und Kartoffeln beweisen.

Als die Waren aus dem Orient und Übersee auf die europäischen Märkte zu strömen begannen, wurden alle regionalen und lokalen Lebens- und Wirtschaftsformen so enorm erweitert, dass das mittelalterliche Europa verschwand und in vielen Gesellschaften durch eine neue Welt ersetzt wurde. Was wäre Italien ohne die Nudeln aus dem Orient und natürlich ohne Kaffee, ohne Tomaten und Mais, Bohnen und vieles andere aus Amerika? Selbst die Brennkunst stammt von den Sarazenen, *al cohol* heißt das Feine, der reine Geist also. Nicht einmal die Weinkultur hätte sich weiter entwickeln können, wo doch der Wein auf dem Tisch mit der Entwicklung der Speisen in engster Beziehung steht. Italien wäre heute noch da, wo es Mittelalterfans gerne hätten: bei Saufgelagen und schwerer Kost, wo man sich selbst das Salz noch in die Wirtschaft mitbringen musste, sofern man überhaupt darüber verfügte. Das Fremde aufnehmen und in die eigene Kultur integrieren, darin besteht das Verfahren einer kulturellen Reichtum schaffenden Globalisierung.

Mit den Türken wurden nicht nur Kriege geführt, man paktierte auch mit ihnen. Vor allem lernte man von ihnen die Kunst der Kaffeezubereitung, die die Kultur des Kontinents nachhaltig beeinflussen sollte. Der Namen Kaffee stammt vom arabischen Wort *Qahwa*, was eigentlich jede Art von Getränk pflanzlicher Herkunft bezeichnet, später bekam er den Beinamen »der Aufregende«. Als Heilmittel soll er schon Anfang des 11. Jahrhunderts verwendet worden sein. Von Kaffeekonsum in der arabischen Welt kann seit dem 15. Jahrhundert ausgegangen werden. Durch die Ausbreitung des Osmanischen

Reichs hat der Kaffee dann seine erste Globalisierung erfahren. Die Türken haben den Kaffee von den Arabern übernommen und zu Mokka veredelt. Überall im Osmanischen Reich kamen Männer in Kaffeehäusern zusammen, um das aufregende Getränk zu sich zu nehmen. Nachdem Konstantinopel gefallen war, soll dort auch 1554 das erste Kaffeehaus Europas eröffnet worden sein. Ab Mitte des 17. Jahrhunderts kann von Kaffeehandel gesprochen werden, und mit dem Handel wuchs auch die Zahl der Kaffeehäuser. Die ersten wurden in Hafenstädten aufgemacht: 1645 in Venedig, dann in London, Marseille, Amsterdam und Den Haag, 1673 in Bremen und 1677 in Hamburg. Nach Wien kam der Kaffee durch den vernichtenden Sieg über die Türken 1683. Sie sollen auf der Flucht einige Säcke Kaffee zurückgelassen haben. Das war der Grundstock. Zwei Jahre später gab es die ersten Kaffeehäuser in der Stadt. Nach dem Wiener Kongress waren es schon 150, und hundert Jahre später hatte sich die Zahl vervielfacht. Damit wandelte sich auch der Charakter des Kaffeehauses, es wurde zu einer Rauch-, Debattier- und Zeitungslesestube, in der sich das intellektuelle Leben Wiens abspielte. Die verfeinerte Variante, nämlich der in Mailand erfundene, durch Dampf erzeugte Espresso, weist mit seinem Namen schon auf erhöhtes Tempo in den europäischen Metropolen hin. Die Cafés in Rom, Barcelona und vor allem in Paris wurden zum Umschlagplatz von Ideen und Weltbildern und haben Kaffee zu einer Bedingung von Denken und vor allem von literarischer Produktion werden lassen. Er ist eine Energiequelle für immer schneller werdende, auch geistige Umwälzungsprozesse. Nach dem Erdöl ist Kaffee heute der zweitwichtigste Energie spendende Rohstoff der Welt.

Die in der zweiten Hälfte des 17. Jahrhunderts in London eröffneten Kaffeehäuser hatten von Anfang an eine Bedeutung, die über die der Wiener Kaffeehäuser weit hinausging. Sie waren Treffpunkt, Rednertribüne und Marktplatz zugleich. Wer Leute treffen wollte, fragte nicht nach deren Adresse, sondern in welchem Kaffeehaus sie verkehrten. Die Häuser standen allen offen. Wer seinen Kaffee bezahlen konnte, hatte Zutritt. Sie waren so etwas wie eine demokratische Einrichtung. Das führte zu einer Mischung aller sozialen Gruppen und einem ständig wachsenden Austauschbedürfnis, das über rein wirtschaftliche

Interessen hinausging. In einigen Kaffeehäusern wurde über Literatur, soziale Themen und die neuesten Erkenntnisse der Naturwissenschaften debattiert, in anderen konnte man die führenden Mediziner konsultieren. Die berühmte Versicherungsgesellschaft Lloyd's ist zum Beispiel aus einem Kaffeehaus gleichen Namens hervorgegangen. Dort trafen Leute aufeinander, die Wetten abschlossen, und wo, fasziniert vom Glücksspiel, ein paar Gäste auf die Idee kamen, Schiffe und Frachten des Überseehandels zu versichern. Die Kaffeehäuser waren zu jener Zeit Versammlungs- und Aufenthaltsorte, Märkte, öffentliche Plätze, Börsen, wo auch Wertpapiere gehandelt wurden. Dann bildeten sie den Rahmen für eine Art Vorform der Zeitung, ein Ort, wo Redner auftraten und die neuesten Nachrichten aus der Stadt, von den Inseln und aus den Kolonien vortrugen. Dass die etwas zwielichtige, gelegentlich auch aufrührerische soziale Mischung in den Kaffeehäusern dem Königshaus, dem Klerus und den Damenvereinen missfiel, versteht sich von selbst. Mehrfach wurde der Versuch unternommen, die Kaffeehäuser zu schließen, aber ohne Erfolg.[136]

Bedauerlicherweise hat die Globalisierung kapitalistischer Verwertungsinteressen, die natürlich auch der Motor für die Verbreitung des Kaffees waren, den Coffee Shops in London ein Ende bereitet, als Monopole auftraten, denen die Kaffeehäuser nicht mehr gewachsen waren. In England war es die berühmte East Indian Tea Company, die es mithilfe einer geschickten Verbindung von Moral und Geschäft verstand, die Coffee Shops durch Teestuben zu ersetzen und den Tee im britischen Empire so zu verankern, dass man sich Kaffee trinkende Engländer gar nicht mehr vorstellen kann. Der *Five o'clock tea* hat Tee und Disziplin, nämlich im gesamten Empire um fünf Uhr Tee zu trinken, zu einem Teil des britischen Selbstbewusstseins werden lassen. Louis Malle hat das in seinem Film *Viva Maria*, in Anspielung auf Frantz Fanons Bemerkungen in seinem Buch *Peau noire, masques blancs*[137] über die übertreibende Adaption europäischer Kultur durch die Kolonisierten, zu einer Parodie veranlasst: Zwei schwarze Zollbeamte lamentieren an der Grenze zwischen Britisch Honduras und Mexiko über den Tee und kommen zu dem Schluss – ganz britisch –, es ist das Wasser, was dem Tee den faden Geschmack verleiht.

Eine Tendenz zur Globalisierung hat es immer gegeben, wo Handel getrieben wurde und sich Religionen verbreitet und Imperien ausgedehnt haben. Sie ist mit dem Prozess der Zivilisation untrennbar verbunden und eine Voraussetzung für jede Entwicklung von Kunst und Kultur. Ohne Globalisierung, das heißt, die Aufnahme fremder Kulturen, Sprachen und Denkweisen, könnten wir die eigene Kultur nicht verstehen. Allein die kapitalistische Wirtschaftsverfassung, der das Gewinnprinzip alles und die Lebensverhältnisse nur Mittel zum Zweck sind, hat zur Bereicherung der Zivilisation nur da beigetragen, wo es Verwertungsinteressen genützt hat. Dieses Verhältnis von abstraktem Reichtum und konkreter Armut führt nicht nur zur fortschreitenden Verelendung eines großen Teils der Weltbevölkerung, sie führt auch zu einer Welteinheitskultur, die alle störenden Differenzen aus technischen wie kommerziellen Gründen abstreift und die Welt endlich zu dem macht, was wir heute Global Village nennen.

Im Alltag zeigt sich die globale Einheitskultur zum Beispiel in der weltweiten Verbreitung von Coca Cola. Mit seiner Geheimformel steuert das Unternehmen von Atlanta bis nach China und in die Mongolei den Geschmack der Welt, während in Werbefeldzügen volkstümliche Veranstaltungen aller Art finanziert werden und Menschen unter dem Symbol der Coca-Cola-Flasche zusammenkommen. Im Gegensatz zum Mäzen alter Zeiten, der als Förderer der Künste und Veranstalter von Festen zu sozialem Ansehen gelangte, weil er die Gesellschaft an seinem Reichtum teilhaben ließ, geht es dem Sponsor heute nur um den Absatz seiner Produkte. Jede finanziell unterstützte Veranstaltung wird als Träger von Werbe- und Verkaufsstrategien direkt in Dienst genommen, egal ob es sich um eine Olympiade, den Karneval in Rio oder um Kunst handelt. Der mögliche kulturelle Gehalt einer Veranstaltung oder Ausstellung verblasst im Schein kommerzieller Propaganda für die Produkte der Sponsoren, eine Tendenz, die schon Museen, wie die Neue Nationalgalerie in Berlin, in Autosalons und Theater, wie das Theater des Westens, in Kulissen für die Vorstellung neuer Automodelle verwandelt hat.

Die Gleichschaltung der Befriedigung elementarer Bedürfnisse kommt in der ständig wachsenden Zahl der Läden von Fast-Food-Ketten zum Ausdruck. Ob es sich um Hamburger, Kentucky Fried

Chicken, Sushi oder TexMex handelt, immer geht es um gleiche und gleich bleibende Standards. 100 Prozent reines Beef, original Chilisauce oder von echten Japanern zubereitete Sushi bürgen für das Unverwechselbare der Massenware und verbinden exotische Ferne mit dem längst Bekannten, auf dem die Kultur des Global Village aufbaut. Ihr Rezept ist die Neutralisierung des Fremden ins heimisch Vertraute, auch dann, wenn man sich in der Fremde befindet, in dem Hotel einer weltumspannenden Hotelkette zum Beispiel, die dem Reisenden, wo immer er logiert, das Gefühl vermitteln will, im eigenen Heim zu sein. »Wherever you are, you stay in your own room«, ist die Werbung, mit der *Holiday Inn* mit weltweit gleich ausgestatteten Zimmern dem Reisenden die Angst und den Schrecken vor Fremden und der Fremde nehmen möchte.

Man braucht sowieso nicht mehr aus dem Haus zu gehen. Im Flackerschein des heimischen Monitors erscheint die Welt in der gemütlichen Stube als Objekt der depravierten Reste sinnlichen Interesses. Ob es sich nun um Abenteuer in der Tierwelt, den Krieg der Sterne am Golf oder im Kosovo, Flüchtlinge in Ruanda oder die Großen der Welt ganz privat handelt, fernsehgerecht zubereitet werden sie der Familie im Global Village ins Wohnzimmer projiziert. Ob in Tokyo, New York oder Berlin, sie sind an jedem Ort der Welt immer dabei, und jeder Ort der Welt ist immer bei ihnen. Sind Raum und Zeit als Medien physischer Erfahrung erst einmal aufgehoben, werden auch die Sinne als Vermittler von Erfahrungen tendenziell ausgeschaltet. Erfahrungsverlust und Wahrnehmungsarmut führen zu stereotypen Reaktionsbildungen, die den sinnlichen Gegenstand des Interesses in ein warenförmiges Kultobjekt verwandeln. Im gesteigerten Körperkult verschwindet der menschliche Körper als sinnliches Objekt hinter der Fassade einer geölten, gleichmäßigen Hautfärbung und einer erhöhten Oberflächenspannung, die die sinnlichen Reize von Menschen der Ästhetik eines polierten Automobils anverwandelt. Es spiegelt die Welt, während es im Innern die Kraft vieler Pferdestärken verbirgt, um dieselbe Welt zu überrollen.

Es scheint, dass die durch die Medien suggerierte Nähe nur simuliert werden kann, wenn die Simulierenden mit ihren Körpern auf Distanz gehen. Die Einsamkeit vor dem Fernsehschirm oder Computer führt zu Reaktionen arbeitsloser Sinne, die sich in Gewalt entladen oder in Rauschzustände flüchten. In der Disco kehrt das barocke Fest dann wieder: laut, mit dekorativem Füllwerk überladen, den *horror vacui* vertreibend, aber keinesfalls den rituellen Rahmen sprengend. Wie bei Techno oder der Musik eines Philip Glass wird in der ewigen Wiederkehr der Phrasen oder im schnellen Rhythmus eine Regressionsbewegung ausagiert. Mit rasendem Herzschlag den Stillstand anstreben, während jeder Körperkontakt mit den anderen Tanzenden peinlich vermieden wird, das ist die Form, in der eine Fluchtbewegung auf der Stelle tritt. Techno und die endlos reproduzierten Mandelbäumchen des organisierten Chaos postmoderner Musik erscheinen darin als Renaissance des Barock, eine beziehungsreiche Sprache, die realer Berührungsangst entspricht.

Der vermeintliche Protest der Popmusik war längst Gegenstand kommerzieller Strategien, als Studenten noch glaubten, im Rock ihre authentische Musik des Widerstands gegen die Welt des Konsums zu finden. Das hat Mick Jagger vor mehr als zwanzig Jahren in einem Interview bestätigt. Große Plattenfirmen beschäftigten Leute, die nach Schlagworten der Protestgeneration suchten, um die Songs der Rolling Stones mit dem Feeling der Jugend anzureichern. Wie weit die Musik von Protest und Widerstand entfernt war, hat Jean-Luc Godard in seinem Dokumentarfilm *Sympathy for the Devil* (1968) vorgeführt, in dem die Rolling Stones als verschlafene Kids im Studio vor sich hin dilettieren, um der Plattenfirma Material für die Mischung des gleichnamigen Protestliedes zu liefern. Heute unterhalten die Branchen der kommerziellen Jugendkultur – Sport, Disco, Freizeit – Trend-Scouts, die neue Moden und Tendenzen aus der Szene melden, damit die Industrie darauf mit ihren Produkten reagieren kann: Jeans, Tennisschuhe, Baseballkappen, der Siegeszug der Rucksäcke.

Wo die körperliche Bewegung im Weltreich von Adidas und Nike auf das Logo eines Sportgeschäftes reduziert und die im Sportdress Uniformierten ihre Uniformen auch beim sonntäglichen Wagenwaschen und beim Einkaufsbummel in der Shopping Mall nicht mehr entbehren können, ist alles, was Protest der Sinne gegen eine erstarrte bürgerliche Gesellschaft vor hundert Jahren einmal war, wie der Protest der natursüchtigen Weltverbesserer der Kolonie Monte Verità, längst ökonomischen Verwertungsinteressen zum Opfer gefallen und in einer Massenkultur aufgegangen, die den Obdachlosen mit dem allmorgendlich joggenden Präsidenten verbindet. Wie der Jogger seine Runden um den Platz dreht oder durch den Wald läuft, um gesünder und womöglich jünger an den Ausgangspunkt zurückzukehren, also einem Ideal dient, das Wirtschaft und Gesellschaft vor ihm aufgebaut haben, dreht sich die Gesellschaft im Global Village wie eine Volkstanzgruppe um sich selbst und achtet darauf, dass keiner aus der Reihe tanzt. Eine Kultur der Wiederkehr des Immergleichen charakterisiert die archaische Dorfgemeinschaft wie die Gemeinschaft neuen Typs: die mit totaler Unterhaltung gestillte Konsumgesellschaft.

Wie die Medien im Dienst der Unterhaltung selbst zum Gegenstand der Unterhaltung werden, die Ankündigung also schon die Sache selbst und jeder Trailer eines Hollywoodfilms schon der ganze Film ist, wie Adorno in einer Kritik am amerikanischen Kino einmal schrieb, erschöpft sich auch der Konsum der Waren in der Vorlust mobilisierenden Werbung für diese Waren. Die eigentliche Befriedigung bleibt aus. Hinter dem Lustversprechen der endlosen Vorlust, ein Charakteristikum ewig pubertierender Gesellschaften, verbirgt sich das Nichts. Damit tritt die Werbung als vermittelnde Instanz ins Zentrum der Gesellschaft vom Global Village und hält sie durch die Verheißung permanenter Kommunikation zusammen. Tainments und Talk Shows im Fernsehen, die weltweite Handy-Kultur und jetzt das World Wide Web bilden die Krücken einer Gesellschaft, deren Sprachlosigkeit in einem direkten Verhältnis zur ihren Kommunikationskulten steht. Abgeschnitten von jeglicher Art Erfahrung, teilen sich ihre Mitglieder übers Handy oder Internet mit, was sie sowieso schon wissen. Die verstümmelte Sprache bildet die reduzierten Erfahrungen der sinnlicher Wahrnehmungen Beraubten unmittelbar ab.

All das ist aber nicht Ergebnis des Wirkens einer unsichtbaren Hand oder sonst eines höheren Wesens, auf das sich die Propagandisten des Global Village gern berufen, sondern allein des Prozesses der Zivilisation unter den Bedingungen der wachsenden Weltherrschaft des Gewinnprinzips und der damit verbundenen Kapitalkonzentration und Monopolbildung. Eine Technik, mit deren Hilfe Reichtum in Armut verwandelt wird. In Verbindung mit neuen Transport- und

Kommunikationstechniken, die der Reduzierung der Produktionskosten geschuldet sind, um im weltweiten Konkurrenzkampf zu bestehen, schnurrt jede räumliche Entfernung auf einen Punkt zusammen, und jede Zeiterfahrung reduziert sich auf den Augenblick. Das ist Global Village, ein Dorf, wo im Zeichen der Handy-Kultur die Differenz zwischen der Privatsphäre und der Öffentlichkeit längst aufgehoben ist. Der Handy-Benutzer ist auch dann ansprechbar, wenn er vorgeblich ungestört sein will, während jedermann in der Öffentlichkeit eines Cafés, in der Bahn oder auf der Straße gezwungen wird, an der Intimsphäre auch unbekannter Zeitgenossen teilzuhaben. Im Zeitalter erhöhter Geschwindigkeit von Produktion und Konsum ist Global Village kein Ort, sondern ein Punkt, an dem alles gleichzeitig abläuft.

Wer zum Beispiel Investoren mit attraktiven Standorten, Steuerfreiheit und billigen Arbeitskräften locken will, übersieht, dass der Standort moderner Wirtschaftsunternehmen jederzeit überall ist. Produkte werden aus Teilen zusammengesetzt, die aus vielen Ländern stammen, und sie können überall zusammengesetzt werden. Das erspart Steuern und Transportkosten, und es erhöht die Flexibilität der Produzenten. Ebenso wenig wie das Rennteam der deutschen Telecom bei der Tour de France ausschließlich Deutsch ist, ist es die als Sponsor auftretende Aktiengesellschaft selbst. Sie ist anonym und international. Ihr Standort wird womöglich bald ein Satellit sein, der den Planeten ständig umkreist und Kunden in aller Welt verbindet und bedient.

Durch die aktuelle Wandlung der Produktionsweisen – die Aufhebung der Abhängigkeit von Zeit und Ort –, wird die Produktion dezentralisiert und desynchronisiert. Flexibilität ist das Schlagwort, das die Aufhebung der Bindung der Arbeit an Zeit und Ort charakterisiert. Die damit verbundene Forderung nach Deregulierung der Wirtschaft, die die gesellschaftliche Kontrolle über den Markt beenden soll, verlangt auch, den Arbeitsmarkt zu deregulieren und in den übrigen Warenmarkt zu integrieren, mit dem Ziel, die Ware Arbeitskraft, wie alle anderen Waren, dem freien Spiel von Angebot und Nachfrage im Global Village zu unterwerfen und den Einfluss und die Macht der Arbeiterorganisationen aufzuheben. Die elektronische

Revolution scheint der endgültige Abschied vom Industriezeitalter zu sein, mit der Folge, dass der Anteil der immer geringer werdenden Arbeit auf einige hochqualifizierte Ingenieure und eine größere Zahl von Handlangern reduziert wird. Der einzige Kostenfaktor, den man noch zu beeinflussen vermag, die Restarbeit, muss über den Preis weltweit in Konkurrenz zu den Mitbewerbern treten. In Zukunft soll ein Arbeiter in Konstanz unmittelbar mit einem Arbeiter in Kanton konkurrieren. Natürlich kann er den Konkurrenzkampf nur gewinnen, wenn er seine Arbeitskraft billiger verkauft als sein chinesischer Kollege.

Die Globalisierung der Wirtschaft, in Verbindung mit der tendenziellen Aufhebung der gesellschaftlichen Kontrolle über die Märkte, eliminiert die Differenz zwischen der ehemaligen Ersten und der so genannten Dritten Welt. An ihre Stelle tritt eine neue Welt, in der Reichtum und Armut, ohne Kontrolle der Märkte und Geldströme und ohne jeden sozialen Ausgleich, nebeneinander existieren. Das führt zu einem weltweiten Anwachsen von Spannungen und Gewalt, wenn nicht eine globale Kontrolle der Geldströme und Märkte die wachsende Wildnis durch ein soziales Element des Ausgleichs humanisiert und die Welt wieder in die Raum-Zeit-Erfahrungen der immer noch von sinnlichen Wahrnehmungen abhängigen Menschen zurückübersetzt. Viele Globalophobiker, die heute weltweit gegen Neoliberalismus und die damit verbundene Globalisierung einer Welteinheits- und Leitkultur polemisieren, haben den Blick für die realen Kräfte der Wirtschaft verloren. Sie übersehen, dass nicht die Globalisierung, sondern die Totalherrschaft des Gewinnprinzips, verbunden mit der daraus resultierenden Kapitalkonzentration, für die Uniformierung und die kulturelle und reale Verarmung der Welt verantwortlich sind.

# IX
# Rasende Bewegungslosigkeit

Das seltsamste dabei war, dass sich die Bäume
und alles andere um sie her überhaupt nicht
vom Fleck rührten: wie schnell sie auch
rannten, liefen sie doch anscheinend
nie an etwas vorbei.

LEWIS CARROLL[138]

Die postmoderne Vision der totalen Kommunikation eint scheinbar
Klassen und Kontinente in einer Zeit, in der Gesellschaften auseinander
brechen und unerwünschte Fremde fortgeschickt werden. Angesichts
der Zerrissenheit der Gesellschaft und der bedrohlich zunehmenden
Entfremdung ihrer Mitglieder verspricht die schöne neue
Welt die Aufhebung aller Gegensätze, die Vereinigung im Cyberspace,
im virtuellen Raum der Informationsgesellschaft. Im Rausch der
universellen Verfügbarkeit von Geschichte und Gegenwart gelangt
der Benutzer in eine Welt, die er nun endlich seine Welt nennen
kann. Als Teil mit dem Ganzen vernetzt, geht er im Gewebe des neuen
Supersubjektes auf. Hört man auf die Vertreter von Medien und
Macht, wird damit ein allgemeines Bedürfnis realisiert und das kommende
Zeitalter eingeläutet.

Eine Gemeinschaft, die in Zukunft das gesamte menschliche Wissen,
alle historischen wie physischen Daten jederzeit abrufbar zur Verfügung
stellt und ihren Mitgliedern gestattet, wann immer sie wollen,
direkt miteinander zu kommunizieren, Bilder und Gedanken auszutauschen
und sich in Lichtgeschwindigkeit an jeden beliebigen Ort
und in jede Epoche der Geschichte zu simulieren, die also das Gesetz
der Ungleichzeitigkeit tendenziell außer Kraft setzt, verspricht die
Realisierung einer alten Heilserwartung, eine durch die Medien vermittelte
Allgegenwart, die bei Gläubigen bisher dem einzigen Gott

vorbehalten war. Die hohe Geschwindigkeit der Übermittlung und die verfügbare Menge an Information lassen die Welt als Simultané erscheinen, in der alle Epochen der Geschichte und alle Orte des erfahrbaren Raums auf dem Bildschirm in Echtzeit vereint sind.

Nach dem Scheitern materieller gesellschaftlicher Utopien tritt nun eine neue Hoffnung an ihre Stelle: die voll verkabelte und über Computer vernetzte Welt. Am Horizont erscheint die virtuelle Realität des kybernetischen Raums, in dem die Individuen endlich von jeder Behinderung durch die doch nie ganz berechenbare physische Realität befreit sind und, im Datenstrom dahinschwimmend, sich in neue Sphären treiben lassen können. Der Ministerrat der führenden Industrienationen hat dafür die Weichen gestellt: Unterstützung der notwendigen Technologien einer zukünftigen Informationsgesellschaft und vollständige Kommerzialisierung der Medien und globalen Netzstrukturen, ein Konzept, das den Verkauf von Information und elektronisch vermittelter Massenunterhaltung als neue Quellen der Geldschöpfung entdeckt hat.

Vonseiten der Wirtschaft werden hier zwei Fliegen mit einer Klappe geschlagen. Sind schon für die ungeheuren Investitionskosten, die der Markt und die ökonomische Konzentration den Unternehmen abverlangt, eine ausgeklügelte Logistik[139] sowie schnelle Produktion und Distribution notwendig, um die Kosten niedrig zu halten und die Transportzeiten der Waren zu reduzieren[140], so sind darüber hinaus auch die Lebenszeit der Waren, ihre Haltbarkeit und Benutzbarkeit ein Faktor, der Gewinn und Verlust in hohem Maß beeinflusst. Je schneller der Transport also und je begrenzter der Nutzen für den Konsumenten, desto höher der Gewinn für Händler und Produzenten.

Der Slogan *Zeit ist Geld* gilt heute mehr denn je. Ist Kapital durch lange Umschlagzeiten gebunden, frisst die Zeit den Gewinn auf. Das führt zu einer ständig steigenden Rotationsgeschwindigkeit der Wirtschaft, um zu verhindern, dass das investierte Kapital sich lange im Produktions- und Konsumtionsprozess aufhält. Es will umgesetzt, »realisiert«[141] werden, muss also von neuem in den Kreislauf eintauchen. Diese Tendenz hat zur Produktion kurzlebiger Güter bis hin zu virtuellen Waren im schnellen Erlebnis eines elektronisch vermittelten Ereignisses geführt. Der global vernetzte Markt gewährleistet schließlich den Umschlag der Waren in Lichtgeschwindigkeit und garantiert zugleich, dass sie als mehr oder weniger flüchtige Eindrücke und Bilder, Informationsbruchstücke und Videoclips in kürzester Zeit neuen Spots und Versatzstücken Platz machen.

Dass der Markt nicht ein von der Gesellschaft losgelöster begrenzter Ort ist, zeigt sich auch in dem alle sozialen Bereiche erfassenden Geschwindigkeitskult, vom Fast Food über die Reisegeschwindigkeit bis hin zu rasenden Schaltkreisen, die große Mengen von Daten in Sekundenschnelle transportieren und verarbeiten. Paul Virilio beschreibt das neue Zeitalter als Zeitalter der absoluten Geschwindigkeit. Die Benutzer der elektronischen Maschinen haben Raum und Zeit – und damit jede Möglichkeit, Erfahrungen zu machen – hinter sich gelassen, um mit dem »letzten Fahrzeug«[142], mit dem Computer also, auf den Datenautobahnen das Gesetz der Ungleichzeitigkeit zu überwinden und Vergangenheit und Zukunft in der Gegenwart, im Superlativ der Echtzeit zu erleben. Die Geschwindigkeit des zirkulierenden Geldes und die reale Geschwindigkeit im hochtechnisierten Alltag stehen in einem unmittelbaren Zusammenhang und treiben die Entgegenständlichung des gesellschaftlichen Lebens voran.

Das wachsende Tempo aller sozialen, wirtschaftlichen und technischen Prozesse hat auf Seiten des zirkulierenden Geldes zum Anwachsen großer Mengen schnell bewegbaren, spekulativen Kapitals geführt, das ganze Volkswirtschaften bedroht und bereits schwere Währungs- und Finanzkrisen verursacht hat. Auch wenn offiziell tunlichst verschwiegen, hängt das mit dem Einfluss der Drogen- und Waffendollars und den Verflechtungen von informellem und legalem Markt zusammen, die den gesamten Markt in eine sowohl destruktive als auch flüchtige Institution verwandeln, in der die zirkulierenden ungeheuren Geldmengen nicht mehr in die Produktion von Gütern fließen. Das große Geld wird in Scheinunternehmen gewaschen und heizt als unproduktiver Reichtum die Spekulation an. Nach Schätzungen der Vereinten Nationen sind das heute über 70 Prozent des gesamten beweglichen Kapitals. Durch Computer vermittelt, wird von Börse zu Börse Kapital transferiert, das vom Standpunkt der Volkswirtschaft aus gesehen eigentlich nicht existiert, weil es überhaupt nicht mehr in irgendeinen Produktionsprozess gelangt und als

Zahlenreihe im Computer nicht einmal als bedrucktes Papier erscheint. Es ist wirklich gegenstandslos. Der spekulativen Wirkung dieses Kapitals aber tut das keinen Abbruch.

Die durch diese Entwicklung des Marktes produzierte Verflüchtigung der Objekte des Konsums – bedingt durch die immer schneller werdende Zirkulation des Kapitals, die es nicht mehr gestattet, sich über den Augenblick hinaus an einem Gegenstand festzuhalten – vernichtet schließlich auch Raum und Zeit als Kategorien konkreter Erfahrung. Absolute Geschwindigkeit heißt zugleich Stillstand, Omnipräsenz lässt keine Bewegung mehr zu. Die Verwandlung der sinnlich erfassbaren Gegenstände in Flimmerbilder, die Auflösung aller Materie in Licht sozusagen, bedeutet den Verlust wichtiger menschlicher Orientierungsmöglichkeiten und vor allem den Verlust der gesellschaftliches Leben zuallererst produzierenden, physischen Kommunikation. Raum und Zeit bilden den Rahmen, in dem sich die Individuen physisch bewegen und orientieren. Sie sind die Voraussetzung für jede Erfahrung und die damit verbundene Erinnerungsfähigkeit der Menschen. Der Entgegenständlichung der Ökonomie korrespondiert die Entfremdung der Individuen, die einmal, vermittelt über Gegenstände zueinander in Beziehung treten.

Die Rezeption der Umwelt durch die Sinnesorgane macht aber jede Wahrnehmung erst zu einer Wahrnehmung. Ohne die Fundamente sinnlicher Wahrnehmung wäre keine Abstraktion, kein Begriff zu vermitteln. Indem wir einen Raum erfahren, uns in ihm bewegen oder die Bewegung aus einer erinnerten Erfahrung reproduzieren und Gegenstände begreifen, also betasten und sehen, legen wir den Grundstein für spätere Erinnerungsbilder. Mit der Hand Heißes oder Kaltes erfühlen, mit dem Ohr die Klänge der Resonanzwellen von Körperschwingungen hören oder mit dem Auge die farbigen Wellen reflektierten Lichtes sehen, das sind Wahrnehmungsformen, die als Erfahrungen gespeichert und später in Erinnerungsbilder zurückgerufen werden können.

Alle Erfahrung ist zunächst synästhetische Erfahrung. Das Kind, das seine Umwelt wahrzunehmen beginnt, unterscheidet noch nicht. Es erfährt seine Umwelt durch Tasten, Schmecken, Riechen, Hören und Sehen zugleich. Erst die Analyse der einzelnen Eindrücke führt zu einer Differenzierung von Wahrnehmungsfeldern. Wie sehr unsere Vorstellungen noch an synästhetische Erfahrungen gebunden sind, zeigen Ausdrücke wie klirrende Kälte, brüllende Hitze oder blaue Stunde. Noch der Blick auf einen Gegenstand baut auf synästhetischer Wahrnehmung auf. Wir sehen, ob er rau oder glatt, weich oder hart ist, erahnen aufgrund früherer Erfahrungen vielleicht sein Gewicht und unter Umständen den Klang oder das Geräusch, das er hervorrufen wird, wenn er zerbricht. Wir erkennen Farben und Texturen von Bildern wie das Material und die Oberflächenstruktur von plastischen Gegenständen.

Aber erst die Bewegung gestattet die Erfahrung von Räumen und Gegenständen und konstituiert Raum und Zeit als Dimensionen des Lebens. Experimente haben erwiesen, dass Hunde, wenn sie angebunden sind, anders wahrnehmen, als wenn sie sich frei bewegen können, und dass Gegenstände, wenn sie sich in absoluter Ruhe befinden, von uns nur in Bruchteilen von Sekunden gesehen werden können, ein Manko, das der Film in einen Vorteil verwandelt hat. Die Bewegung trägt zur Orientierung der Wahrnehmung bei. Wir tasten ab, bewegen uns in Räumen oder um Gegenstände herum. Die dreidimensionale Wahrnehmung ist die grundlegende Form jeder Wahrnehmung. Sie korrespondiert dem menschlichen Körper und gestattet die Orientierung in Raum und Zeit. Doch die wahrgenommene Welt besteht nicht nur aus Objekten und dem sie umschließenden Raum, sie enthält alle Beziehungen, durch die die Objekte im Raum, untereinander wie mit der Vergangenheit und der Zukunft und mit der Form der Wahrnehmung selbst verbunden sind.

Vermittelt wird die Wahrnehmung durch die Sprache. Sie zeigt, dass die wahrgenommene Welt nicht nur meine Welt ist. Alle anderen nehmen teil und vermitteln durch Sprache ihre Erfahrungen. Es gibt keine Erfahrung ohne Sprache. Sie versucht, die Erfahrung zu artikulieren und, in dieser Artikulation verarbeitet, als Erinnerung abrufbar zu halten. Wie die Künste ist Sprache ein Medium der Erinnerungsverarbeitung, so wie jede Erinnerung überhaupt erst als verarbeitete Erinnerung zu Erinnerung wird. Voraussetzung bleibt die konkrete, sinnliche Erfahrung, auf der alle Erfahrung aufbaut und auf die alle Erinnerung zurückgeht.

Wir stehen mitten in einem rasanten Abstraktionsprozess. Nicht nur Raum und Zeit verschwinden aus dem Bereich der Erfahrung, auch Primärsinne wie Fühlen, Schmecken und Riechen verlieren ihre kommunikative, vermittelnde Funktion. Sie regredieren mit der Einschränkung ihres Betätigungsfeldes. Was einmal in einem langen Prozess der Zivilisation erworben wurde, verkümmert schnell, sobald es nicht mehr gebraucht wird. Kein Zufall, dass Bill Gates, der Boss der Firma Microsoft, dafür bekannt ist, sich ausschließlich von Coca Cola und Fast Food zu ernähren, wie die Schneller-Leben-Generation überall in der Welt. Eine Tendenz, die in den Illusionspalästen Amerikas bereits vorgebildet wurde. Kein Kino ohne Coca Cola und Popcorn.

Die über Partialsinne vermittelten Beziehungen zwischen Menschen zu reduzieren, hat jedoch weitreichende Konsequenzen. Es ist viel darüber spekuliert worden, was dieser Verlust über den der Erinnerungsfähigkeit hinaus noch bedeutet, werden doch mit der Reduktion sinnlich vermittelter Sozialverhältnisse auch die Realisierungsmöglichkeiten der Partialtriebe gekappt und die Sublimierung der Sexualverhältnisse in erotisch vermittelte Sozialverhältnisse erst gar nicht zugelassen. Das beschränkt sich nicht allein auf Speisen und Getränke. Die Enterotisierung der Gesellschaft und ihrer Produkte ist also kein Gewinn, der etwa sexuellen Beziehungen zugute käme, im Gegenteil, diese werden ja durch die Erotik vorbereitet und vermittelt und sind stets Teil komplexer Sozialverhältnisse. Das Verschwinden der Erotik aus der gesellschaftlichen Kommunikation ist also mit der Auflösung der sozialen Bindung gleichzusetzen und führt als Reaktionsbildung zu Fluchtbewegungen, sei es in die Droge oder in die Aktion.

Alle sozialen Beziehungen bauen auf sinnlicher Kommunikation auf. Fühlen, Schmecken, Riechen, Hören und Sehen sind die Grundlage, auf der Menschen physisch zu einer Gesellschaft zusammentreten und ihr Verhältnis untereinander wie zu ihrer dinglichen Umwelt organisieren. Hören und Sehen, wiewohl schon abstraktere Wahrnehmungsformen, stellen den physischen Bezug zur sozialen Welt her. Ein Instrument, eine Musik hören, sie nachempfinden und rekonstruieren, über Geräusche einen Raum und die Welt erfassen, sind sinnliche Erfahrungen, die schon durch eine Compact Disc aus der Wirklichkeit in einen irrealen Raum verbannt werden. Ihre Perfektion entfernt von der Realität des Lebens und entführt den Hörer in eine andere Welt, zumal wenn er durch Kopfhörer von allen störenden Geräuschen seiner Umwelt abgeschirmt ist. Das verwandelt seinen Kopf in einen virtuellen Konzertraum und lässt ihn glauben, an einer Bewusstsein erweiternden Perzeption teilzuhaben, obgleich es sich doch nur um eine Einschränkung handelt, weil Teile der Realität herausgefiltert wurden. Die Musik ist überdeutlich, weil sie von allen irritierenden Elementen, vom Schmutz der physischen Welt gereinigt ist. Sie führt zu einer Halluzination. Wie der Kranke aus der widerständigen und ignorierenden Welt in die Halluzination flüchtet, gestattet die neue Technik die isolierende Konstitution einer fiktiven Umwelt: eine virtuelle Audio-Welt berauschender Klänge und Töne oder hämmernde Rhythmen einer Techno-Musik, die realen Schmerz unterdrücken und die Fans in lächelnde Zombies verwandeln, mystischen Bruderschaften vergleichbar, die sich durch ekstatische Bewegungen betäuben und so von gesellschaftlichen Spannungen zu befreien versuchen.

In noch viel höherem Maß erleben wir eine sinnliche Reduktion bei elektronisch vermittelten Bildern auf Computerbildschirmen oder im Fernsehen. Daran gewöhnt, die Zeichen, die wir auf dem Schirm sehen, im Geist in reale Bilder zurückzuübersetzen, stoßen wir jedoch automatisch an die Grenzen unserer Fähigkeit, sobald es sich um Zeichen handelt, die zu unserem Erfahrungsbereich in keiner Beziehung stehen. Ein sinnlich vermittelter Zugang zur Welt der Dinge wird durch das Videobild verschlossen, da die Immaterialität des elektronischen Bildes uns den Zugang zu Realität und Erfahrung nur über Symbole und Zeichen gewährt. Das Individuum bleibt in die virtuelle Welt verbannt. Virtuell ist eine Kraft, lateinisch *virtus*, der man nachsagt, dass sie eine besondere Wirkung hervorruft. Meist unsichtbar, wie Gott oder die unsichtbare Hand, die nach Auffassung neoliberaler Ökonomen alle sozialen und ökonomischen Prozesse der Gesellschaft aus dem dunklen Hintergrund der Weltbühne lenkt. Die Erfahrung des Glaubens an diese allmächtige, unsichtbare Kraft wird heute als Erlebnis in einem halluzinierten Raum realisiert. Darin hat sich die religiöse Disposition erhalten: im Glauben an die Wirklichkeit der Bildschirmrealität. Wir glauben, was wir sehen.

Geht man davon aus, dass die mangelhafte technische Qualität durch größere Auflösung der Videobilder in Zukunft verbessert würde, sind doch allein die elektronisch erzeugten Farben durch die Art ihrer Produktion, dass sie nämlich nicht durch Reflexion des Lichts entstehen, von ganz anderer Qualität. Videobilder sind flach, wiewohl sie auf den Betrachter einen Sog ausüben können. Selbst wenn es eine problemlos handhabbare, dreidimensionale Bildtechnik gäbe, müsste doch der Versuch scheitern, Realismus in ein Medium zu bringen, das in Wahrheit Flucht- und Suchtbedürfnissen dient. Weder vermittelt es Realität, noch ist es eine wie immer geartete Kopie derselben. Die Halluzination ist keine Wahrnehmung der Wirklichkeit, wenngleich sie für den Halluzinierenden die Wirklichkeit ersetzt. Allein unsere Erinnerung, die von sinnlicher Wahrnehmung ausgeht, erschließt uns die lebendige Realität. Videobilder haben dagegen eine ganz andere Funktion. Als immaterielle Ansammlung von Lichtpunkten locken sie, wie nächtliche Irrlichter im Moor, in eine halluzinierte Welt, die dem verzweifelten Konsumenten – solange die Reste eigener Erinnerung ihn noch zu leiten vermögen – eine Zuflucht verheißt.

Dagegen hat das gemalte Bild, auch noch die Fotografie, immer eine Textur, eine Oberfläche wie jeder Gegenstand, den man mit den Augen abtasten kann. Kunst ist gegenständlich auch da, wo sie abstrakte Kunst ist. Dazu kommt die Reflexion des Lichts durch Farben und Formen, wodurch Zugangs-, Interpretations- und Erfahrungsmöglichkeiten eines Bildes eröffnet werden, die den realen, physischen Erfahrungen der Individuen korrespondieren, etwas, das Videobilder so prinzipiell nicht leisten können. Die Reproduktion von Kunstwerken durch Video gewährt darum nicht die Spur eines Zugangs zum Original, gerade weil das elektronische Bild aufgrund seiner Verheißung virtueller Allmacht dazu verleitet, für den Gegenstand gehalten zu werden, den es symbolisch repräsentiert. Es ist mehr eine Halluzination als ein Erinnerungsbild der Wahrnehmung eines Originals. Um so erstaunlicher die Absicht, elektronische Speicher von Kunst anzulegen und dem Publikum als Museen zu verkaufen. Ein

Projekt, das Museen und Verwerter wie Microsoft und Sony zur Zeit verfolgen. Aber, das sollte nicht vergessen werden, es kommt den Interessen des postmodernen, internetsüchtigen Museumsbesucher entgegen.

Wirft man einen Blick ins Internet, scheint ein unendliches Reservoir von Bild-, Ton- und Textdokumenten uns einen umfassenden Zugang zur Welt der Sehens- und Hörenswürdigkeiten zu erschließen. Allein die »Virtual Art Gallery«[143] – 24 Stunden an sieben Tagen in der Woche geöffnet, Eintritt frei – bietet Zugang zu Museen wie dem Louvre – Mona Lisa, Chagall, Renoir, Matisse, Van Gogh – oder dem Andy Warhol Museum – Campbell Soup, Marilyn, the Velvet Underground of Pop Culture – oder der Russian Fine Arts Gallery – Tour Russia's contemporary art museum, lots of great pictures –, es können aber auch »Celebrety Rubbings from the Grave« – Jimi Hendrix, Marilyn Monroe & Bruce Lee – angeklickt werden. Die Welt im Kasten, Texte mit Abbildungen im Kleinstformat, wie wir sie von den Foto-Ziehharmonikas her kennen, die vor Monumenten und Sehenswürdigkeiten an Touristen in aller Welt schon vor hundert Jahren verkauft wurden.

Seit einigen Jahren hat das französische Kulturministerium die aus konservatorischen Gründen für den Massentourismus nicht mehr zugänglichen Höhlen von Lascaux[144] und Chauvet-Pont-d'Arc[145], eine erst im Winter 1994/1995 entdeckte Höhle im Ardèche, ins Internet gestellt. Chauvet soll Lascaux durchaus ebenbürtig, wenn nicht noch eindrucksvoller sein. Mausklick: Die Grotte heute, die Forschung, Raum und Zeit, Zeugen. Besuch der Grotte: In einem kurzen Text wird der einige hundert Meter lange Höhlenkomplex beschrieben und mit Abbildungen illustriert: Große Galerien mit 4 x 5 Meter Durchmesser verbinden enorme Hallen, die sich bis zu 30 x 20 Meter öffnen. Sie sind mit Malereien und Felsritzungen dekoriert, Tierdarstellungen, einzeln oder in Gruppen bis über 50, von einem halben bis zwei Meter Länge. Im Ganzen hat man mehr als 200 schwarze oder in rotem Ocker gehaltene Malereien, Zeichnungen und Ritzungen entdeckt. Dann kommt eine mehr oder weniger komplette Aufzählung der abgebildeten Tierarten, die zusammen mit Symbolen einige hundert Meter Galerien schmücken. Einige technische Anmerkungen und wieder Beschreibungen der Abbildungen, welche Tiere in welchen Posen, oft scheint das Geschlecht erkennbar, ein Rhinozeros mit überproportionalem Horn, abstrakte Zeichen, Halbkreise, Handabdrücke. Feuerstellen, Fackelreste, bearbeitete Feuersteine, Arrangements von Steinen und Tierresten, Tonkugeln, Eisenoxyd und Magnesium für Farben, die auf die Anwesenheit von Menschen schließen lassen. Carlo Ginzburg[146] hätte die Spuren von Jägern und Jagdritualen ausgemacht.

Offenbar war es ein Kultplatz. Für die wissenschaftlichen Berater des Kulturministeriums sind es vermutlich nur Jagdszenen aus Südfrankreich, ein Lagerplatz vielleicht. Natürlich glauben sie, dass es Kunst ist:»Die schwarzen Zeichnungen wirken vertraut«, heißt es, »die Komposition der Felder und die durchgehend meisterhafte Kunst in Verbindung mit den verwendeten Techniken bei den Tierdarstellungen lassen auf eine einzige Handschrift schließen. Könnte es nicht das große Werk eines Meisters der Strichzeichnung sein?«[147] So die Museologen des Ministeriums im Geist der zwanziger Jahre, als man in steinzeitlichen Höhlenbildern, ungeachtet ihrer Funktion, eine Verwandtschaft zur zeitgenössischen Moderne entdeckt hatte. Was ja auch stimmt, nur dass es die Moderne war, die, von den archäologischen Entdeckungen fasziniert, diese zu Ahnen stilisiert und als formale Ideenlieferanten ausgebeutet hat. Man denke nur an Miró oder an Braque, Picasso, die Kubisten und ihr Verhältnis zur afrikanischen Plastik[148], die Anfang dieses Jahrhunderts aus den Kolonien in die europäischen Galerien und Wohnzimmer gelangte.

Die scheinbar meisterhaften Zeichnungen in den Höhlen von Chauvet-Pont-d'Arc lassen auf Kultveranstaltungen schließen, die vor 30 000 Jahren über eine sehr lange Zeit in gleicher Weise zelebriert und bei denen die gleichen Zeichen und Symbole zur Darstellung der Kultinhalte verwendet wurden. Die Abstraktion scheint sowohl Ergebnis endloser Wiederholungen als auch einer schrittweisen Annäherung an das Wesentliche zu sein: das Zentrum des Kults, wo die höchste Abstraktion in direkter Beziehung zur emotionalen Basis, zum Triebkonflikt steht. Darum kann sich heute ein schlichtes Kreuz auf einen komplexen Opferkult und den Versuch seiner Überwindung beziehen. Drei Kreuze macht, wer des Schreibens unkundig, aber doch beim Opfer schwört, einen Vertrag einzuhalten oder auch nur sein Einverständnis mit einem Sachverhalt erklärt.

Allein der Sog, den die Abbildungen auf dem Bildschirm vielleicht auf den Betrachter ausüben, stellt eine psychische Verbindung vom Netzmuseum zu einem steinzeitlichen Kultplatz her. Dabei handelt es sich nicht um das Interesse, das ein schlecht erkennbares Bild immer hervorruft – wo man nichts sieht, sieht man genauer hin –, sondern um die Attraktion des Videobildes, das den Betrachter förmlich in den Schirm saugt, unabhängig von seiner mangelnden künstlerischen Qualität, seinen falschen Farben oder seiner Farbarmut, vom immergleichen Rahmen des Monitors und der Bildschirmoberfläche ganz zu schweigen. Vielleicht ist es aber gerade der unbestreitbare optische Analphabetismus und die anspruchslose Konsumierbarkeit, die die Attraktivität der Videobilder ausmachen. Vielleicht haben wir es mit einem modernen Kultplatz zu tun, einem Lagerfeuer des 20. und 21. Jahrhunderts, wie McLuhan vermutet hat. Der Erfolg der elektronischen Medien, die gerade dabei sind, den Markt der Global City in ihre Obhut zu nehmen, und der Eintritt vieler Museen ins weltumspannende Netz lassen vermuten, dass es sich nicht nur um eine technische Entwicklung handelt, die Wirtschaft und Gesellschaft nützt, weil sie der Erweiterung von Raum und Zeit und dem überaus raschen Zugang zu jedem Ort in der Welt dient, ein neues Transport- und Kommunikationsmittel also, sondern dass wir es mit einem ökonomischen und sozialen Bezugs- und Strukturwandel zu tun haben, der die Gesellschaft insgesamt in neue Bahnen lenkt.

Museum, das ist ein schillerndes Wort. Denken wir an die großen Museen, die sich die Nationen zur Demonstration ihres Selbstverständnisses eingerichtet haben, Louvre, British Museum, Pergamon Museum, Nationalgalerien, Smithsonian und so fort, dann erkennen wir Schatzhäuser als Ahnen, wie sie in der Antike auf den großen Kultplätzen standen, Kunst- und Wunderkammern, die von Sammlern aus Liebhaberei oder auch pathologischen Gründen seit der Renaissance in Europa angelegt wurden, aber wir erkennen auch die imperiale Geste, die aus Anlage und Sammlung der großen Museen des 19. Jahrhunderts spricht und verrät, dass man sich mit einem Bild von der Welt auch gleich die Welt zu eigen machen wollte: Napoleon ließ

Schätze aus Ägypten nach Paris schaffen, das britische Empire ins British Museum, wo noch heute Expeditionskorps in den Depots nach unbekannten Objekten stöbern, die in der Eile des Einsammelns nicht ordentlich registriert und archiviert werden konnten, während Berlin mit Geld und guten Worten, vielleicht auch diplomatischem Zwang, die Museen füllte und die Kulturnation zur Weltkulturnation aufzuwerten verstand. Allen gemeinsam ist die materielle Einverleibung der Welt, die erst derart angeeignet dem universellen Weltbild zu einem sicheren Fundament verhalf.

Die Funktion der großen Museen, Schatzhäuser für die Beute von Raubzügen zu sein – der andauernde Streit über Besitz- und Eigentumsrechte mit den Ursprungsländern lässt daran keinen Zweifel –, stellt die Museen in eine Beziehung zum Mythos und zeigt, dass mit dieser Institution nicht nur historische Kulturgüter, sondern auch kulturbildende Triebkonflikte der Nachwelt überliefert werden. Hermes, der Schutzpatron des Marktes, hat, wie der Mythos versichert, seine Karriere als Dieb begonnen und die gestohlenen Objekte in die Höhle seiner Mutter geschafft. Welche Rolle Höhlen im Leben der mythischen Heroen spielen, braucht nicht besonders erwähnt zu werden. Sie verschwinden darin, gehen zurück an den Ort, wo sie hergekommen, und werden dort wiedergeboren. Die Höhle ist mythischer Ausgangspunkt und Endpunkt – unschwer zu erraten, was sie symbolisiert: sie ist Bauch und Grab zugleich, Prototyp aller Schatzhäuser und Museen und natürlich des Kultplatzes, auf dem alle den gesellschaftlichen Zusammenhalt konstituierenden Opferrituale zelebriert wurden.

Vermutlich war die Höhle von Chauvet-Pont-d'Arc, wie die meisten derartiger Höhlen, ein steinzeitlicher Kultplatz; weniger wahrscheinlich ist, dass sie Menschen als Wohnort diente. Jagd- und Bestattungsrituale, deren Zeugnisse in der Höhle gefunden wurden, garantierten den gesellschaftlichen Zusammenhalt und gehörten zu den Veranstaltungen, die die physische Reproduktion der archaischen Gemeinschaft sicherstellten – alles andere war nur noch Vollzug. Die im Kult ständig wiederholten Rituale sind es, die die Gruppe als Opfergemeinschaft verbinden, Bestattungsrituale ihr Ausgangspunkt. Wenn wir der psychoanalytischen Auffassung folgen, ist es das Opfer, das die Horde zwar noch nicht wirklich zivilisiert – das könnte erst seine Abschaffung –, wohl aber zu einer Gemeinschaft zusammentreten lässt, die vermittels Kult und Ritual immer wieder an den Ausgangspunkt der Gemeinschaftsbildung erinnert. Die Wiederholung selbst hat, wie aus der Psychiatrie bekannt, noch kein Bewusstsein vom Trauma, sie ist ein unbewusster und wohl auch ohnmächtiger Versuch, sich vom Opfer zu befreien, ein Reflex, der nach etwas strebt, das er nicht kennt. Erst die Umsetzungen in Formen, Figuren, Rituale und Tanz artikulieren den Gesellschaft konstituierenden Konflikt und zugleich den Versuch, ihn zu lösen. Indem Opferverhältnisse wie Arbeitätigkeiten und die durch Opfer erkauften Formen der gesellschaftlichen Reproduktion in Tanz, Epos und Versmaß, Plastik und Kunst dargestellt werden, geraten sie ins Bewusstsein.

Aus Gräberfeldern hervorgegangen, war ein Kultplatz der Ort, an dem in der Antike das eigentliche gesellschaftliche Leben stattfand. Wie auf der Agora Athens wurde an diesem Ort der Markt abgehalten, hier fanden die Versammlungen und Veranstaltungen statt, die für das gesellschaftliche Leben wichtig waren. Am Rande befanden sich die Tempel der Götter, Schatzhäuser, in denen die Opferschätze gesammelt wurden, und etwas weiter entfernt stand das Theater – ursprünglich nur ein Krater, ein Tanzplatz an einem Hang mit einem Felsentor, Palast- oder Höhleneingang, durch den Schauspieler auftreten und verschwinden konnten. Erika Simon[149] schreibt, dass Wilhelm Dörpfeld bei Ausgrabungen innerhalb des Athenischen Dionysostheaters eine *Orchestra*, also einen Tanzplatz, aus dem 6. Jahrhundert vor Christus freigelegt habe: ein Kreis von 20 Metern Durchmesser, in dessen Mittelpunkt ein Altar gestanden haben soll. Der Chor – *choros* heißt Tanz –, der im *Dithyrambos*, einem Rundtanz, um den Altar führte, artikulierte den Rhythmus der Tragödie, während ein Schauspieler von einer Katastrophe Bericht erstattete und seine Verstrickung ins Schicksal darstellte. Das war die Grundform. Der Tanz gehörte, wie Erika Simon schreibt, von Anfang an zu den wichtigen Bestandteilen des Dionysoskultes, er war Mimesis, Nachahmung, Beschwörung, gestaltete Äußerung. Die *Extasis* des Schauspielers, der in der Maske – griechisch *persona* – aus dem Stammesverband heraustritt und sich als Person, wie Ödipus, einer Schuld bewusst wird, ver-

mittelt die Erkenntnis der gesellschaftlichen Spannungen, die im Mythos artikuliert werden. Auf dem griechischen Theater wird die Zerrissenheit des Individuums zwischen Triebwunsch und Gesetz in Szene gesetzt, es ist veranstalteter Mythos.

Eine Tür in der *Skene*, ein Felsentor oder Höhleneingang, vielleicht der Einstieg in ein Grab, symbolisierte den Zugang zur Unterwelt, den Tartaros[150], in den zum Beispiel Prometheus vom Blitz des
Zeus getroffen versank. Von den Menschen aus ihrer eigenen Erfahrung und Fantasie in die Unterwelt projiziert, entsprach die Hölle einem Spiegelbild der irdischen Gesellschaft und ihrer Götterwelt; die
gleichen Hierarchien, Organisationsformen und Abhängigkeiten.
Auch die Strafe folgte irdischem Zwang, war im griechischen wie
christlichen Mythos Strafe für die Übertretung sexueller Tabus –
Strafe für Unbotmäßigkeiten. »Eva erkannte Adam, und sie gebar« –
das in der Bibel verwendete Wort für den Geschlechtsverkehr beweist, dass die Tabuierung bis zum Erkenntnisverbot und umgekehrt
jede Erkenntnis mit ihren Wurzeln bis in die sexuelle Sphäre reicht.
Die Strafe ist das Opfer, auf dem die Gesellschaft aufbaut, Arbeit, Brot
»im Schweiße des Angesichts« zu verdienen, oder niemals enden wol-
lende, vergebliche Arbeit, wie die Strafe der Danaiden, die, zwangs-
verheiratet und auf den Rat und mithilfe ihres Vaters – *pater potestas* –
ihre Freier niedergestochen haben und zur Strafe in der Unterwelt
Wasser in ein durchlöchertes Fass schöpfen mussten. Strafe für jeden,
der sich der herrschenden Macht widersetzt, auch dann, wenn er nur
anderen Gesetzen folgt.

Robert von Ranke-Graves interpretiert diesen Mythos als den von
der Ablösung des Mutterrechts durch das Vaterrecht. Danach waren
die Danaiden Priesterinnen, die über das Wasser gewacht hatten. Von
der patriarchalen Gesellschaft wurden sie erst zu Mörderinnen und,
wie immer in solchen Fällen, später wegen ihres abweichenden Welt-
bildes und ihrer abweichenden Welterkenntnis zu gefährlichen Zau-
berinnen stilisiert.[151] Kerényi assoziiert die Danaiden mit Lethe, jener Quelle der Vergessenheit, einer Göttin, die in der Unterwelt den
unlöschbaren Durst der Toten mit Wasser stillt. Ein Strom, der wie das
Leben dahinfließt, »mit unlöschbarem Durst aufgenommen wird und
mit der Furcht, dass im Tode nur die Qual des Durstes nach demsel-

ben Wasser bleibt. Eine schmerzliche Erfahrung, was man trinkt, vergeht unaufhaltsam. Man trinkt es aber mit Lust, und durch diese Lust vergisst man die besonderen kleinen und großen Schmerzen des Lebens, es ist ein Trank und Strom zugleich, mit einer charakteristischen Richtung: nach dem Verschwunden- und Vergessensein hin.«[152] Der Mythos von den Qualen der Toten in der Unterwelt, deren Durst nie wirklich gelöscht werden kann, ist als Gleichnis für das Schicksal des Konsumbedürfnisses in der realen Welt zu lesen. Durst ist in diesem Bild eine Triebmetapher und der Strom der der Waren auf dem Markt. Wir wissen, dass der Durst nach immer neuen Waren unlöschbar bleiben muss, weil jede neue Ware doch nur ein Ersatz ist.

Der unmittelbaren, aber eben nicht dauerhaften Befriedigung der Lust durch Lethe, die vergessen Machende, stellt Kerényi die personifizierte Erinnerung gegenüber. Mnemosyne gehört zu den ältesten Göttinnen der Griechen, sie ist Tochter von Uranos und Gaia und die Mutter der Musen. Auch sie löscht Durst, aber auf eine nachhaltige Weise. Während Lethe das Leid vorübergehend vergessen macht, wie der Konsum das Konsumbedürfnis auf Zeit zu befriedigen vermag, löscht Mnemosyne dagegen den Durst durch Erinnerung. Der Rhapsode, der die Musen, ihre Töchter, anruft, bevor er mit seinem Vortrag beginnt, bezieht sich auf die durch die Musen verkörperte Verarbeitung und Rekonstruktion der Erinnerung. Ihr Sitz ist das *Mouseion*, der Musentempel. Als Museum ist es der Ort für gelehrte Beschäftigung mit den Gegenständen der Erinnerung, wie eine Bibliothek oder Akademie. Aber Erinnerung ist nur Erinnerung als verarbeitete Erinnerung: ein Kunstwerk, die Organisation einer Sammlung, Interpretation und Reflexion. Dafür stand das Museum ein.

Museum kann, wie noch im 16. Jahrhundert, ein Studierzimmer oder auch das Arbeitszimmer Freuds im 20. Jahrhundert sein, eine Sammlung, wie in den Kunst- und Wunderkammern des 17. und 18. Jahrhunderts[153], aber auch eine der großen Galerien und Museen des 19. und 20. Jahrhunderts. Was ein Museum von den Großereignissen, Weltausstellungen und Warenhäusern unterscheidet, ist die erinnernde Beschäftigung mit den Zeugnissen der Geschichte und den Werken der Kunst mit dem Ziel, ein Bild von der Welt zu erarbeiten, die Welt zu rekonstruieren. Das ist eine Arbeit, die mit jeder neuen

Erkenntnis von neuem begonnen werden muss, keine Wiederholung, sondern eine Revision und Reinterpretation, die zu einem neuen Bild führt. Aber noch das falsche Bild ist ein Bild von der Welt, so wie die *fausse reconnaissance* einer wohl verdeckten, deswegen aber nicht weniger realen Erinnerung zu verdanken ist. Durch die Erinnerungsarbeit leisten die Museen Widerstand gegen einen bewusstlosen, ort- und zeitlosen Strom, dem die Befriedigung des unmittelbaren Bedürfnisses alles ist. Erinnerung ist Widerstand, nicht die unmittelbare Befriedigung eines Triebwunsches durch Attraktion und Ereignis, sondern Arbeit, Erkenntnis der Welt. Das setzt entwickelte Sinne, Erlebnis und Erfahrung voraus. Die Neugier, die die Erkenntnis leitet und zur Erforschung der Welt treibt, verbindet Museen mit Akademien und Universitäten.

Als Werkstatt der Erinnerung steht das Museum dem Markt wie Mnemosyne Lethe gegenüber. Während der Konsum jede Erinnerung durch Vergessen tilgt und wie Lethe den Durst mit einem endlosem Strom von Waren immer wieder zu stillen verspricht, stellt die Rekonstruktion der Welt durch Erinnerungsarbeit, Wissenschaft und Kunst eine Befreiung von quälendem Durst durch Sublimierung der unmittelbaren Triebbefriedigung in Aussicht. Aber wie? Der Begriff, von Freud als zivilisierende Verwandlung des Triebs in die Diskussion gebracht, ist nie zufriedenstellend geklärt worden. Wir wissen wenig über den Vorgang der Sublimierung, dieser Verfeinerung, die jederzeit wieder in jede nur denkbare Barbarei zu regredieren imstande ist. Ebenso wenig ist uns der Anteil der Verdrängung bei derartigen Prozessen bekannt. Allein der Zwang, durch den die Zivilisierung schließlich erkauft wird, weist auf den großen Anteil, den die Verdrängung bei diesen Prozessen haben muss. Die Fragilität, verbunden mit der hohen Rückfallquote allein im 20. Jahrhundert, lässt Zweifel an der Möglichkeit einer wirklich glückenden und vor allem dauerhaften Sublimierung aufkommen, Zweifel, die auch Freud in seinen kulturkritischen Schriften immer wieder geäußert hat. Das tangiert aber nicht die Tatsache, dass Erkenntnis sowie künstlerische und wissenschaftliche Tätigkeit mit Lust verbunden und durchaus befriedigend sein können. An einem Gegenstand interessiert sein, etwas herausfinden oder rekonstruieren, ist von Zwang befreite Arbeit. Gefangene und Strafarbeiter suchen nur einen Fluchtweg. Erkennende Arbeit kann dagegen den quälenden Durst aus seiner Unmittelbarkeit befreien und vielfältige Formen der Befriedigung im Prozess des Erwachsenwerdens erschließen – soweit eine historische Utopie. Aber weder stehen die Museen in Utopia noch an irgendeinem anderen Ort außerhalb der Gesellschaft. Als Produkt des gesellschaftlichen Selbstverständnisses reproduzieren sie nur die herrschenden ökonomischen und sozialen Verhältnisse und fügen sich der Macht. Wo der Buchhalter Chef ist und betriebswirtschaftliches Denken die Köpfe beherrscht, verwandeln sich auch Museen in ganz gewöhnliche Wirtschaftsunternehmen. Die Unterwerfung unter partikulare ökonomische Interessen, der Siegeszug der radikalen Marktwirtschaft sozusagen, zwingt sie, sich diesem Trend anzuschließen. Masse statt Klasse, Umsatz und Kasse gelten für Warenhäuser wie für Museen. Das führt zu Großveranstaltungen, die riesige Menschenmassen anziehen, und macht das Museum zu einer Firma, die Events verkauft.

Folgerichtig organisieren Reiseunternehmen schon den Massentourismus zu den Mega-Ausstellungen. Aus Anlass einer Ausstellung der Werke Vermeers durch Den Haag geschleust, kauft der Tourist anschließend im Gift Shop eine Baseballkappe oder ein T-Shirt mit Motiven des Malers, um vom Ereignis etwas nach Hause zu nehmen: ein Andenken. Und das wird zunehmend das eigentliche Geschäft. Der riesige Markt der Accessoires entpuppt sich als der eigentliche Markt, während Filme, Konzerte, Veranstaltungen und Ausstellungen nur deren Werbeträger sind. Nicht nötig zu erwähnen, dass es gerade das Andenken ist, das der Erinnerung wie ein Monument im Wege steht. In dem Maß, in dem Kunstwerke zu beliebig austauschbaren Teilen von Großereignissen, zu Bühnendekoration entwertet werden, verblassen die einzelnen Werke als Gegenstand der Erkenntnis und Rezeption. Sie werden unsichtbar für die Erfahrung suchenden Sinne, während sie als Funktionsträger oder Stars des Spektakels im vollen Rampenlicht stehen.

Auf dem großen Sprung auf den Markt befindet sich zum Beispiel bereits seit Jahren die Stuttgarter Staatsgalerie. Sie wird, nach dem Willen ihres Leiters, in ein modernes Wirtschaftsunternehmen verwandelt[154], das Investoren die Möglichkeit bietet, Anteile eines

Kunstmarktfonds bei einer Bank zu erwerben. Mit dem Geld kauft der Fonds Gemälde, die die Galerie in der eigenen Sammlung zu präsentieren beabsichtigt. Wie die Waren in einem Warenhaus kann das Publikum dann die ausgestellten Kunstwerke in den Räumen der Galerie bewundern. Allerdings wie im Warenhaus auch nur auf Zeit. Geht ein lukratives Angebot ein, wird der Fonds die Werke veräußern, um Gewinn zu machen. Kunstwerke als Wandaktie. Neun Prozent Rendite prognostizierten die Fachleute von McKinsey, die den Deal vorgeschlagen haben. Ein marktgerechtes Museum, das Schule machen wird. Wie die Ankaufspraxis vom Publikumsgeschmack, so werden die ausgestellten Werke von wechselnden Moden und dem Verhältnis von Angebot und Nachfrage auf dem Markt bestimmt. Wie der Gesellschaft, geht auch den Sammlungen der Kontext verloren.

Der Besucher des virtuellen Museums will Erlebnisse, diese aber nicht in Erfahrungen verarbeiten, sondern sich dem Sog des Videobildes hingeben. Die endlose Zeit, die ein Computerfreak vor dem Schirm verbringt, ist anders als durch die Sogwirkung des Apparats gar nicht zu erklären. Wie ein Fernsehzuschauer am Abend durch die Kanäle zappt oder der Besucher einer Shopping Mall sich flanierend von Auslagen und Angeboten unterhalten und verführen lässt, möchte er von einer benutzerfreundlichen Software durchs Museum geführt werden: Suchtext, Abbildungen, kurze Erläuterungen, Epoche, Stil, wer, wann, wo, und weiter geblättert im Faltblatt für den Internet-Touristen. Die Tatsache, dass es sich um ein universelles Museum handelt, das Millionen Besuchern in aller Welt zugänglich, also wirklich ein Objekt des Massentourismus ist, erzwingt die Anpassung der Präsentation an Verständnis und Bedürfnisse dieser Besucher. Durch das Internet von seinen lokalen Fesseln befreit, muss das universelle Kulturerbe für den elektronischen Besucher zubereitet werden. Das bedeutet vereinfachende Erläuterungen und Selektion des Materials. Die vielen Bilder vom Eiffelturm auf ein paar wesentliche reduzieren, die wichtigsten impressionistischen Bilder auswählen, Themenwiederholungen vermeiden, die bedeutendsten Künstler zusammenstellen – das ist nach Meinung von David Bearman vom *Getty Art History Information Program* die Aufgabe der Kuratoren des elektronischen Museums.[155] »People want ›experiences‹ rather than things«, heißt im amerikanischen Verständnis von ›experience‹, dass die Leute Erlebnisse und nicht Erfahrungen mit Gegenständen suchen. Um aber etwas zum Erlebnis werden zu lassen, benötigt der Erlebnishungrige alle fünf Sinne. Sind diese abgestumpft, wird auch das Erlebnis virtuell, ein bloß vorgestelltes, dem der sinnliche Eindruck fehlt.

Wenn im Vergleich zu Fühlen, Riechen und Schmecken das Sehen auch eine abstraktere Form der sinnlichen Wahrnehmung ist, so stehen die Augen doch zu den übrigen Organen der Wahrnehmung in enger Beziehung. Sie sind, wie diese, aus der Fähigkeit der Haut hervorgegangen, spezifische Reize zu empfinden – eben zu fühlen. Wie alle anderen Sinne sind sie auf wahrnehmbare Gegenstände angewiesen, deren Perzeption sie zur Verarbeitung an das Hirn weitergeben. Ohne Gegenständlichkeit der Objekte würden sich die Augen in der Welt der Zeichen verlieren. Mit seinen Sinnen nimmt der Mensch die Welt der Gegenstände wahr und verarbeitet die gesammelten Eindrücke in Erfahrungen, die dann seiner Orientierung in Raum und Zeit dienen. Durch die Erfahrung des Raumes, in dem er sich als dreidimensionales Wesen bewegt und mit anderen kommuniziert, und durch die Erfahrung der Zeit, die gestattet, historische Zeiterfahrungen aufzunehmen, konstituieren sich Erinnerung und Geschichtsbewusstsein. Die postmoderne Welt der Gleich-Gültigkeit und Gleich-Wertigkeit von allem und jedem in Verbindung mit der scheinbaren Omnipräsenz in Geschichte und Gegenwart repräsentiert dagegen eine Welt des Verschwindens, wie John Berger sagt. Sie ist eine virtuelle Welt, jenseits der konkreten Erfahrungs- und Lebenszusammenhänge. Wie die Sucht dem Süchtigen, dient die virtuelle Welt dem Computerfreak als Vehikel, aus der Welt auszusteigen. In dem Maß, wie sie zur Auflösung der Erfahrung von Raum und Zeit beiträgt, also der Sphäre des realen Lebens, kann sie schließlich zum Verschwinden des physischen Lebens überhaupt führen.[156]

Im Prozess der Entsinnlichung und Abstraktion der gesellschaftlichen Lebensverhältnisse, für den die elektronischen Medien einstehen, sind eine Reihe von Reaktionsbildungen und Anpassungsversuche zu beobachten, die darauf hinweisen, dass die Entwicklung zur so genannten Informationsgesellschaft mit einem Problem zu kämpfen hat, das mit den Mitteln dieser Technik kaum zu lösen ist. Denn die Möglichkeiten der Befriedigung der Bedürfnisse von Physis und Psyche sind in der Simulation äußerst beschränkt. Die Psyche ist von begrenzter Plastizität, im Grunde konservativ und neigt eher zur Regression, als dass sie sich einer Situation anpassen könnte, in der die materiellen Befriedigungsmöglichkeiten gekappt sind und die Sinne keinen Aktionsraum mehr haben. Sigmund Freud[157] veranschaulichte das Problem einmal an Hand eines Schwanks aus Schilda. Danach hatten die Schildbürger ein Pferd, das mit weniger Hafer die gleiche Leistung wie vorher brachte. Um zu sparen, beschlossen sie, dem Tier die Rationen nach und nach weiter zu kürzen. Am Tag, als sie glaubten, ihr Ziel erreicht zu haben, das Pferd also ganz ohne Futter arbeiten würde, fanden sie es tot in seinem Stall vor. Die Moral der Geschichte: Der Trieb und die Sinne können zwar eingeschränkt, unterdrückt, verdrängt und zu Teilen sublimiert werden, ihnen vollends die Nahrung, also ihren Gegenstand zu nehmen, würde jedoch den Tod des Individuums nach sich ziehen. Verschwinden Raum und Zeit als Kategorien der Wahrnehmung, verschwindet zugleich jede sinnlich räumliche wie historische Orientierungsmöglichkeit, und das Gedächtnis löst sich auf. Eine Beobachtung, die offenbar vonseiten der Medizin bestätigt wird. Der Mediziner Max Dorra[158] hat darauf hingewiesen, dass die virtuelle Kommunikation mit dem Bildschirm empfindliche Mechanismen des Gedächtnisses betreffende Gehirnstrukturen schädigen und der Ausbildung einer Demenz vom Typ Alzheimer Vorschub leisten könnte.

Auf diesen drohenden Verlust wird vonseiten der Medien und Unterhaltungsindustrie mit Krücken und Brücken geantwortet. An die Stelle der konkreten Triebziele tritt virtueller Ersatz in der Hoffnung, die Bedürfnisse der Konsumenten nach sinnlicher Erfahrung und direkter Beteiligung an Ereignissen aller Art in der Fantasie zu befriedigen. Wir alle kennen das: endlose Talk Shows, Bürgertelefon, Infotainment, vielleicht noch interaktives Fernsehen. Dazu kommen Abenteuerspiele oder direkte Kriegsberichterstattung. Der Zuschauer ist scheinbar immer mit dabei, selbst wenn Reporter nur durch Trick und Blue Screen vom Studio in das Ereignis simuliert werden. Es ist eine imaginäre Welt, die fasziniert, gerade weil sie als virtuelle Realität von der lästigen Lebenswirklichkeit befreit.

Die angesteuerte Informationsgesellschaft wird weder die konkreten Bedürfnisse der Menschen befriedigen noch die Heilserwartung einlösen können, die mit der Idee von Allmacht und Allgegenwart verbunden ist. Das hochgelobte gesamte menschliche Wissen, also die gespeicherte Information des Internet – Nachschlagewerke, Bücher, Zeitschriften, Hypertexte, Bilddokumente, Tondokumente und Filme –, geht bis heute über das gespeicherte Wissen einer Stadtbibliothek nicht hinaus. So wie das elektronische Netz schon aus technischen Gründen den größten Teil der Weltbevölkerung ausschließen muss, wird das so genannte Gesamtwissen immer eine aufgeblasene Reduktion bleiben, die nur zur Vermehrung des strukturellen Analphabetismus in der Gesellschaft beiträgt, weil eben nur Teile und Bruchstücke, aber keine Zusammenhänge vermittelt werden. Alphabetisiert ist, wer die Zusammenhänge der Welt begreift. Als virtuelle Ersatzgesellschaft in einer halluzinierten Realität repräsentiert die Informationsgesellschaft die bestimmte Negation der konkreten Hoffnung auf Befreiung von Elend und Zwang. Totale Kommunikation und totale Verfügbarkeit schlagen ins Gegenteil um. Die verstümmelte Sprache und der assoziative Eklektizismus der Hypertext-Gebilde verraten wie der Videoclip infantile, regressive Tendenzen, die den Versuch längst aufgegeben haben, die Welt in der Erinnerung zu rekonstruieren. Erinnerung und Rekonstruktion sind nicht nur die Voraussetzungen für jede Befreiung von Elend und Zwang, sie sind auch die Voraussetzung für eine demokratisch verfasste Gesellschaft. Wo die Reduktion der logischen Struktur von Denken und Sprache die Quantifizierung aller Qualitäten erlaubt, erscheint jede Differenz und jeder Widerspruch nur als gleichgültige Möglichkeit unter vielen. Dahinter steht immer nur noch ein neuer Markt mit neuen Waren. Auf der Strecke bleibt die formgebende Arbeit, die Information. Sie geht von den Sinnen aus, die überhaupt nur da als Sinne in Erscheinung treten, wo sie aktiv tätig werden. Fühlen, Schmecken, Riechen, Hören und Sehen sind Arbeit. Darauf baut jede Kunst auf. Ihre Sinnlichkeit ist Medium und Gegenstand der Erinnerung.

Die Verbannung der tätigen Sinne aus der gesellschaftlichen Kommunikation führte zu zwei scheinbar gegensätzlichen Formen der Flucht: die Flucht in die Sucht, ein Versuch, der von den Suchtmaschinen Fernsehen und Computer bis hin zu den so genannten harten Drogen reicht, und die Flucht in die Aktion, vom virtuellen Abenteuerspielplatz Fernsehen oder Computer bis hin zum Bombenanschlag. Die Kriege der Zeit, zumal dort, wo sie religiös motiviert oder rassistisch begründet werden, sind in diese Fluchtbewegungen mit einzubeziehen. Beide Formen stellen zwei Seiten der gleichen Medaille dar und sind oft miteinander verbunden: vom Anarchisten-Kochbuch im Internet bis zum Terroranschlag auf die Gesellschaft, vom virtuellen Vernichtungsfeldzug am Computer bis zum computergesteuerten, realen Krieg und Kriegsspielen aller Art.[159] Die gelegentlichen Rauschzustände bei derartigen Kriegsspielen können jedoch leicht wieder in realen Blutrausch umschlagen, um physisch auszuagieren, was in der virtuellen Welt nur in der Illusion gestattet ist.

Die neue Technik verspricht, alle Hindernisse zwischen Menschen und Gesellschaften niederzureißen und die Individuen in nie da gewesene Verbindungen treten zu lassen. Der Traum von einer Gesellschaft freier Menschen, die in allseits freier Kommunikation endlich alle Fesseln abstreifen, die ihnen durch den Zwang der gesellschaftlichen Organisation und wirtschaftlichen Mangel angelegt wurden, soll durch die aktuelle Revolution der Kommunikationstechnologien von der Utopie in die Nähe der Realität gerückt werden. Angeschlossen ans Netz der Datenströme werden alle Menschen Brüder. Schon fließt das Blut der neuen Gesellschaftsform durch die Adern ihres technischen Körpers. Vernetzt und ständig verbunden mit einer schier unendlichen Informationsflut, werden die Angeschlossenen mit Datenmassen versorgt, die ein Gefühl der Omnipräsenz verleihen und zugleich in einen Rauschzustand der Verfügungsmacht versetzen. Die kybernetische Technologie gestattet scheinbar jeden nur denkbaren Eingriff in die virtuelle Realität der über Computer und Telefonverbindungen vernetzten Gesellschaft neuen Typs.

Internet ist das Zauberwort, das die Angeschlossenen zu einer Gemeinschaft Verschworener zusammenschweißt, die wie Ordensbrüder im Dienst einer zukünftigen Kommune die Welt missionieren.

Durchs Netz und eine hermetische Sprache von der störenden Realität der Welt und durch die überall gleiche Haut der Bildschirmoberfläche von jeder irritierenden Differenz befreit, treten Rassen und Klassen zur immer wieder beschworenen *Family of man* zusammen. Nach vielen Irrwegen durch die Geschichte scheint ein uralter Traum in Erfüllung zu gehen. Die Gesellschaft kehrt dahin zurück, wo sie glaubt, hergekommen zu sein: ins mythische Paradies der Eintracht aller Menschen; ein Kindertraum, der die von den Milchströmen der Mutterbrust Entfremdeten in der virtuellen Realität der Informationsströme Zuflucht nehmen lässt. Abgeschirmt von der Versuchung, Konflikte physisch auszutragen, werden die Angeschlossenen durch den milden Druck der allmächtigen Technik zu friedlicher Kommunikation im Internet bewegt. Dahinter steht eine alte Wunsch- und Denkfigur, die die Gesellschaft zur Rückkehr aufbrechen lässt. Das Paradies, als konfliktloser Zustand der Gesellschaft in ursprungsnaher Vergangenheit geträumt, ist das Ziel, dem sie mit Macht zustrebt. Mit der modernsten Technik ausgerüstet, wird dem Fortschritt immer in dieselbe Richtung Bahn gebrochen. An die Stelle des ersehnten Deutschen Reichs oder der kommunistischen Weltgesellschaft ist nun die Netzgemeinschaft getreten.

Schon soll es weit über hundert Millionen angeschlossene Teilnehmer weltweit geben. Das ist nichts im Vergleich mit der Weltbevölkerung. Doch die Zuwachsrate ist hoch. Das Ziel: die vollständige Vernetzung aller Gesellschaftsmitglieder, um wie auf einem Marktplatz ungehindert Meinungen, Informationen und Stimmungen auszutauschen. Diese neue Form der Kommunikation, die fast jedes Thema zulässt, solange damit kein Eingriff in die realen Verhältnisse der Gesellschaft verbunden ist, werde auch die Demokratie in neue Bahnen lenken. Dahinter steht ein Konzept, das allseitige, friedliche Kommunikation im Netz an die Stelle der Austragung von Konflikten stellt. Umgangsformen, die Konflikte möglichst aus dem Medium fern halten, sind auch das Ziel der neuen Netzgemeinschaft. *Cyberspace correctness* ist geboten. Mit dem Eintritt ins Reich der Bildschirmunendlichkeit wird dann die Erlösung von den Frustrationen der realen Welt versprochen. Aus diesem Netz kann niemand herausfallen, der angeschlossen und eingebunden ist, der unter Strom steht. Sobald über die Knoten des Netzes die Verbindungen zur weltweiten Nutzergemeinde geschaltet sind, stellt sich das Gefühl der Zusammengehörigkeit ein. Wenn auch die ständig steigende Wachstumsrate der Güterproduktion die Hoffnung auf eine minimale materielle Versorgung der Weltbevölkerung enttäuscht hat, so soll der ungehinderte Informationsfluss wenigstens die immateriellen Bedürfnisse der Angeschlossenen befriedigen.

Auch Politiker haben, sind sie auf der Höhe der Zeit, längst ihre Homepages im Netz, ganz zu schweigen von politischen Gruppen, die, mit dem virtuellen Strom schwimmend, sich bald diesem, bald jenem Thema zuwenden können. Von Regierungen unabhängige Umwelt- und Hilfsorganisationen kündigen ihre Aktivitäten im Netz an – Schutz der Regenwälder oder vom Aussterben bedrohter Arten und Völker. Greenpeace, die Ärzte und Apotheker ohne Grenzen, Menschenrechtsorganisationen und Widerstands- und Guerillagruppen lassen, vermittelt durch dasselbe Medium, die Welt an ihren Aktivitäten und Rebellionen teilhaben. Scheinbar geschieht nichts, was der Internet-Öffentlichkeit verborgen bleiben könnte. Die Welt ist kleiner geworden, wir rücken zusammen oder auch auseinander, jedenfalls wird mit dem Netz die Hoffnung verbunden, in Zukunft politische und soziale Probleme der Gesellschaft durch bessere Kommunikation und mehr Information lösen zu können.

Tatsächlich sind dank der neuen Kommunikationstechnik Verbindungen und gemeinsame Aktionen da möglich, wo vordem nicht daran zu denken war: von der Partnerwahl und virtuellem Sex im Internet über gemeinsame Spiele oder Konzerte von Musikern aus weit voneinander entfernten Kontinenten, Kunstaktionen in Netzgalerien bis hin zur Hypertextliteratur, die ohne Anfang und Ende von einander unbekannten Autoren fortgeschrieben wird. Alles bleibt unverbindlich, von keiner sinnlichen Erfahrung verunstaltet, durch Zufallskonstellationen ständig weiterwuchernd, Produkt einer Gesellschaft, die dabei ist, mit jedem Zusammenhang auch sich selbst aufzulösen. Durch die Vernetzung der gesamten Gesellschaft wird zudem die historische Funktion der Städte als Ausgangs- und Fixpunkt der zivilen Gesellschaft aufgehoben. Global Village heißt dann auch der Ort, an dem die vernetzte Welt zu Hause ist.

Wir erleben zur Zeit eine tiefgreifende Revolution der Industrie-
gesellschaften und der in ihren Bannkreis gesogenen Gesellschaften
der Peripherie. Sie betrifft die Veränderung der industriellen Produktionsweisen ebenso wie die Umwälzung der gesamten Gesellschafts-
struktur bis in die psychische Verfassung ihrer Mitglieder hinein. Die
neue Technologie verkörpert den alles und alle erfassenden Wandel,
und sie dient zugleich als Werkzeug für die Umsetzung dieser Revolution. Password, Klick und Eintauchen in den kybernetischen
Raum, das ist das angestrebte Erlebnis. Der psychische Vorgang hat
seine Vorläufer in der Mystik der Religionen, wo die Einheit mit einem allmächtigen Gott gesucht wird. Reinigungsrituale, verbunden
mit Techniken, die die sinnliche Wahrnehmung der äußeren Realität
ausschalten sollen, sind der Schlüssel für den Einstieg in die mystische
Welt. Nichts wahrnehmen außer der inneren Welt, die dann umso
größer, sphärischer, farbenprächtiger erscheint, das ist der Sinn der
Übung. Wie jede Verunreinigung, die das letzte große Erlebnis beein-
trächtigen könnte, wird auch der sinnlich empfindende und reflek-
tierende Mensch ausgeschlossen. In dem Maß, wie gemeinsame Erlebnisse bewusstlose Individuen zu einen vermögen, trennt jede
Reflexion darüber. Denn Reflexion setzt das autonome Subjekt voraus, dessen Universalismus gerade auf der Unabhängigkeit der Individuen aufbaut.

Es ist viel darüber spekuliert worden, ob sich die moderne Gesellschaft, unter Zuhilfenahme der ihr zur Verfügung stehenden Technik,
auf einen neuen technisch beförderten Mystizismus zubewegt. Die
selbstreferente Information, die sich von sinnlichen Realbezügen
entfernt, und die damit verbundene Zerstörung historischer Zusammenhänge sowie die systematische Ausschaltung jeder Distanz- und
Reflexionsmöglichkeit fördern die Amnesie und machen jede Erin-
nerungskontrolle überflüssig. Während der Erinnerung von den Medien der Kampf angesagt ist, haben sich die Individuen längst selbst
von ihren historischen Ansprüchen verabschiedet. Erinnerungen, die
meist schmerzhaft sind, werden zusammen mit dem erinnernden
Subjekt aus der Gesellschaft verbannt. Das geschieht auf vielfältige
Weise: durch unübersichtliche, kontextlose, sintflutartige Pseudoin-
formation, Videoclips und Bildfragmente, die innere Stimmungen

evozieren, und durch den Alltagskitsch der Medien, der das Leben aus zweiter Hand erst ermöglicht und den Zugang zur Realität versperrt. Stereoskopische Bildeindrücke, Videoclips und das Leben zwischen Signets und pneumatischen Aufladungen wirken wie die Techniken von Mystikern oder Bruderschaften, die sich durch Schüttelbewegungen und rhythmische Tänze der störenden Realität entledigen. Der zeitgenössische Mystizismus bedient sich unter anderem elektronischer Techniken, um aus der realen Welt auszusteigen – eine Absage an gesellschaftliche Utopien und an die eigene Geschichte, der Verfall des sozialen Zusammenhaltes, ohne dass ein neues Selbstverständnis über das Leben in einer humanen Gesellschaft in Aussicht stünde, sind das Ergebnis. Klaus Heinrich konstatiert in den mystischen Bewegungen wie in allen Konstruktionen der Subjektlosigkeit Veranstaltungen von Todeserfahrungen, die von Individuen wie von ganzen Gesellschaften immer wieder gesucht werden. »Diese Konstruktionen haben von Beginn an, in allen Kulten, die unabhängig davon, ob sie mystische Erlebnisse herbeizuführen trachten oder eine Vereinigung der Stammesangehörigen oder darüber hinaus der Volksgenossen suchen, immer ein *fundamentum in re*. Sie setzen Erfahrungen von Träumen, von Ohnmacht und Absence fort, die als Entfernung der Seele vom Körper, als Hinübersteigen in einen anderen Bereich, als Erfahrungen des Todes, streng genommen als Erfahrungen des Sterbens für das betroffene Subjekt und für die Gesellschaft, die mit ihm zusammen lebt, anzusehen sind. Auf jenen Wegen geht ein Stück Mortifikation in alle Konstruktionen der Subjektlosigkeit ein, auch und gerade dort, wo sie von der Subjektlosigkeit sich ein gesteigertes Leben versprechen.«[160]

Was den religiösen Mystizismus mit den politischen Massenbewegungen verbindet, ist die Auflösung der Subjekte, die, in einen Objektstatus hinübergleitend, in der Einheit mit dem Gott, dem Volk, der Klasse oder Rasse aufgehen. Die an politischen Führern und Parteien orientierten historischen Massengesellschaften des 20. Jahrhunderts, die über die geistige auch die physische Liquidierung der Subjekte anstrebten, sofern diese ihren Subjektstatus nicht schon selber aufgaben, werden von Phänomenen wie der Love Parade, Techno- und autoritärer Rock Musik – *Follow the leader, leader, leader!* – oder im Cyberspace durch eine aus militärischen Befehlsstrukturen hervorgegangene kybernetische Technik fast bruchlos fortgesetzt. *Access, command, kill* und der ganze hierzu gehörige Befehlsapparat verraten den Ursprung des Denkens und stellen alle individuellen Wünsche und Fantasien in den Dienst der strategischen Logik.

Wie ihre mystischen Vorgänger sind auch die kybernetischen Techniken alles andere als friedlich. Erinnert sei nur an den Mystiker Bernhard von Clairvaux, dessen Kreuzpredigt 1147 den zweiten Kreuzzug auslöste, ein Beispiel, das zeigt, wie Massenwahn und Gemetzel aus mystischer Kontemplation und Marienverehrung hervorgehen können. Eine Steigerung vom inneren zum äußeren Erlebnis sozusagen. Wo die klassischen Mystiker, mit Gott verbunden und an die Ströme der mystischen Heilsbotschaften angeschlossen, ihre Bruderschaften gegen den gottlosen Feind führten, agieren die modernen Mystiker vermittels eines die Gemeinschaft verbindenden, elektronischen Netzes. »Ich meine, langsam entsteht eine Art externes Gehirn, ein weltweiter Organismus des Verstandes, der die intellektuellen Kräfte der ganzen Menschheit beinhaltet«, sagte John Perry Barlow, Textschreiber für *Grateful Dead*, Computerpionier und US-Republikaner in einem Interview der *Zeit*. »Leben auf diesem Planeten hat sich immer weiter vereint – vom Einzeller über Mehrzeller bis zu Kollektiven wie Ameisenkolonien und Korallenriffen. Jetzt vereinen sich menschliche Organismen weiter. Das Netz verbindet uns im Gegensatz zu allen möglichen anderen Medien.«[161]

Eine Reduktion der intellektuellen Kräfte der Menschheit auf die Autorität des Netzes ist die unausgesprochene Basis des neuen Mystizismus. Seine Spur führt von der Gemeinschaft gläubiger Kreuzritter über die Massenbindung durch das Führerprinzip fast ungebrochen zur Massenbindung durch ökonomische Macht und ihre an Brands orientierten Konsumkulte. Doch dadurch verschwindet weder das Eigentum, wie Jeremy Rifkin[162] meint, noch entscheidet der Zugang zum Netz über Leben und Tod der An- oder Ausgeschlossenen. Ein Blick in das Magazin *Forbes* beweist, dass die Konzentration ökonomischer Macht immer noch an die Verfügung über Eigentum gebunden ist. Die wachsende Zahl der Milliardäre zeugt von fast schrankenlosem Handel mit Waren und Dienstleistungen, die durch neue Techniken vermittelt werden. Dadurch fällt der gesellschaftliche Reichtum in die Hände derer, die über das Kapital und die neuen Techniken verfügen. Und die Angeschlossenen werden gewissermaßen zu Leibeigenen der ökonomischen Herren des Netzes. Wer über die ökonomische Macht verfügt, braucht nicht angeschlossen zu sein, dafür hat er sein Personal.

In den Dienst eines modernen Kreuzzugs gestellt, erweisen sich die elektronischen Techniken als Bindemittel der Eingeweihten und zugleich als überlegene Waffe im Kampf gegen den ausgeschlossenen Rest der Welt. Die enormen Kosten der neuen Technik, verbunden mit der notwendigen Infrastruktur, werden sie bis auf weiteres in der Hand der führenden Industrienationen lassen und dort auch nur in der Hand einiger weniger. Sie verkörpern Kompetenzen, die sie in letzter Konsequenz ihrer Anpassungsfähigkeit verdanken und nicht etwa besonderer intellektueller Leistungen. Darin besteht die Differenzierung der Weltgesellschaft. Sie spiegelt sich in den postindustriellen Nationen in Kompetenzdifferenz und im Ausschluss der Teile der Bevölkerung, die weder über das technische Werkzeug noch über die Mittel verfügen, die für die Integration ins Netz aufgebracht werden müssen. Die Vernetzung der Angeschlossenen erlaubt, noch stärker als jede mystische Bindung zuvor, die Exklusion der Mehrheit der Bevölkerung. Schon aus technischen Gründen – es kann nur ein Bruchteil ans Netz angeschlossen werden – bleiben mehr als 90 Prozent der Weltbevölkerung für immer ausgeschlossen. Eine Tendenz der Exklusion, die Niklas Luhmann als allgemeine Tendenz in den aktuellen Gesellschaften diagnostiziert hat. Während die Gesellschaften des Okzidents in den letzten 200 Jahren Außenstehende und jeden Widerspruch zur Einheit stiftenden Nation um den Preis einer oft schmerzhaften Eliminierung der Differenz in die Gesellschaft integriert hatten, ist heute der Ausschluss das herrschende Prinzip. Und wie im Mittelalter sind es wieder soziale Gruppen, in verschworene Bruderschaften Eingeweihte, die sich Herrschaft und Gewinn teilen. Der ausgeschlossene Rest wird der auszubeutenden Natur zugeschlagen.

# X
## Auf eigenes Risiko

Wenn man dem Soziologen Ulrich Beck[163] Glauben schenkt, sind wir auf dem Weg in eine andere Moderne, in der die Industriegesellschaft, die, wie der Name *industria* sagt, auf Gewerbefleiß aufbaute, durch eine Gesellschaft neuen Typs ersetzt wird. Als Antwort auf das Scheitern von Aufklärung, demokratischer Selbstbestimmung und sozialer Gerechtigkeit ist die so genannte Risikogesellschaft zum Inbegriff der neuen Hoffnungen avanciert. Dabei handelt es sich um eine Gesellschaft, in der alle sozialen Verhältnisse ausschließlich vom Risiko und dem damit erhofften Gewinn bestimmt werden, eine gewinnorientierte Ökonomisierung der gesamten Gesellschaft ist das Ziel. Die Vollstrecker der neuen Doktrin sind bereits dabei, den Wohlfahrtsstaat aufzulösen und den Gesellschaftsvertrag der Solidargemeinschaft zu kündigen. An ihre Stelle sollen Wagnis und Gewinn als einzige Kraft der wirtschaftlichen Entwicklung treten. Was bisher dauerhaft erschien, verflüchtigt sich im radikalen Wandel aller Lebensverhältnisse.

Die Gefahren, auf die viele Kritiker immer wieder hinweisen, dass nämlich mit der Maxime der Gewinnorientierung als einzigem Leitbild rücksichtslose Ausbeutungsverhältnisse sowohl in der Gesellschaft als auch zwischen Gesellschaft und Natur begünstigt werden, sind nicht neu, und sie sind auch nicht, wie Ulrich Beck meint, erst dadurch entstanden, dass die Natur vom industriellen Prozess vernutzt und aufgesogen wird. Gefahren, die hervorgerufen werden etwa durch den Einsatz von Pestiziden, die Pflanzen schützen sollen, aber zu schweren Gesundheitsschäden bei Menschen führen, oder von Kühlmitteln und Treibgasen, die dem Komfort der Gesellschaft dienen, gleichzeitig aber die Ozonhülle des Planeten zerstören, sind

Ergebnisse eines Prozesses, der lange vor der Industrialisierung begann. Auch der Atomunfall in Tschernobyl, ein viel zitiertes Menetekel für globale Risiken, die mit dieser Form der Energieproduktion verbunden sind, oder die Gentechnologie, die Chancen und Gefahren nur ahnen lässt, die durch die Manipulation der genetischen Substanz provoziert werden können, sind Konsequenzen des Fortschritts abendländischer Technologie. Vermutlich sind auch die mit dem Klonen von Embryonen verbundenen Allmachts- und Machbarkeitsfantasien nicht neu, sondern stammen aus der Frühgeschichte des Homo sapiens, aus einer Zeit, in der Schamanen verängstigte Aufrechtgeher mit den Mitteln der Magie in eine mit sich selbst identische Gemeinschaft verwandelt haben. Wo alle gleich sind, können keine Feinde sein, und die Wächter der Religion garantieren, dass keiner den Glauben verliert. Noch die Bibel empfiehlt die Reproduktion des Identischen, eine Sicherheitsmaßnahme, die schließlich auf die gesamte Natur und ihre Produkte ausgedehnt wird. Standardisierung ist der Schlüssel, ohne den keine technische Reproduktion auskommt.

Vermittelt durch Wissenschaft und Technik war die Natur stets Gegenstand des gesellschaftlichen Prozesses. Über die Natur des Menschen ist sie mit diesem Prozess verknüpft, sie wird durch ihn diszipliniert und treibt ihn zugleich an. Das Tempo freilich, mit dem die Natur heute industriell verwertet wird, erhöht die Risiken und macht Korrekturen äußerst kostspielig, wenn sie überhaupt noch möglich sind. Dieser Prozess der Unterwerfung und Zerstörung der Natur läuft nicht hinter dem Rücken der Gesellschaft ab, er ist ihr inhärent und durch die Dynamik der Wirtschaft zu einer Gefahr für die Gesellschaft selbst geworden. Das Risiko beginnt bei sozialen und individuellen Deformationen, die eine freie und ungebändigte Wirtschaft notwendigerweise verursacht – Gesellschaftsvertrag und rücksichtsloser Kampf ums Überleben schließen einander aus –, und es setzt sich in Gefahren fort, die durch die Zerstörung der natürlichen Ressourcen heraufbeschworen werden. Doch der *Club of Rome*, der schon vor über 30 Jahren vor den Folgen ungehemmten wirtschaftlichen Wachstums gewarnt und den ökologischen Blick geschärft hat, ist genauso in Vergessenheit geraten wie die Kritik, die vor mehr als hundert Jahren auf die sozialen Konsequenzen der Ausbeutung des Menschen durch den Menschen hinwies.

Die sozialen Risiken gehen aus der ökonomischen Verfassung der Gesellschaft hervor, wie der *Business-Week*-Autor Michael Mandel in seinem Buch *The High-Risk Society* schreibt. [164] Danach resultiert die wachsende Unsicherheit aus einer Reihe wirtschaftlicher Faktoren: globaler Wettbewerb, Freihandel, die Deregulierung vieler Wirtschaftszweige und der schnell anwachsende Komplex der Hochtechnologie – ein Prozess, in dem neue Unternehmen und Wirtschaftsbereiche auftauchen, während andere Unternehmen und ganze Branchen verschwinden. Niemand kann sich seines Jobs mehr sicher sein, niemand weiß, ob der Markt für seine Produkte im nächsten oder übernächsten Jahr noch existiert. Selbst die Erziehung und vor allem die Hochschulbildung werden zu Investitionen, die mit einem hohen Risiko verbunden sind. Niemand kann sicher sein, ob das, was er einmal gelernt hat, in Zukunft noch gefragt ist. Das so genannte Humankapital, das gelegentlich als sichere Anlage bezeichnet wurde, ist den Launen des Marktes wie jedes andere Kapital ausgeliefert. Sicher bleibt allein das Risiko. Davon betroffen sind nicht nur die abhängig Tätigen, es trifft alle Akteure in diesem Prozess, wie die wachsende Zahl arbeitsloser Manager und der Bankrott von Banken und Spekulanten beweisen. Darum empfiehlt Michael Mandel zu lernen, mit dem ökonomischen Risiko zu leben. Politiker, die mit der Zeit gehen, haben schon die Entwicklung einer Risikokultur gefordert. Die Gesellschaft ist, meint Michael Mandel, in derselben Situation wie die Finanzmärkte, wo jeder Gewinn in einem direkten Verhältnis zum Risiko steht.

Eine radikal liberale Wirtschaftspolitik in Verbindung mit der Privatisierung wichtiger Staatsbetriebe in den Industrienationen hat in den letzten Jahrzehnten den Primat der Gesellschaft über die Wirtschaft von der Politik auf die Finanzmärkte und vom Parlament auf Börsen und Banken übertragen. Um Löcher in den Staatsfinanzen zu stopfen und den Staat von der Wirtschaft abzukoppeln, wie es die Doktrin des *Free Market* verlangt – den Staat enteignen –, werden Staatsbetriebe in Aktiengesellschaften verwandelt und an der Börse verkauft. Sie gehen an die Börse, wie es heißt. Eine Formulierung, die suggeriert, dass Aktiengesellschaften an der Börse agierende Subjekte seien. Spekulanten und Banken wissen das besser, sie entscheiden mit ihren Aktionen über die Zukunft der Unternehmen im Einzelnen wie über das Schicksal der Wirtschaft insgesamt. Ist die Wirtschaft der demokratischen Kontrolle erst einmal entzogen, unterliegt auch die Politik den Gesetzen des *Free Market*. Verfechter des radikalen Kapitalismus, wie David Friedman[165], haben den Weg in die Risikogesellschaft so beschrieben: Austreibung des Staates aus der Wirtschaft, Verkauf aller Staatsbetriebe, Privatisierung des öffentlichen Raums, des Transports, der Bildung, Kommunikation und Information, private Verbrechensbekämpfung und ein radikal freier Markt, der sich an den Finanzmärkten und am Spiel an der Börse orientiert.

Von den Verfechtern des *Free Market* wird die Börse immer als anzustrebendes Modell des Marktes dargestellt. Wie auf der Börse, so soll es auch in der Gesellschaft zugehen. Sie verkörpert, so wird behauptet, den idealen Markt, weil die Preise auf dem Börsenplatz nicht durch äußere Faktoren beeinträchtigt oder manipuliert werden. Hier bestimmen allein Angebot und Nachfrage den Preis. Steigt die Nachfrage nach Aktien der Gesellschaft XY, steigt auch ihr Preis; umgekehrt führt die fehlende Nachfrage zu einem Preisverfall – Indizes des Dow Jones und des DAX spiegeln das Modell. »Die Lehre vom Wettbewerbsmarkt«, schreibt John Kenneth Galbraith, »stellt den Wertpapierhandel als den unpersönlichsten der Märkte dar. Keine Doktrin wird von den Propheten der Börse eifersüchtiger bewacht. ›Die Börse ist ein Markt, auf dem die Preise das Grundgesetz von Angebot und Nachfrage reflektieren‹, behauptet die New Yorker Börse mit dem Brustton der Überzeugung von sich selbst«.[166] Doch an der Börse, mehr noch als auf dem Markt, dominieren Psychologie, Instinkt und Gefühl jedes rationale Kalkül, sie beeinflussen Hausse und Baisse. Dass die Börse, wie jeder Markt, durch eine künstlich produzierte Nachfrage oder das Zurückhalten von Werten auch manipuliert werden kann, wollen die Propagandisten nicht gelten lassen. Dazu kommt die Ungleichzeitigkeit des Börsenbetriebs. Weil die Börsen von Tokyo, Hongkong, Frankfurt, London und New York in verschiedenen Zeitzonen liegen, kann eine manipulierte Nachfrage geradezu Preissprünge verursachen. In Tokyo gefragte Papiere oder Waren führen in Frankfurt schon zu einem erhöhten Eröffnungskurs, ein Sprung, der sich automatisch bei Eröffnung der Börse an der Wall Street wiederholt. Eine derartige Manipulation des Goldpreises durch die Dresdner Bank und die Sowjetunion hatte André Kostolany vor mehr als 20 Jahren aufgedeckt. Weil die Sowjetunion bei der Dresdner Bank hochverschuldet und zugleich ein bedeutender Goldproduzent war, haben beide den Goldpreis durch Nachfragemanipulation so lange in die Höhe getrieben, bis die Sowjetunion ihre Schulden bezahlen konnte.[167] Kapital und etwas Glück bilden die Grundlage des Erfolgs.

Lottozahlen ebenso wie Berichte von der Börse, beide längst fester Bestandteil von Nachrichtensendungen, vermitteln einen Eindruck vom Prinzip der Risikogesellschaft. Hier entscheidet das Los. Doch wer spielt, gewinnt nur, wenn andere verlieren. Die Information über den Index der Börsen von Tokyo, Frankfurt oder New York ist nichts als ein Bericht über den Spielstand an der Börse – eine Information mit Unterhaltungswert vielleicht. Die Mehrzahl der Zuschauer und Hörer bleibt, was sie ist: eventuell spielendes, auf jeden Fall aber zahlendes Publikum. Wenn es Aktien besitzt, dann zu wenig, um damit die Kurse an der Börse in dem Maß beeinflussen zu können wie etwa die Deutsche Bank. Auch die Beteiligung an irgendwelchen Fonds bedeutet nicht mehr, als einer Wettgemeinschaft anzugehören. Losgelöst von der realen Produktion, gibt der Aktienmarkt Auskunft über die Bewegung spekulativen Kapitals und damit über die Kreditwürdigkeit von Unternehmen, deren Aktien an der Börse gehandelt werden, und er gibt Auskunft über die Verfassung der beteiligten Akteure, ihr Vertrauen und ihre Hoffnungen, psychische Dispositionen, die Spieler wie Gläubige motivieren. Riesige Mengen von Kapital haben die Börse zu einem Spielplatz werden lassen, auf dem die Aktiengewinne nicht selten in einem umgekehrten Verhältnis zur Prosperität der Gesellschaft stehen. Was boomt, ist die Börse und nicht der Wohlstand der Gesellschaft.

Und doch ist eine innere Verbindung der Börse zur realen Gesellschaft nicht zu verkennen. Der virtuellen Welt des Börsenspielplatzes entsprechen die virtuellen Spielwelten der Massen: der psychische Gewinn, bei einer Katastrophe dabei und doch nicht von ihr erfasst worden zu sein, Kriegs- oder Wetterberichte, Reality-TV-Shows, in denen Arbeitslose Jobs gewinnen können, und die unzähligen anderen Gewinnspiele, die die Programme von Radio und Fernsehen ausstrahlen. Die »Glücksspirale als persönliche Lebensversicherung«, wie es in der Werbung heißt, und das Wettspiel als vermeintliche Einnahmequelle sind die populären Leitsterne einer Gesellschaft, in der der Zufall über Gewinn und Verlust und damit unter Umständen über Leben und Tod entscheidet. Werbung für Wunder war ein ständiger Begleiter wirtschaftlichen Wachstums, wie die Preisrätsel von Coca Cola und Kellog's. Zumindest in den USA sind Radio und Fernsehen aus der Werbung hervorgegangen. Natürlich waren Preisausschreiben immer dabei. Was die Börse für den Spekulanten, ist das Gewinnspiel für den kleinen Mann.

Hasard und Spekulation sind älter als Börsen, Wechsel und abstrakter Warenverkehr. Wo immer Glaube und Aberglaube die Menschen bewegte, an den Kult- und Opferplätzen der Antike, wurde seit alters spekuliert, durch Kultbeamte, die die eingesammelten Opfergaben gewinnbringend veräußern wollten und den Fernhandel mit Opfertieren und Häuten begannen[168], oder durch die Gläubigen, die mit jedem Opfer den Glauben an einen noch höheren Gewinn verbinden. Der Glaube selbst ist eine Form der Spekulation. Kein Wunder, dass es im Bereich der Börse von Astrologen und Wahrsagern wimmelt. Selbst im Internet bieten sie ihre Dienste an. AstroBroker, Tarot und Nummernzauber, Archetypen und Allerweltsweisheiten – für alle Abergläubigen entscheidet die Macht des Schicksals über die Zukunft.

Ein Beispiel, das zeigt, wie Wahrsagekunst und Spekulation zu Monopolbildung – ein Werkzeug der gewinnorientierten Ökonomie – und damit unweigerlich zu wirtschaftlichem Erfolg führen, finden wir bereits bei Aristoteles, wenn er über Thales von Milets Erwerbskunst sagt:

> »Es handelt sich hier um die Ausnützung einer Beobachtung für den Erwerb, die man ihm als eine Frucht seiner Weisheit zuschreibt, die aber von allgemeiner Bedeutung ist. Man machte ihm nämlich seine Armut zum Vorwurf, weil man daran sehe, dass die Philosophie zu nichts nütze sei. Er aber soll aufgrund seiner astronomischen Kenntnisse eine gute Olivenernte vorausgesehen und daher noch während des Winters mit dem wenigen ihm zur Verfü-

gung stehenden Gelde, das er als Handgeld verteilte, alle Ölpressen in Milet und Chios gepachtet haben, ohne dass ihn dabei jemand überbot. Als nun aber der rechte Augenblick kam und viele Leute auf einmal und sofort solche brauchten, da verpachtete er sie seinerseits so teuer, als er wollte, und verdiente damit viel Geld. So bewies er, dass es den Philosophen ein Leichtes sei, reich zu werden, wenn sie es wollten, aber das sei nicht das Ziel ihres Bemühens. Auf diese Weise soll also Thales eine Probe seiner Weisheit gegeben haben; diese Maßnahme ist aber für die Erwerbskunst von allgemeiner Bedeutung: nämlich sich das Monopol für eine Ware zu erwerben. Deshalb verschaffen sich auch manche Staaten, denen es an Geld fehlt, auf diese Weise Einkünfte, indem sie den Verkauf von Waren monopolisieren. So kaufte ein Mann in Sizilien aus bei ihm deponiertem Gelde alles Eisen in den Schmieden auf, und als dann die Kaufleute von den Handelsplätzen kamen, konnte er allein an sie verkaufen, und, obwohl er den Preis nicht einmal sehr hoch hinaufschraubte, gewann er nichtsdestoweniger auf fünfzig Talente hundert. Als Dionysios dies erfuhr, ließ er ihn zwar sein Geld mitnehmen, verbot ihm aber den weiteren Verbleib in Syrakus, da er einen Weg des Erwerbs gefunden habe, der seine eigene Finanzpolitik schädige. Die Spekulation des Thales und diese waren von gleicher Art: beide verstanden, sich durch eine kluge Maßnahme ein Monopol zu verschaffen.«[169]

Von Thales selbst gibt es keine schriftliche Überlieferung, was Spekulationen begünstigt und zu Mythenbildung verleitet. Die ihm von Aristoteles zugeschriebene Philosophie, nach der alles aus Wasser geworden sei, ist eine rationalisierende Übersetzung des Mythos von der alles gebärenden Mutter und ein Hinweis darauf, dass Thales von den über den Archipelagos nach Theben eingewanderten Phöniziern abstammen soll. Dass er der erste Philosoph gewesen sei, ist vermutlich ein Mythos, aber der Mythos sagt immerhin, dass Philosophie Distanz verlangt – als Spross der phönizischen Einwanderer gehörte er zu den Fremden –, und dass Philosophie die Verbindung zur Praxis des täglichen Lebens, also zum Markt, nicht verlieren darf. Seine Erwerbskunst entspricht der Entwicklung der Ökonomie seiner Zeit. So wie Land oder Tempeldienste verpachtet wurden, konnte auch jeder andere Besitz Dritten gegen Entgelt überlassen werden. Und die Behauptung, dass er aus der Beobachtung der Sterne eine gute Ernte für das nächste Jahr abgeleitet habe, zeigt, dass zu jener Zeit, als Wahrsagerei im Alltag und selbst bei Staatsangelegenheiten eine große Rolle spielte, die Astronomie eher eine Unterabteilung der Astrologie war.

Wirtschaft und Handel waren seit alters mit einem hohen Risiko verbunden. Voraussagen über Erträge, gute Ernten oder Geschäfte sind schwierig, weil Imponderabilien jederzeit einen Strich durch die Rechnung machen können. Überschwemmungen oder Unwetter können die Ernte verderben, Überfälle auf Warentransporte Arbeit und Geschäft zunichte machen. Darum, und weil sie für die mitzuführenden Geldmengen große Saumtierkarawanen benötigt hätten, haben Händler, wenn sie zum Beispiel zu den Champagnermessen[170] reisten, um Waren einzukaufen, auch kein Bargeld mitgeführt, sondern Wechselbriefe. Geldwechsler als Handwechsler, die sich mit dem Wechsel von Münzen und Edelmetallen befassten, gab es überall, wo Käufer und Verkäufer aus verschiedenen Wirtschaftszonen aufeinander trafen. Aber sie wechselten nicht nur Münzen und Metalle. Um auf der Messe einkaufen zu können und kein Bargeld mit sich führen zu müssen, bekamen die Händler von ihren lokalen Wechslern, den Bankiers − der Name stammt von *banco*, dem Tisch, auf dem die Geldsäcke lagen −, einen Geldbrief, ein *Cambium per litteras*, den sie auf der Messe zur Bezahlung ihrer Waren einlösen konnten.[171] Das moderne Papiergeld ist erst aus dem Wechsel hervorgegangen.[172]

Ein paar Dezennien vor unserer Zeitrechnung schrieb Vitruv in seiner *Baukunst*: »Die Basiliken sind an die Märkte gegen die wärmste Himmelsgegend zu stellen, damit Winters, sonder Beschwerde vonseiten der Witterung, die Kaufleute sich darin versammeln können.«[173] Und August Rodes, der die deutsche Version der *Baukunst* 1796 herausgab, fügt in einer Anmerkung hinzu: »Sie [die Basiliken] waren öffentliche Gebäude, welche zugleich zu Gerichtshäusern und Kaufmannsbörsen dienten.«[174] Basiliken dienten Handel und Händel, ehe sie von gläubigen Christen in ein Schiff für eine Reise in eine andere Welt umfunktioniert wurden. Nach den Kreuzzügen kamen im Spätmittelalter die ersten Börsen in den italienischen Handelsstädten auf, Wechselbörsen, auf denen allein Wechsel gehandelt werden konnten, ohne in einer konkreten Ware realisiert werden zu müssen. »Fragst du mich − sagt Luca Pacioli, der Begründer der doppelten Buchhaltung −, wie man den Preis der Wechselbriefe erfahre, so antworte ich, dass man sich, falls man zu Venedig ist, freundschaftlich zu Rialto oder, falls man in Florenz, auf dem neuen Markte über den Preis bespricht.«[175] Bei Rialto und auf San Marco trafen sich die Kaufleute, dort standen die Waagen. Es waren eher ruhige Plätze, wo Tauschgeschäfte durch Kopfnicken bestätigt wurden. Aus den Märkten, den Plätzen und Loggien der Kaufleute, die meist Konsularhäuser der Händler einer Nation waren, gingen die ersten Börsen hervor. Wechselhandel, Warenhandel, Lagerhäuser waren der Ausgangspunkt, Marktplätze, ein freier Raum unter einem Baum in der Wall Street zum Beispiel, wo sich seit 1792 Händler und Makler getroffen haben sollen, oder eine breite Straße, wie die Lombardstreet in London, wo sich seit dem 16. Jahrhundert die Händler aus der Lombardei trafen, waren Orte, an denen später Börsengebäude errichtet wurden. Kein Zufall, dass an der gleichen Stelle, an der Händler und Makler im 18. Jahrhundert Wechsel und Waren tauschten, seit dem 19. Jahrhundert das Gebäude der New York Stock Exchange steht, und Lombardstreet Ecke Cornhill, gegenüber der Bank von England, seit dem 16. Jahrhundert das Gebäude einer der wichtigsten Börsen der Welt: die Royal Exchange.

Das Wort Börse soll auf das Handelshaus der Patrizierfamilie van der Burse in Brügge zurückgehen. Drei Geldbeutel[176] im Wappen wiesen die Familie als Händler aus. Brügge war vom 13. bis zum 15. Jahrhundert eines der wichtigsten Handelszentren Europas. Es zog ausländische Händler und Finanzkräfte an. Faktoreien und Gesellschaften von Kaufleuten ließen sich in Brügge nieder. Die Stadt war Stapelplatz für die Städte des Hansabundes und für den englischen Wollhandel. Im 14. Jahrhundert soll das Haus van der Burse Konsularhaus der Händler aus Venedig gewesen sein. Daneben standen die Loggien der Genuesen und Florentiner, die auch *Bolsa* genannt wurden. Das Wort Börse für den Platz vor dem Haus wurde bald auf Handelsplätze in anderen Städten übertragen, und als die Kaufleute in Antwerpen ihr eigenes Haus bekamen, stand der Begriff fest. Das war im 16. Jahrhundert. Seitdem wurde das Wort in Europa für Gebäude benutzt, in denen Kaufleute ihre Kassa-, Termin- und Wechselgeschäfte tätigen.[177] Meist waren die Händler Vertreter von Kompanien, von Familiengesellschaften oder Berufsgenossen der Gilden, die vom Brot bis zum täglichen Risiko alles teilten.[178] Sie beteten und arbeiteten zusammen. Alle Mitglieder der Kompanie waren Brüder, ihre Ehefrauen

Schwestern, die zu Beerdigungen und Gottesdiensten gemeinsam erschienen. Die Kompanie war moralische Instanz und juristische Person in einem. Als *Regulated company* war sie eine verfasste Korporation: Vorsteher, Abgeordnete, Richter, Sekretäre gehörten dazu. Oft waren ihr Kompagnons verbunden – aus derselben Gilde vielleicht –, die sich mit Einlagen an den Geschäften der Kompanie beteiligten.[179]

Kaufleute, die im Mittelalter Seegesellschaften bildeten, um das Risiko zu verteilen, haben sich immer nur auf Zeit zusammengeschlossen, in einer Kompanie des maritimen Handels, der *Societas maris*, einer typischen Organisationsform des Handels in der Welt der Gilden und Korporationen. Noch die Piraten[180], die im 16. und 17. Jahrhundert auf den Seewegen von und nach Amerika Beute machten, haben sich nach dem Vorbild der Gilden organisiert. Ihre Freibeutergemeinschaften waren so etwas wie Handwerkerkooperativen. Jeder, der in das Unternehmen eintrat, hatte seine Waffe und sein Pulver, also sein Handwerkszeug, mitzubringen und seinem Rang entsprechend eine Quote zu bezahlen. Danach wurde die Verteilung des Gewinns festgelegt. Für Verletzungen oder Verluste bei Kämpfen – ein Chirurg war immer dabei – gab es Entschädigungen aus der Beutekasse: rechter Arm 600, linker Arm 500 Goldstücke, rechtes Bein 500 und linkes Bein 400 Goldstücke, ein Auge 100. Diese Form der Sozialversicherung orientierte sich am ökonomischen Nutzen der Gliedmaßen für das Kaperunternehmen[181] der Solidargemeinschaft der Piraten.

Die neue Form der Papierbörse entwickelte sich mit den Aktiengesellschaften, die langsam aus den Kompanien und den Gesellschaften auf Zeit herauswuchsen. *Merchant-adventurers*, spekulierende Unternehmen, nannten sich Kompanien, die Gewürze, Seide und Luxuswaren aus dem Orient auf die heimischen Märkte brachten. Fortgesetzte Geschäfte über einen längeren Zeitraum banden das eingelegte Kapital, und ununterbrochene Seereisen verhinderten, dass Anleger ihr Geld schnell und umstandslos wieder aus dem Unternehmen herausziehen konnten. Die Aktiengesellschaft gestattete dagegen, Anteile völlig unabhängig vom Fortgang des Unternehmens weiterverkaufen zu können. Der wachsende Welthandel und die Nachricht von sagenhaften Schätzen und reichen Ländern beflügel-

ten die Fantasie und gaben Anlass zu gewagten Unternehmen und
neuen Formen der Kapitalgesellschaft.

Nicht allein Gesellschaften für Fernhandel und Kolonisation, auch
Kaperunternehmen wurden als Aktiengesellschaften betrieben. Sie
ließen hohe Dividende erwarten und satte Gewinne für die Regierungen. Für die zu erwartenden Einkünfte aus der Kaperei setzte zum
Beispiel Elisabeth I. eine feste Summe in ihrem Staatshaushalt ein. Das
waren reguläre Finanzaufkommen des Staates, die Kapergesellschaften Aktiengesellschaften unter staatlicher Obhut. Sie setzten den
Handel mit anderen Mitteln fort. Die holländische Westindien-Kom-
panie war zum Beispiel eine derartige Kapergesellschaft. In den wilden Jugendjahren des expandierenden Weltmarktes war Kaperei mehr
als ein Beruf. Sir Francis Drake[182], der in Hollywood zu Ehren gekommene Korsar ihrer Majestät, oder Giovanni da Verrazano[183] waren Helden ihrer Zeit. Als Korsar des französischen Königs raubte
Verrazano 1522 einen Schatz, der eigentlich für Karl V. bestimmt war:
Es war der Schatz des Montezuma aus dem gerade eroberten Mexi-
ko-Tenochtitlan.[184]

Anfang des 17. Jahrhunderts wurde in Amsterdam − das anderen
Handelsplätzen bereits den Rang abgelaufen hatte − die holländische
Ostindiengesellschaft als Aktiengesellschaft gebildet. Die holländischen Generalstaaten waren nur symbolisch beteiligt, garantierten
Anleihen und boten militärische Hilfe an. Das Risiko trugen Kaufleute und Spekulanten, die ihr Kapital in die Gesellschaft steckten. Jedes Jahr trafen die Flotten mit neuen Ladungen ein, die die Aktien-
werte schnell steigen ließen und Amsterdam zur Hauptstadt der
Spekulation machten, was den Zeitzeugen Joseph de la Vega zu der
Bemerkung veranlasste: »Würde man einen Fremden mit verbundenen Augen durch die Straßen von Amsterdam führen, so würde er,
befragt, wo er sich befände, antworten: ›Nur unter Spekulanten.‹
Denn es gibt keinen Winkel, wo man nicht von Aktien redet.«[185] Die
riesigen Gewinne der Ostindienkompanie machten Holland zu einer
großen Finanzmacht und die Börse von Amsterdam zum Zentrum
der Spekulation und Geldbeschaffung für alle Welt. Die Börse war
nicht nur Handelsplatz und Ausgangspunkt gewagter Unternehmen,
auch Könige kamen, um für ihre Kriege Geld aufzunehmen, wie zum

Beispiel Gustav Adolf von Schweden für sein Engagement im Drei-
ßigjährigen Krieg.

Unwägbarkeiten des Fernhandels, wie die Ungewissheit, ob die
Flotte reich beladen oder überhaupt zurückkehrt, und das Risiko, mit
den Waren Gewinne zu erzielen, machten die Börse zu dem Ort, wo
Hoffnung und Glaube alles in Bewegung hält. Besonders wenn der
Markt erhitzt und fiebernd zu delirieren beginnt, zeigt sich, dass
Kurswerte immer in einem fiktiven Verhältnis zur materiellen Welt
stehen. Als um 1630 das Tulpenfieber in Holland ausbrach und Leute
aus alle Schichten in Tulpen zu spekulieren begannen, schossen die
Preise derart in die Höhe, dass für eine einzige Zwiebel 2500 Gulden
gezahlt wurden. Das entsprach einem Wert von zwei Wagenladungen
Weizen, vier Wagenladungen Heu, vier Mastochsen, vier Mastschwei-
nen, einem Dutzend schlachtreifer Schafe, vier Fässern Bier, zwei Fässern Butter, 100 Pfund Käse, einem Bett, einem Anzug und einem
Silberbecher. In einer holländischen Stadt sollen damals Tulpen im
Wert von zehn Millionen Gulden umgesetzt worden sein, dem Ge-
genwert der gesamten Ostindienkompanie.[186] Jan Breughel II. hat in
seinem Bild *Allegorie auf die Tulpenmanie*[187] die spekulierende Gesellschaft als törichte Affen dargestellt. Affen preisen die Tulpen an, Affen
kaufen, Affen verkaufen. Alles dreht sich um die Tulpe. Eine Affen-
börse. Breughel zeigt, wie die Dynamik der Börse die Spekulierenden in Affen verwandelt. Sie erkennen die Welt nicht mehr, weil das
Fieber die Welt in eine virtuelle Welt verwandelt hat. Wie immer an
der Börse, folgt auf den Boom der Crash, und die Verlierer bleiben auf
der Strecke. Bei Breughel: Affen pinkeln auf wertlose Kaufbriefe, werden als verschuldete Spekulanten dem Richter vorgeführt. Heulen-
des Elend. Gewalt breitet sich aus. Die Affen beginnen sich zu schlagen – in Holland waren das Leute, die ihre Ersparnisse in Zwiebeln
angelegt hatten.

Das ist das Börsenspiel, der Versuch, aus Preisanstieg oder Preisverfall Nutzen zu ziehen, oder, wie bei Termingeschäften, auf noch unbekannte Preise zu einem späteren Zeitpunkt zu spekulieren. Der
Käufer bezahlt zum Tagespreis eine Ware, die erst nach einer festge-
setzten Zeit geliefert wird, und spekuliert auf einen Preisanstieg, während der Verkäufer auf einen Preisverfall hofft. Mit einer Spekulation

– das Wort stammt von *speculari*, spähen, beobachten, genau hinsehen – auf die Zukunft hoffen. An der Börse heißen die Spekulationsbriefe *Futures*, sie wurden nach dem amerikanischen Bürgerkrieg 1865 an der Warenbörse in Chicago eingeführt – heute die größte Börse des Handels mit Terminpapieren für Nahrungsmittel.

Konsumenten, die sich vielleicht über die immergleichen Gurken, Tomaten oder Bananen wundern, sollten wissen, dass sie ein Produkt gekauft haben, das an der Börse entstanden ist. Mit Waren zu handeln, ohne dass sie physisch präsent sind, zwingt zu Standards. 48 Gurken pro Kiste oder hundert Tomaten, alle in gleicher Form und in Klassen erfasst, ermöglichen erst den abstrakten Handel. »Es werden somit immer die schlechtesten Produkte der höheren Klasse bevorzugt«, schreibt Marco d'Eramo, »die besseren Produkte der niederen Klasse dagegen benachteiligt. Ganze Sorten aus diesen Bereichen verschwinden aufgrund einer ursprünglich völlig willkürlichen Einteilung nicht nur vom Markt, sondern auch aus der Natur. [...] Um einen Terminkontrakt auf ein Rind abzuschließen, muss der Markt [...] das ›Ideal eines Rindes‹ definieren. [...] Auf diese Weise bringt der Name der Sache, obwohl er ursprünglich bloß auf willkürlicher Konvention beruhte, am Ende die Sache selbst hervor. [...] Die Definition selbst, die den Geschmack der Dinge außer Acht lässt, bringt tendenziell Dinge ohne Geschmack hervor.«[188] Abstraktionen führen zur Entsinnlichung der Lebensmittel, sie werden zu virtuellen Produkten, bei denen Qualität keine Rolle mehr spielt. Der Gewinn besteht, neben dem möglichen Kursgewinn, im Rausch der Spieler, der einem Drogenrausch vergleichbar ist. Man spricht auch von Spielsucht: die konkrete Welt hinter sich und, ekstatisch entrückt, der Hoffnung freien Lauf lassen.

Gesteigert wird das Risikospiel durch Optionen, Futures auf Futures, und Derivate, Futures auf Optionen, die die Spekulationsspirale um eine weitere Windung in die Höhe schrauben. Über das Telekommunikationsnetz, mit Terminals in vielen Städten, werden im Derivatengeschäft Wetten auf Wetten abgeschlossen, Wetten, wie das Geschäftsprinzip von Versicherungen und Lotterien, die von gescheiten Spekulanten zur Geldbeschaffung gegründet wurden. Was das Lottospiel mit der Spekulation verbindet, ist der Glaube an das Glück, dass sich am Ende alles fügt, das Schicksal sich gnädig zeigt oder gar bezwungen werden kann. Denn das Börsenspiel ist nur für den Kleinanleger mit einem hohen Risiko verbunden, wer über genügend Kapital und ein paar Insiderinformationen verfügt, kann über Käufe und Verkäufe die Preise und damit seine Gewinne bestimmen. Dagegen wird das Publikum allein von der Hoffnung an die Börse getrieben, und es ist zu jedem nur denkbaren Einsatz bereit. Mit der Hoffnung der Spekulierenden wird das Geschäft gemacht, an der Börse, beim Wettspiel und bei Versicherungen. Im Crash erkennen wir, dass nicht das Objekt der Spekulation, sondern die Illusion der Spekulierenden die Kurse in die Höhe getrieben hat.

Bei den Vorgängern der Aktien, den Ablassbriefen der Kirche, war es noch das Himmelreich, das den Hoffenden zum Kauf bewegte, in den Boom-Zeiten des 17. und 18. Jahrhunderts waren es die neuen Kolonien, die als Projektionsfläche für fantastische Schätze dienten. Compagnie d'Occident, Mississippi-Gesellschaft, Senegal-Compagnie, Chinesische Handelsgesellschaft, Südsee-Gesellschaft und wie sie alle hießen, waren sämtlich Unternehmen, die Aktien auf Teilhabe an zukünftigem Reichtum ausgaben. Vor allem die 1711 für den Handel mit Südamerika gegründete Südsee-Gesellschaft ging als eines der großen Seifenblasenprojekte in die Geschichte der Gründungen fantastischer Aktiengesellschaften ein. Sie hatte Geld für waghalsige Spekulationen akquiriert, 300 bis 500 Millionen Pfund sollen es gewesen sein, was etwa dem Fünffachen des damals in Europa umlaufenden Bargeldes entsprach, und sollte mit Unterstützung der britischen Krone dem spanischem Kolonialreich Pfründe entreißen oder zumindest in gewinnbringende Geschäfte einsteigen, wie zum Beispiel europäische Metallwaren und Textilien in Afrika gegen Sklaven eintauschen und diese in Amerika gegen Plantagen- und Minenprodukte – ein damals übliches Dreiecksgeschäft. Die Gesellschaft gab ihr Gründungkapital als Kredit an die Krone und erhielt dafür das Monopol über den Handel mit Südamerika und ein maritimes Reich, in dem Schiffe aufgebracht werden konnten und Kaperkriege veranstaltet wurden, an deren Beute die Krone immer beteiligt war.[189]

Mit den neuen Seewegen wuchs der Handel und mit ihm die Hoffnung, schnell reich werden zu können – ob als Pirat, Korsar oder

Spekulant an der Börse. Die Schätze der Welt warteten darauf, gehoben zu werden, und wo nicht, garantierten von der Kolonialmacht erteilte Monopole den Gesellschaften zumindest die Ausbeutung neuer Territorien und ungehinderte Expansion. Im 19. und 20. Jahrhundert sind die neuen Transport- und Kommunikationsmittel zu Hoffnungsträgern der Spekulierenden geworden. Was heute die elektronischen Medien und die Telekommunikationsgesellschaften sind, ein Spekulationsobjekt, mit dem man hofft, in Zukunft weltweit große Gewinne zu machen, das waren im 19. Jahrhundert die Kanalgesellschaften, Suez, Panama, und vor allem die Eisenbahngesellschaften, die zuerst die Industrienationen in Europa und Amerika mit einem dichten Eisenbahnnetz überzogen und den Waren- und Personentransport revolutionierten und dann in den Kolonien weiterbauten, im Orient, Indien, Kuba, Mexiko. Waren und Informationen schnell transportieren zu können, gibt für die Realisierung des Kapitals den Ausschlag – *time is money*. Wer über die schnelleren Transportmittel verfügt, hat die bessere Startposition, um die ganze Welt zum Gegenstand der Spekulation machen zu können. Ein Schlachtfeld, auf dem der Kampf um ökonomische Macht ausgetragen und Kapital für gewagte Unternehmen gesammelt wird, das ist die Börse, ein Ort, der zu Abenteuer und Wagnis herausfordert.

Eines der folgenschwersten Ergebnisse des Hasardspiels im 20. Jahrhundert erlebte die Börse der Wall Street 1929. Ihr Zusammenbruch erschütterte, weit über die USA hinaus, die Märkte der ganzen Welt. Ein Produkt des amerikanischen Traums. Als die USA nach dem Ersten Weltkrieg auf Platz eins in der Weltrangliste ökonomischer Potenzen vorgerückt waren, glaubten viele Amerikaner, wie John K. Galbraith schrieb[190], dass sie durch Spekulation an der Börse mit geringem Aufwand noch schneller noch reicher werden könnten. Vor allem die Mittelklasse erblickte in der Spekulation eine Möglichkeit, ihre Träume über Nacht realisieren zu können: ein herrschaftliches Haus, ein Luxusautomobil, Schmuck und Pelze für die Frauen. Hausse und Crash an der New Yorker Börse hatten ihre Vorläufer in Grundstücksspekulationen in Florida, wo die amerikanische Riviera entstehen sollte, ein Platz der Reichen und Rentiers. Ständig wurden neue Spekulationsprojekte angeboten, wie zum Beispiel ein Manhattan Projekt,»das nicht mehr als eine dreiviertel Meile von der reichen und schnell wachsenden Stadt Nettie entfernt sein sollte. Aber eine Stadt mit dem Namen Nettie hat nie existiert«.[191] Wie zu Zeiten der Südsee-Seifenblase jagte ein fantastisches Projekt das andere. Darauf folgte die Spekulation an der Börse. Ab 1927 begannen die Wertpapierpreise zu steigen. Während 1928 alle Welt wie verrückt in Aktien investierte, wurden die ersten negativen Anzeichen von den gläubigen Börsenspielern ignoriert. Selbst Kleinhändler glaubten blind an eine Superexpansion des Wertpapiermarktes. Schließlich vermehrte sich das investierte Geld an der Börse mit viel höherer Geschwindigkeit, als jede Investition in Landwirtschaft oder Industrie an Rendite erwarten ließ. Als jeder mögliche Aktienkauf ausgeschöpft und Neuauflagen ausgereizt waren, fielen die Preise, und alle Welt versuchte zu verkaufen.

Einige Wochen oder Monate nach dem Crash vom Oktober 1929 erlebte die Welt eine lange Reihe von Firmenschließungen, Preisverfall, wachsende Arbeitslosigkeit und den Bankrott von Finanzinstitutionen, wodurch die Kreditströme zu versiegen begannen. Eine Situation, die heute durch riesige vagabundierende Kapitalmengen und die völlig irreale Überbewertung vieler Firmen der Wachstumsbranche Kommunikationstechnologien wieder provoziert werden könnte. Neue Transportmittel für Information, Werbung und Waren haben Schiff und Schiene ergänzt und zu Teilen auch ersetzt. Doch die Ziele sind gleich geblieben, sei es mithilfe eines Unternehmens des Neuen Marktes, das Aktien auf Hoffnungen ausgibt, oder sei es als Spekulant, der hofft, über Nacht reich werden zu können. Die auf dem Neuen Markt agierenden Gesellschaften, die für ein nie da gewesenes Geschäft Aktien anbieten, die dann tatsächlich durch den Wunderglauben der Anleger beflügelt werden und über Nacht eine ungeahnte Wertsteigerung an der Börse erfahren, steht in Bezug auf Spekulation und Wagnis den Seifenblasen des 18. Jahrhunderts in nichts nach.

Wenn die Ziele der zivilen Gesellschaft aufgekündigt werden, Menschenrechte, soziale Sicherheit, Wohlfahrtsstaat und eine demokratische Verfassung nicht mehr die Gesellschaft konstituieren, tritt eine Gesellschaft neuen Typs an ihre Stelle. Politiker und Sozialwissenschaftler nennen sie die Risikogesellschaft. Sie wird von Abenteurern und Hasardeuren beherrscht – eine Gesellschaft der Aktionäre und Spekulanten. Wird das Spiel an der Börse – Einsatz, Wagnis, Gewinn und Verlust – zu dem, was die Risikogesellschaft bewegt, dann ist die Aktiengesellschaft ihre Gesellschaftsform und die Börse ihr Aktionsraum. Spekulation und Glücksspiel sind ihr wesentlich. Da entscheidet das kapitalistische Roulette über Ausscheiden oder Verbleib im Spiel. Wer seine Aktien verspielt hat, ist nicht mehr dabei, gehört der Gesellschaft nicht mehr an, ist rausgefallen. Die Aktiengesellschaft repräsentiert eine Anti-Gesellschaft, in der das Projekt einer humanen Gesellschaft ausgespielt hat. Ortlos und geschichtslos ist sie allein am ökonomischen Gewinn orientiert und durch keine soziale Bindung behindert, ein asoziales Gebilde, dem weltweit die Zukunft zu gehören scheint, oder, wie Ignazio Ramonet in *Le Monde diplomatique* schrieb:»In der neoliberalen Gesellschaft rückt der Zufall an die Stelle der Heiligen, und Beten für die Börsenkurse wird zu einer sozialen Praxis.«[192]

# XI
# Die Wiederkehr des Schicksals

Die Geschichte gesellschaftlicher Organisationsformen kann auch als Geschichte des Kampfes gegen das Schicksal gelesen werden. Die Zukunft zu kennen und jede Überraschung auszuschließen, war das Motiv für die Entwicklung von Ritualen, Zauber, Magie und Wissenschaft. Das Schicksal wurde als bedrohlich unzugängliche Macht erfahren, die Menschen immer mit Angst erfüllte. Angst ist auch eine der Triebkräfte, die sie zur Gemeinschaftsbildung veranlasste. Um das unberechenbare Schicksal zu beschwichtigen, wurde getanzt, getrommelt, nachgebildet, geopfert, geschlachtet, und um das Schicksal vorherzusehen, wurde orakelt und wurden Orakel interpretiert. Angstbilder, Verlust- und Untergangsfantasien, die sich in kritischen Situationen einstellen, sind bis heute Projektionen innerer Ängste, welche durch Unkenntnis der Natur der Dinge hervorgerufen werden und ein Gefühl der Ohnmacht gegenüber bedrohlicher, unfassbarer Gewalt auslösen.

Dass die Abwehr von Gewalt wieder Gewalt hervorbringt, ist evident. Sie ist ambivalent, bricht in die Gesellschaft ein und geht aus ihr hervor. Weil das Schicksal als Willkür einer unfassbaren Macht empfunden wird, wird ihm mit Willkür begegnet. »Gott schuf Himmel und Erde« war die Antwort, mit der eine personifizierte und in Taten dargestellte Potenz zwischen die Menschen und das gefürchtete Schicksal als schützendes Dach geschoben wurde. Das beruhigt und nimmt die Angst, die ihrerseits dafür sorgt, dass Menschen an ihren Beschützer glauben. Er tritt an die Stelle des Schicksals, das so Produkt seiner Vorsehung wird. Jedes von ihm geforderte Opfer verkörpert, und das unterscheidet die Gewalt des Opfers von der Gewalt des Schicksals, eine nach innen gerichtete, eingedämmte Gewalt. Die

Angst machende äußere Gewalt wird nach innen in Opferhandlungen übersetzt und dadurch in den Bannkreis der Gemeinschaft geholt. Das macht jeden Kult schon zu einer Antizipation rational gefasster Gewalt. *Au fond* ist Angst immer Todesangst, ihrer Herr zu werden das Ziel des Zaubers, dem sich Magie, Aberglaube und Glaube bedienen. Möglichst nichts dem Zufall überlassen, lautet die Devise, von der jede Gemeinschaftsbildung ausgeht. Ohne ein Minimum den Zufall ausschließender Sicherheit sind weder Planung des Lebens, noch Ökonomie, Wissenschaft und Kunst möglich, selbst Steinbeil und Höhlenzeichnung setzen soziale Organisation und Planung voraus.

Dem Schicksal[193] einen Namen geben heißt, es aus dem Dunkel des unbenennbaren Schreckens zu lösen. Als personifiziertes Ungeheuer können es Helden und Heroen dann bekämpfen. Perseus' Medusa, Herakles' Hydra, Ödipus' Sphinx und Siegfrieds Drache, um nur einige zu nennen, sind durch Namen und Vorstellung bereits dingfest gemachter Schrecken. Die Arbeit der Ungeheuertöter ist dann nur noch Vollzug und das Ganze Teil des Prozesses der Zivilisation.[194]

Indem sie Gegenstände mit Worten belegen, eignen sich Kinder die Welt an, während ihre Eltern mit Worten oft nur vortäuschen, über die benannten Gegenstände auch zu verfügen. Zu sagen, das war ein Zufall, verrät schon ein Bewusstsein von etwas, das man begreifen will, und eröffnet die Möglichkeit, dem Zufall auf den Leib zu rücken, ihn auf den Seziertisch zu legen und seine Komposita zu analysieren. Was zunächst als unerklärlich erscheint, entpuppt sich bei näherem Hinsehen vielleicht als Zusammentreffen vieler bis dahin unbekannter Momente oder als Kette von Ereignissen, von denen einige Glieder dem Licht der Aufklärung noch verborgen waren. Dass etwas außerhalb des Erkenntnishorizonts bleibt, liegt in der Natur der Sache. Alle Erkenntnis ist immer nur Teilerkenntnis.

Zweifellos hängt die aktuelle Konjunktur von Astrologie und Wahrsagerei mit der fortschreitenden Auflösung von Gewissheiten in Wirtschaft und Gesellschaft zusammen. Eine Tendenz, die auch vor Universitäten nicht Halt macht. Das betrifft die so genannten Analysten, die an Universitäten in Börsenritual, Wertpapierspekulation und Wahrsagerei einführen, aber auch richtige Astrologen.[195] Jeder Aberglaube suggeriert schon Befreiung von der Herrschaft des Zufalls. Seine Magie ist von Menschen gemacht. Das hebräische Wort *mazzal* steht für eine bestimmte Konstellation von Planeten und Sternzeichen, von der astrologische Befunde und Prognosen ausgehen. Sterndeuterei baut auf der Illusion auf, dass die Konstellation der Sterne und Sternbilder, die wir sehen, einen physischen oder psychischen Einfluss auf das Schicksal der Individuen habe und der Mensch mit seinem Schicksal in einen erkennbaren kosmischen Rhythmus eingebunden sei. Darum bedeutet *mazzal* Schicksal und Gestirn zugleich. Eine derartige Beziehung zwischen den Konstellationen ferner Gestirne und den Schicksalen der Individuen zu unterstellen, ist Resultat der magischen Harmonisierung des Universums durch den Aberglauben. Viele Millionen Lichtjahre entfernt, können einige Gestirne längst erloschen sein und gar nicht mehr existieren, wenn wir sie sehen. Was wir sehen, ist eine virtuelle Realität, deren Elemente aus verschiedenen Epochen des Universums stammen. Jedoch von Astrologen gedeutet, kann das Sternbild abergläubischen Menschen Halt und Sicherheit geben.

Mit Gaunern von *Massel* zu reden, kommt der Sache schon näher. Glück gehabt, lautet die nachträgliche Feststellung eines schönen Zufalls, mittelniederdeutsch *gelucke*. Die englischen Ausdrücke *Good luck* und *Bad luck* zeigen, dass das Wort ursprünglich ambivalent war, sowohl Glück als auch Unglück bedeuten konnte. Glück ist die Art, wie etwas zufällig ausgeht. Wenn es schlecht ausgeht, hat man Pech gehabt, wie der Pechvogel, der am Pech des Vogelfängers hängen bleibt.

Was als Zufall zu gelten hat, hängt ab von der Integration unerklärbarer Ereignisse und Konstellationen in das rationale Bild, das sich Menschen von der Welt machen. Das griechische Wort *tyche* für Zufall bedeutete ursprünglich, ein Ziel treffen oder verfehlen, Erfolg haben oder eben nicht. Darum konnte Ödipus sich einen Sohn der Göttin Tyche nennen, als er die Sphinx besiegte, er hatte Glück. Nichts ist so erfolgreich wie der Erfolg, das gilt bis heute in Wirtschaft und Gesellschaft. Tyche war ursprünglich keine Person, sondern das Gegenteil jeder Vernunft, reiner Zufall. Sie ist weder gut noch böse, verursacht Desaster ohne moralische Absicht und steht jenseits von Göttern und Menschen; sie verkörpert alles, was weder Ziel noch

Ursache hat, weder von Göttern noch Menschen beabsichtigt ist. Auch das Wort *fortuna* stammt von *fors*, blinder Zufall, was sowohl Glück als auch Unglück bedeuten kann. Vermutlich wurde die Göttin Fortuna durch archaische Reproduktionskulte sozialisiert. Als Verkörperung des Glücks war sie mit Erfolg verbunden, eine hilfreiche Göttin im menschlichen Leben, sie hielt ihre schützende Hand über die Geburt eines Kindes wie über die Seefahrt, bei erfolgreicher Ernte wurden ihr Preislieder gesungen. Durch den Einfluss der griechischen Tyche wurde Fortuna zu einer Zufallsgöttin, die an jeder Straßenecke mit einem Münzwurf befragt werden konnte. Aus der republikanischen Periode Roms sind Münzen mit einem weiblichen Kopf und der Inschrift »Fort. P. R.«, *Fortuna Populus Romanus*, bekannt, was sie zum Eigentum der Römer macht und wodurch sie ihnen Glück wünscht. Die Cäsaren haben sie schließlich in den Staatskult erhoben, wo Interpreten einer Zufallskonstellation über das Schicksal des Imperiums entschieden.

Dagegen opponierten die Lehrer der christlichen Dogmatik. Augustinus lehnte wegen der göttlichen Vorsehung jeden Zufall ab. Thomas von Aquin erkannte ihn aus dem gleichen Grund an, aber eben nur als zufälliges Zusammentreffen, *contingens*, im Rahmen der göttlichen Vorsehung. Entscheidend ist die Grundeinstellung: Wird an die Existenz eines allmächtigen Gottes geglaubt, ist der Zufall sein Werk, wird seine Allmacht geleugnet, bleiben Glück und Unglück eine Sache des Zufalls. Die Aufklärung schließlich hat Gott durch die Natur ersetzt und die Zauberformeln magischer Naturbeherrschung in Naturgesetze verwandelt. Für Spinoza gab es den Zufall nur wegen fehlender Kenntnis der Ursachen, ebenso sah ihn Laplace als Ausdruck unserer Ignoranz, für Hume kam er sogar einer Verletzung der Naturgesetze gleich.

Des unbekannten Schicksals doch noch Herr zu werden, wurde auch mit dem Gesetz der Probabilität versucht. Wie kann ich, ohne alle Elemente und Voraussetzungen zukünftiger Ereignisse zu kennen, Voraussagen machen, die aufgrund von Erfahrungen wenigstens wahrscheinlich sind? Das ist die Basis jeder Versicherung. Während der Versicherungsnehmer ein Unglück fürchtet und sich mit einem Opfer gegen Schäden versichert, benutzt die Versicherung die Wahrscheinlichkeitsrechnung, um ihr Risiko, den Preis der Prämie und ihren voraussichtlichen Gewinn zu ermitteln. Ein Verfahren, den Zufall einzuhegen und mithilfe einer mathematischen Kalkulation der Wahrscheinlichkeit zur Geschäftsgrundlage der Versicherung zu machen.

Der Darwinismus schreibt endlich den Zufall einer dem Evolutionsprozess innewohnenden Spontaneität zugute, einer zufällig falschen Kopie der Gene sozusagen, die dann Kraft innerer, zielgerichteter Funktion den an neue Bedingungen am besten angepassten Fehler zum Retter der Spezies macht und dadurch den Zufall in den Dienst der Notwendigkeit stellt – nämlich zu überleben. Ein Modell, das von Jaques Monod als Zusammenspiel von Zufall und Notwendigkeit aufgegriffen wurde und heute, wo totale Konkurrenz, Anpassung und Flexibilität zu unverzichtbaren Voraussetzungen auch für das Überleben in der Gesellschaft geworden sind, zu einer Rückübertragung auf das wissenschaftliche Bild von der Natur geführt und damit die Biowissenschaften zu den neuen Leitwissenschaften gemacht hat.

Weil der Zufall als Ereignis ohne bestimmte Ursache galt, die Ursache unbekannt oder nicht zu erklären war, wurde im Altertum das Orakel befragt. Im Apollonheiligtum in Delphi, einer bekannten Orakelstätte der Antike, verkörperte eine Tempeldienerin die Pythia und sprach in ekstatischem Vollrausch ihre Orakel. Orakel heißt sowohl der dunkle, einer Deutung bedürftige Spruch, die so genannte Weis- oder Wahrsagung, als auch die Spruchstätte, das *oraculum*. Die *propheteia* ist die Orakelantwort. Die Tempeldiener, deren Aufgabe es war, den rätselhaften Spruch zu deuten, hatten bereits jene Deutungsmacht, die heute zum Beispiel Ökonomen zugestanden wird, wenn sie, wie Wahrsager und Propheten, aufgrund von Anzeichen und Annahmen Prognosen auf die Zukunft ausstellen. Sie kennen weder alle Elemente, die auf die Wirtschaft Einfluss haben, noch haben sie Kenntnis von Ereignissen, die in der Zukunft stattfinden, wie Erfindungen oder Katastrophen, und das Wirtschaftsleben in eine völlig neue Richtung lenken könnten. Ihre Prognosen dehnen, wie jede Futurologie, die Gegenwart in die Zukunft aus, sie sind Zufallsverschiebungen, durch die eine neue Zufallskonstellation entsteht. Die

Deutung der Weisen kann, muss aber nicht zutreffen, sie trägt Elemente jenes Zufalls in sich, den sie auszuräumen vorgibt, und ist im Grunde archaische Magie oder, in psychoanalytischen Termini gesprochen, ein Produkt kindlicher Allmachtsfantasien. Dass dahinter auch immer Interessen stehen, nämlich Einfluss auf eine Religionsgemeinschaft, eine Ethnie oder die Ökonomie einer ganzen Gesellschaft zu nehmen, rückt die Machenschaften der Weisen ins Licht ökonomischer Machtkämpfe. Der unerschütterliche Glaube naiver Menschen an die Macht des guten Schicksals, an Glück, Heil und Erlösung steigert in Zeiten großer Krisen, in denen eine unerwartete Begebenheit jeden Rahmen sprengt, die Bereitschaft, noch den unwahrscheinlichsten Weissagungen von Gurus und Magiern Glauben zu schenken und ihnen zu folgen.

Krisen und Ungewissheit lassen Verängstigte auch immer wieder zu einem Losorakel greifen. Wo Kenntnis und wissenschaftliches, nämlich überprüfbares Denken fehlen, hilft das Orakel, die Zukunft zu deuten. Kein Wunder, dass Apollon, der Gott der Weisheit und des Wissens, dem Los und Hasardspiel nicht geheuer waren, seinem Bruder Hermes, der auch für alle Art Täuschungen zuständig war, die Kunst der Weissagung mit den Würfeln übertragen haben soll. Das ist eine der ältesten Formen, aus einer Zufallskonstellation Aussagen über die Zukunft zu machen.[196] Würfel wurden in prähistorischen Gräbern in Europa, Asien, Afrika und Amerika gefunden, in ägyptischen Gräbern sogar präparierte Würfel, was nicht überrascht, wenn man bedenkt, dass Hermes, der Gott der Kaufleute und Betrüger, das Würfelorakel verwaltete und die Toten ins Jenseits zu geleiten hatte. Beim Würfelspiel mit dem Wachpersonal einer anderen Welt hatten sie dann Gelegenheit, ihrem Glück auf die Sprünge zu helfen, fast wie im richtigen Leben. Um Betrug auszuschließen, also das Ergebnis des Wurfes so weit wie möglich dem Zufall zu überlassen, werden heute genau berechnete, scharfkantige, spitzeckige Würfel für Casinos wie Banknoten in besonderen Fabrikationsstätten unter staatlicher Aufsicht und Kontrolle hergestellt. Jeder Versuch, Würfel zu manipulieren, hieße, das Schicksal zu betrügen.

Die Herkunft des Wortes *hasard* liegt im Dunkeln[197]. Offenbar ist es aus dem Würfelorakel hervorgegangen, das wiederum mit dem

Opferkult der Heiligtümer in engster Beziehung stand. In Kleinasien sind Lostafeln gefunden worden, auf denen den Würfelzahlen Sprüche zugeordnet sind. Gewürfelt wurde meist mit den im Altertum weit verbreiteten *astragaloi*, das sind Würfelknochen aus den Knöcheln der Hinterbeine von Schafen, ursprünglich von geopferten Schafen, die durch Kult und Ritual zum Schicksal in besonderer Beziehung standen. Gelegentlich wurden auch die bis heute gebräuchlichen kubischen Würfel[198] verwendet. Geworfen wurde auf einem Brett, das im Tempel oder auch auf der Straße zur öffentlichen Benutzung nebst Lostafel aufgestellt war. Kam ein Ratsuchender in den Tempel, betete er zu dem Gott, dem die Orakelstätte unterstand, warf Knöchel oder Würfel und suchte sich auf der Tafel seinen Losspruch heraus, eine Praxis, die in den Glücksrädern in den Vorhallen christlicher Kirchen fortlebte.[199] Ob mit einem Wurf von Stäbchen, Knöcheln oder Würfeln, durch Bibliomantie, Rhapsomantie oder Buchstabenstechen eine verschlüsselte Antwort gefunden oder vielleicht durch einen Vogel ein Orakellos gezogen wird, die Fixierung der Ergebnisse auf ein bestehendes Schema oder einen Kanon, die Festlegung eines Rahmens, in dem der Zufall freies Spiel hat, lassen Aussagen zu, die für das unsichere Individuum zu Gewissheiten werden und seinen Glauben ans Glück bestärken. Alles ist Produkt einer höheren Gewalt, wo die Vernunft versagt, entscheidet das Los.

Das Los ist Teil einer auf Opfer aufbauenden Ökonomie, deren Ursprung im Dunkel liegt. Wir können nur darüber spekulieren, weil wir die Entstehungsgeschichte des Opferkults nicht kennen, wir wissen nicht, was zu dem Kult geführt hat. Denn jede rationale Erklärung setzt das Opfer immer schon voraus, sie bezieht ihre rationalisierenden Argumente aus der Opferlogik selbst. Schon die Frage nach einem Ursprung befolgt die Logik des Opferkults. Das Los ist ein Teil des Opfers, losen ein germanischer Ausdruck für Opfern. Verteilt wird an die Opfernden, von denen jeder seinen Anteil erhält. Als Erbschaft oder ein Stück Land, eine Parzelle, französisch *lot*, spanisch *lote*, steht das Los in demselben Zusammenhang. Nachdem das neue Land von den Israeliten besetzt war, wird Moses angewiesen, wie er es zu verteilen habe: »Vielen sollst du viel zum Erbe geben und wenigen wenig; jeglichen soll man geben nach ihrer Zahl. Doch man soll das

Land durchs Los teilen; nach den Namen der Stämme ihrer Väter sollen sie Erbe nehmen.«²⁰⁰ Ein Prinzip, das einer spezifischen Gerechtigkeit folgt: für wenige wenig, für viele viel. Was als gerechte Verteilung zu gelten hat, bestimmen soziale Organisation und ökonomische Verfügungsgewalt.

Für Platon bestand Gerechtigkeit in der Aufrechterhaltung der überkommenen Ordnung des griechischen Stadtstaates, wo Patrizier, Krieger, Handwerker, Frauen und Sklaven ihren festen Platz in der Polis hatten und ein Wechsel nur um den Preis eines Frevels an der Ordnung möglich war. Das Gleiche gilt für Stammes- und Feudalgesellschaften wie für alle in Korporationen organisierten Sozialgebilde. Jedem gerecht zu werden, heißt, ihn auf seinen angestammten Platz in der Hierarchie zu verweisen. Dagegen bezieht Aristoteles die Gerechtigkeit schon auf die Distribution der Güter und erhebt die Gleichheit zur Basis der Gerechtigkeit.²⁰¹ Er unterscheidet zwischen ausgleichender und austeilender Gerechtigkeit. Als Teil des Ganzen, nämlich der Gemeinschaft, soll jedem das zuteil werden, was seiner Würde, seinen Verdiensten und seinen Fähigkeiten entspricht. Darum wurde die römische Justitia nicht nur mit verbundenen Augen und einer Waage dargestellt, sondern gelegentlich auch mit einem Füllhorn. Das heißt, sie urteilt nicht blind, sondern ohne Ansehen der Person. Und das Füllhorn will uns sagen, dass Gerechtigkeit ohne distributive Gerechtigkeit nur abstrakte Gerechtigkeit ist, die ein befriedigendes soziales Leben nicht ermöglicht.

Der Wunsch nach distributiver Gerechtigkeit war ein Leitmotiv, welches in der Geschichte immer wieder zu sozialen Aufständen, Revolutionen und Umwälzungen geführt hat. Ohne sie gibt es kein Recht, und eine zivile Gesellschaft ist ohne sie gar nicht erst möglich, weil das demokratische Funktionieren einer Gesellschaft von Bürgern mit gleichen Rechten und Pflichten für alle Mitglieder auch ökonomische Ressourcen voraussetzt – wer nichts zu essen hat, sich nicht bilden und informieren kann, scheidet als Subjekt einer zivilen Gesellschaft aus –, eine Tatsache, die Hermann Broch angesichts der politischen Scheinalternativen 1940 zur Forderung nach einer *Bill of Economic Rights* veranlasst hat.

»Der ethische Ausgleich zwischen Pflicht und Freiheit ist die erste und wesentlichste Aufgabe einer auf Treu und Glauben begründeten Demokratie, sie ist auch ihre wirtschaftliche Aufgabe, und zwar als Einschränkung der wirtschaftlichen Handlungsfreiheit zugunsten der des Ganzen, denn gerecht verteilte Existenzsicherheit – dieses stärkste Lockmittel der Diktatoren – gehört zu den ethischen Wirtschaftspflichten, und jede Sicherheit erfordert einen gewissen Freiheitsverlust als Kaufpreis; doch damit die Sklavereilösung der Diktaturen samt ihrer Zerschlagung und Verelendung der Wirtschaft vermieden werde, und mehr noch, damit die jahrhundertelange, jetzt unterbrochene Wirtschaftstätigkeit wieder aufgenommen werden könne, ist eine umfassende Krisentheorie vonnöten, welche über die bisherigen kapitalistischen und marxistischen Anschauungen hinausführt, um solcherart zur Theorie einer tunlichst krisenbefreiten Wirtschaft zu werden, welche nicht nur Existenzsicherheit, sondern Wohlstand für alle zu verbürgen imstande wäre. Die Schwächen des Kapitalismus zeigen den theoretischen, die Schwächen der kapitalistischen Gruppen aber den praktischen Ansatzpunkt zur positiven Überwindung des mangelhaft gewordenen Systems.

Die Aufgabe der Demokratie innerhalb der zu erstrebenden krisenbefreiten Wirtschaft lautet: Aufstellung und Durchführung einer *Bill of Economic Rights* für den Menschen.«[202]

Das gleiche Argument führte Broch noch einmal 1949 bei der Gründung der Vereinten Nationen als Anregung zur Erweiterung der Menschenrechte an. Es gibt keine Menschenrechte ohne ökonomische Menschenrechte, weil die physischen Lebensrechte ebenso fundamental sind wie die individuellen Freiheitsrechte. Wenn ihm die Mittel fehlen, kann das Individuum seine Menschenrechte nicht einklagen, sie sind ihm vielleicht nicht einmal bewusst.

Wenn das Los noch den blinden Zufall repräsentiert und, wo nicht, zumindest den Status quo der sozialen Organisation fortschreibt – es ist das Los des Sklaven, Sklave, wie das der Armen, arm zu sein –, befreien schon Kenntnis der Umstände und Dinge von der Herrschaft des Schicksals. Das betrifft auch die soziale Organisation. »Es gilt zum Beispiel für demokratisch«, sagt Aristoteles, »dass die Ämter durchs Los besetzt werden, für oligarchisch, dass es durch Wahl geschieht.«[203] Und er fügt hinzu, dass das Ideal wohl eine Mischung aus beidem sein müsse. Die Wahl setzt Kenntnis in Sachfragen voraus, über die das Volk nicht verfügt, während das volkstümliche Los keinen Unterschied macht und darum die Entscheidung dem Zufall überlassen kann. Die Losgerechtigkeit verlagert, wenn die Ziehung oder die wie immer geartete Ermittlung der Gewinnzahlen nicht manipuliert wird, die Entscheidungsgewalt auf den Zufall. Nur der Zufall ist unparteiisch. Das haben, wenn nicht zuerst, so doch mit weitreichenden Folgen, die Bürger der Handelsmetropole Genua schon im späten Mittelalter ausgenutzt. Das heute in der ganzen Welt bekannte Lotto – ein altes italienisches Wort für Schicksal – geht, wie das Bingo oder richtiger *Beano,* das heißt beglückt, also Glück gehabt, auf die Wahlen des großen Rates der Republik Genua zurück. Von 90 aufgezeichneten Namen wurden fünf ausgelost, auf die die Bevölkerung Wetten[204] abschloss. 1620 wurde das Lotto als reines Glücksspiel mit 90 Zahlen in Genua offiziell eingeführt. Auch das Los einer Lotterie stellt einen Anteil am späteren Gewinn in Aussicht und setzt durch die Einlage ein Opfer voraus.[205]

Lottogesellschaften sind, ebenso wie Aktiengesellschaften, Unternehmen, um Kapital für besondere Zwecke zu sammeln. Dient die Aktiengesellschaft der Realisierung von Projekten, welche die Finanzkraft eines einzigen Investors übersteigen, so dienen die Lottogesellschaften meist dazu, Projekte zu finanzieren, die keine Werte für den Markt schaffen, wie Kultur- und Sozialeinrichtungen. Etwa 100 vor Christus soll die Han-Dynastie eine Lotterie in China geschaffen haben, um Geld für den Bau der großen Mauer zu sammeln. Die römischen Kaiser Nero und Augustus haben mithilfe von Lotterien Sklaven und Land freigegeben. Vom 15. bis ins 18. Jahrhundert waren Lotterien die Finanzquellen für öffentliche Ausgaben in Europa, in den italienischen Stadtrepubliken Genua, Florenz und Venedig, aber auch in England, Frankreich, Belgien und Holland, wo Staats- und Sozialausgaben mit den Gewinnen aus Lotterien bestritten wurden. 1446 soll die Witwe des flämischen Malers Jan van Eyck eine Lotterie veranstaltet haben, um für die geerbten Bilder einen höheren Gewinn zu erzielen. Sie gilt als erste Lotterie in den Kinderjahren des Kapitalismus. 1465 haben sich einige Städte in Burgund und Flandern für den Bau von Befestigungsanlagen, Häfen und Kanälen Kapital durch Lotterien beschafft, und 1567 hat Elisabeth I. die erste englische Staatslotterie für die Reparatur von Hafenanlagen und andere öffentlichen Ausgaben gegründet. Mit einer Lotterie wurde 1627 ein Aquädukt in London, 1753 das British Museum und 1775 die Kolonialarmee finanziert. Und Giacomo Casanova schreibt in seinen Memoiren, dass er in Paris, zusammen mit dem Sekretär des Gesandten des Königreichs beider Sizilien, Giovanni Antonio Calzabigi, für die *Ecole Militaire* ein Lotto eingerichtet habe.[206] Mit einer Lotterie kann für jedes nur denkbare Vorhaben Geld ausgehoben werden; das prädestiniert sie für außergewöhnliche Aufgaben.

Im 18. Jahrhundert haben Gründerväter der USA Lotterien betrieben, um Staats- und private Ausgaben zu finanzieren. Benjamin Franklin hat eine Lotterie für den Bau von Kanonen für den Befreiungskrieg organisiert, George Washington, um eine Straße für die Besiedlung des Westens zu bauen, und Thomas Jefferson sogar, um seine Schulden bezahlen zu können. Von 1790 bis zum Bürgerkrieg wurden in den USA mithilfe von Lotterien Hunderte von Colleges, Schulen, Kirchen sowie die ehrwürdigen Universitäten Harvard, Yale, Princeton und Columbia gegründet. In der gleichen Zeit haben viele Staaten der USA ihre Gerichtsgebäude, Gefängnisse, Krankenhäuser, Waisenhäuser und Bibliotheken mit den Einnahmen aus Lotterien finanziert. Lotterien waren über Jahrhunderte die Standardquelle für die Finanzierung öffentlicher und privater Ausgaben, und sie könnten, sinken die Staatseinnahmen in den westlichen Gesellschaften weiter wie bisher, wieder zu einer Quelle für die Finanzierung aus dem Staatshaushalt nicht mehr bezahlbarer öffentlicher Einrichtungen werden.

Auch die Casinos, öffentliche Spielhäuser in Baden-Baden, Monte Carlo, Las Vegas, Macau und den vielen anderen Zentren schwarzer Kassen und Geldwaschanlagen sind Einnahmequellen, die Gemeinden, Städten und Staaten – ein großer Teil des Gewinns geht immer an den Lizenzgeber – viel Geld in die Kasse spülen. Das erste legale Casino soll 1626 in Venedig aufgemacht worden sein. Der Name stammt von italienisch *casini*, kleine Häuser, das waren private Häuser, in denen gehandelt, gespielt und politische Verschwörungen angezettelt wurden. Das im 17. Jahrhundert im belgischen Spa lizenzierte Casino hat Spa derart zu einem Begriff und Kürzel für die Verbindung von Kur und Glücksspiel gemacht, dass ein Spa auch im »Venetian« in Las Vegas nicht mehr fehlen durfte.

Heute sind von ethnischen Gruppen Casinos als Goldminen entdeckt worden, eine Einnahmequelle, aus denen Kapital fließt, solange die Spielleidenschaft[207] und der Glaube an das Glück Menschen bewegt. In Kalifornien haben nordamerikanische Indios in ihren Reservaten schon an über 300 Spielstätten Lizenzen erteilt. Und da in den USA jährlich über 600 Milliarden Dollar in Casinos gelassen werden, könnten die Casinos in den Reservaten vielleicht sogar einmal Las Vegas in den Schatten stellen.[208] Dem werden die mexikanischen Indios nacheifern, sobald ihre regionale Autonomie zum Gesetz erhoben ist. Auch sie werden Spielstätten einrichten wie ihre nordamerikanischen Brüder. Die Nachfrage nach Casinos hält mit der sich ausbreitenden Spielleidenschaft Schritt. Für die Geschäfte mit dem Glauben ans Glück stehen die Investoren längst bereit. Alles ist nur noch eine Frage der Zeit.

Als Schicksalsmacht wurde der Zufall immer dann in die Schranken gewiesen, wenn eine Gemeinschaft oder eine Gesellschaft ihr Schicksal in die eigenen Hände nehmen wollte, sei es, dass sie mithilfe einer Religion und einem Gott eine eigene Potenz schufen, die sie vor der Macht des gefürchteten Schicksals schützen sollte, oder sei es, dass ein aufgeklärter Staat die Freiheit des Individuums über jede Schicksalsmacht stellte. Der Staat muss den Zufall, soweit es geht, ausschließen, weil jeder Zufall die Entscheidungsfreiheit individueller Subjekte einschränkt.

Niccolò Machiavelli hat ein treffendes Bild für das gesellschaftliche Verhältnis zum Zufall entworfen. Er stellt die Schicksalsmacht als Naturgewalt dar, die es zu zähmen gilt, damit ein mehr oder weniger angstfreies gesellschaftliches Leben überhaupt erst möglich wird.

»Dennoch halte ich es – um unseren freien Willen nicht auszuschließen – für wahrscheinlich, dass Fortuna zwar zur Hälfte Herrin über unsere Taten ist, dass sie aber die andere Hälfte oder beinahe so viel unserer Entscheidung überlässt. Ich vergleiche sie mit einem jener reißenden Ströme, die, wenn sie im Zorn anschwellen, die Ebenen überfluten, Bäume und Häuser niederreißen, hier Erde wegspülen und dort anschwemmen; jeder flieht vor ihnen, alles weicht vor ihrer Gewalt zurück, ohne auf irgendeine Art Widerstand leisten zu können. Obwohl die Ströme eine so wilde Natur haben, bleibt doch den Menschen in ruhigen Zeiten die Möglichkeit, mit Deichen und Dämmen Vorkehrungen zu treffen, so dass die Ströme, wenn sie wieder anschwellen, entweder in ihrem Flussbett bleiben oder ihre Gewalt nicht so unbändig und verheerend ist. Ähnlich verhält es sich mit Fortuna, sie zeigt ihre Macht dort, wo man nicht die Kraft aufbringt, ihr zu widerstehen, und sie lenkt ihre Gewalt dorthin, wo sie weiß, dass sie nicht durch Dämme und Deiche zurückgehalten wird.«[209]

Ein ähnliches Bild benutzte Sigmund Freud, als er die individuelle Sozialisation als einen Prozess beschrieb, in dem die unbewusste innere Triebnatur des Menschen ins Bewusstsein des Individuums gehoben und so Natur in Kultur sublimiert wird. Die psychoanalytische Forderung »Wo Es war, soll Ich werden« hat Freud mit der Trockenlegung der Zuidersee verglichen, also ungebändigte Natur in Kulturland zu verwandeln, ein Wunschbild, das er selbst auch immer mit einem großen Fragezeichen versah. Denn leicht kann die Naturgewalt alles wieder zunichte machen; Rückfälle in die Barbarei entfesselter Triebe sind auch in der Gesellschaft nie auszuschließen, wie die jüngste Geschichte beweist. Die Triebnatur zu bändigen und in befriedigende, erotische Formen menschlicher Bündnisse zu verwandeln, gelingt nur partiell. Immer bleibt ein Rest verdrängt und unterdrückt. Die Gewalt, mit der der unterdrückte Trieb sich rächt – in psychoanalytischen Termini gesprochen, die Wiederkehr des Verdrängten –, erscheint selbst als eine Perversion der Gewalt. Hass ist die Antwort auf eine nicht gelungene, nicht versöhnte Beziehung von Menschen. Und doch gibt es für das Individuum keine Alternative, will es sich nicht Göttern, Führern und ethnischem Kultzwang unterwerfen.

Auf die Gesellschaft bezogen, ist der Markt die zentrale Institution, wo, unter dem Schutz einer höheren Gewalt, Triebwunsch und Triebbefriedigung in Tauschakten vermittelt werden. Erst der Marktfriede, das heißt die Regulierung der Form der Tauschakte, ein Rahmen, der den Markt definiert, schützt vor Gewalt, vor Raub und Plünderungen, womöglich auch vor Betrug, wenngleich dieser Schutz auch immer sehr fragil ist. Er setzt Zwang oder das Einverständnis aller Beteiligten voraus. Darum der Marktfriede und die Marktordnung, ein Regelwerk, ohne das sich der Markt selbst zerstören würde.

Geht man von der Geschichte des heute weltweit die Ökonomie aller Regionen bestimmenden Kapitalismus aus, so wie er sich seit dem ausgehenden Mittelalter entwickelt hat, sind die wilden Phasen der Wirtschaft, der Raubökonomie und des Betrugs der Glaubenden und Gläubiger auch immer von Versuchen unterbrochen worden, die alles verschlingende soziale Wildnis, die sich auf einem uneingeschränkten Markt automatisch ausbreitet, einzudämmen und mithilfe eines Kanons von Regeln und Gesetzen in einen mehr oder weniger friedlichen Platz zu verwandeln. Ob nun eine Stammesgesellschaft gemeinsam ein Opfertier brät, das gerecht verteilt werden soll, eine Religion die Gleichheit aller Menschen verkündet, oder eine Revolution die Menschenrechte und soziale Gerechtigkeit einfordert, immer geht es unter anderem um distributive Gerechtigkeit. Ohne sie ist keine Demokratie, keine zivile Gesellschaft lebensfähig. Jede Gesellschaft würde ohne dieses Ziel zu einer Karikatur, sie würde sich selbst auflösen.

Adam Smith glaubte, dass sich so etwas wie distributive Gerechtigkeit, also allseits befriedigende Lebensverhältnisse in der Gesellschaft, durch den Egoismus der Individuen von selbst durchsetze. Gerade weil jeder das haben will, was andere besitzen oder produzieren, könnte ein wechselseitiger Austausch unter Produzenten und Konsumenten alle zufrieden stellen. Durch Tauschakte vermittelt, bekäme schließlich jeder das, was er will. Ein Modell, das von einem geschlossenen Markt einer Nation ausgeht, besser noch einer Kleinstadt, in der sich alle Bewohner kennen, unter denselben Bedingungen leben und als Produzenten und Konsumenten untereinander in Austauschbeziehungen treten. Da Waren und Kapital, die nicht unter denselben Bedingungen entstanden sind, Wettbewerb und Preisbildung verzerren, müssten sie von diesem Markt fern gehalten werden. Der Markt also als autarkes Gebilde, und wenn nicht, muss er sich nur so lange ausdehnen, bis der Rest der Welt integriert ist.

Die Tendenz zu wirtschaftlichem Wachstum und fortschreitender Globalisierung ist eine zwangsläufige Tendenz des kapitalistischen Marktes. Für Adam Smith war die unsichtbare Hand die Hand Gottes, die nicht nur Tauschakte bewirkt, sondern auch eine durch religiöse Einübung internalisierte Moral durchsetzt, die vor Raub und jeder Form illegaler Aneignung schützt. Ein Zwangsmodell, das sich schon zu Smiths Lebzeiten nicht auf dem Boden der kapitalistischen Realität bewegte. Die nach Europa strömenden Kolonialwaren waren meist Produkte eines Raubs oder Preisdiktats, auf jeden Fall aber nicht auf dem Markt produziert, auf dem sie schließlich gelandet sind. Und die großen Kapitalgesellschaften, die Anteile an sagenhaften Geschäften in Übersee verkauften, so wie die Unternehmen des Neuen Marktes heute nie da gewesene Optionen auf die Zukunft, haben gar nicht erst den Anschein erweckt, dass sich ihre Abenteuer auf den heimischen Markt bezogen. Die mit den Aktiengesellschaften geweckten Wünsche nach Schätzen aus dem funkelnden fernen Osten oder aus einem unbekannten Eldorado waren in reale Geldanlage verwandelte Träume, Seifenblasen, die mit schnellem, unerhörtem Reichtum lockten.

Die heute herrschende Doktrin der Ökonomie, wonach der Markt von allen Fesseln zu befreien, jede Regulierung aufzuheben und das freie Spiel der Kräfte nirgendwo zu behindern sei, also das radikal liberale Marktmodell auf den Weltmarkt auszudehnen, damit Angebot und Nachfrage automatisch zu wirtschaftlichem Wachstum und allgemeinem Wohlstand führen, ist ein Kinderglaube, der die immer wieder beschworene unsichtbare Hand zu einer Schicksalsmacht werden lässt. Sie ist die Seele des *Free Market,* von der, nach Überzeugung der neoliberalen Ökonomen, das wirtschaftliche Wachstum abhängt und damit auch die allgemeine Prosperität. Doch das entspricht nicht der Realität. Im Gegenteil, die Armut wächst weltweit, obwohl immer mehr Länder sich der neoliberalen Doktrin fügen und alle Handelsschranken beseitigen.

Automatisch auf Gewinn ausgerichtet, wirkt die unsichtbare Hand hinter dem Rücken der Individuen. Als personifiziertes Gewinnprinzip sorgt sie für die Konzentration ökonomischer Macht in einem nie da gewesenen Ausmaß und für die Wiederkehr ältester, autoritärer Sozialstrukturen – natürlich in der verzerrten Form moderner Neuerfindungen. Dabei kann es sich um ethnisch oder religiös motivierte Gemeinschaften handeln, die oft zum Zweck der Durchsetzung ökonomischer Interessen erfunden wurden, um familienähnliche Betriebsgemeinschaften, das Team, das sein Bestes für den Chef gibt, oder ein Netzwerk, das scheinbar harmlos und doch eine höchst autoritäre Verbindung ist, in der das berauschende Wir-Gefühl der Angeschlossenen das autoritäre Wesen des Netzes nicht ins

Bewusstsein dringen lässt oder vielleicht auch als religiöses Erlebnis gesucht wird. Die Auflösung der Gesellschaft in Gruppen und Mafias, die sich in sozialdarwinistischen Ausscheidungskämpfen befinden, ist, vom Standpunkt der Gesellschaft aus gesehen, eine Regression. Denn es handelt sich um archaisierende Sozialgebilde, wo der Kampf von jedem gegen jeden um wirtschaftliche Macht und Verfügungsgewalt das Einzige ist, was verbindet. Wiewohl dem biologischen Bild vom Leben in der Natur entlehnt, verkörpert der Sozialdarwinismus doch eine moderne Form des ungehemmten Konkurrenzkapitalismus. Für die Verlierer, und das ist die große Mehrheit der Gesellschaft, bedeutet das die Angst verbreitende Wiederkehr einer längst überwunden geglaubten, übermächtigen Schicksalsmacht. Wenn allein das Gewinnprinzip im Zentrum der wirtschaftlichen Praxis steht, beherrschen Konkurrenz und Wirtschaftskampf auch das soziale Leben bis in den individuellen Bereich. Und *Survival of the fittest* heißt in diesem Zusammenhang, den Konkurrenzkampf als Naturprinzip der radikalkapitalistischen Wirtschaft in der Gesellschaft zu verankern und damit die Ausbreitung sozialdarwinistischer Gewaltverhältnisse ganz allgemein zu fördern. Kein Wunder, dass mit der ökonomischen Globalisierung auch die Globalisierung der Gewalt Schritt hält.

Auf die unerwartete brutale Gewalt, die eruptiv ausbricht oder zur Durchsetzung religiöser, ethnischer und ökonomischer Ziele eingesetzt wird, in Termini der Aufklärung die Wiederkehr des Schicksals als unkalkulierbare Macht, wird mit Sicherheitsmaßnahmen, Verteidigungs- und Überwachungsanlagen geantwortet. Die Menschen, die dazu in der Lage sind, igeln sich in Festungen ein, schaffen sich Privatarmeen und suchen in neuen Gemeinschaftsformen das, was die in Auflösung begriffene Gesellschaft ihnen nicht mehr bieten kann. Wo Gattungssolidarität und ökonomische Menschenrechte mit dem Verschwinden von Wohlfahrtsstaat und ziviler Gesellschaft ihre soziale Basis verloren haben, treten neue und wiederbelebte alte Gemeinschaftsformen und Religionen an ihre Stelle. Die katholische Kirche reanimiert pagane Kulte, um nicht den Anschluss an aktuelle Formen religiöser Praxis zu verlieren, und lässt schon einmal einen Bischof bei der Konkurrenz mitmachen[210], die protestantische Kirche öffnet ihre Häuser für exotische Kultveranstaltungen oder das Bingo, Sekten, bei denen nicht immer ganz klar zu entscheiden ist, ob es sich nun um spirituelle Gemeinschaften oder moderne Wirtschaftsunternehmen handelt, bieten ihren Anhängern Gemeinschaft und paramilitärische Organisation, und Selbsterfahrungsgruppen schließlich locken mit einer Gemeinschaft als Auffangbecken für irritierte Seelen. Die von Propheten zusammengetrommelten Gemeinschaften und von Führern organisierten Ethnien sind neue Unternehmensformen, die sich dort ausbreiten, wo zivile Gesellschaften zerfallen.

Wo alle Gewissheit verschwindet, schlägt die Stunde der Seher, Gurus und religiösen Führer. Sie haben die Gruppen im Griff und führen sie in neue Formen der Sklaverei. Das bezieht sich nicht nur auf psychische Abhängigkeit. Die Sektenmitglieder haben ihr Vermögen der Sekte auszuliefern und in sekteneigenen Unternehmen als Sklaven zu arbeiten, während die Propheten dadurch unerhörte Vermögen ansammeln. Eine Wirtschaftsform, die durch die Demontage des Wohlfahrtsstaats und den Zerfall der Gesellschaft nur begünstigt wird. Das Bedürfnis nach Sicherheit, sozialem Schutz und Ordnung wird in die religiös und ethnisch organisierte Wirtschaftstätigkeit einbezogen. Auch ethnische Befreiungsbewegungen und fundamentalistische Religionsgemeinschaften sind, unabhängig vom sozialen Elend und der religiösen Motivation ihrer Anhänger, heute meist Wirtschaftsunternehmen – Religionen und Ethnien als Firmenmantel – mit einer Firmenphilosophie, die die Mitarbeiter sozusagen im Team hält, sie vor selbstständigem Denken bewahrt und als kostenlose Arbeitskrieger mit Futures auf religiöse oder ethnische Paradiese bezahlt. Sie agieren auf dem informellen wie auf dem formellen Markt. Vom Drogenmarkt, Glücksspiel, Geldwäsche und Aktivitäten in allen Bereichen des legalen Marktes bis hin zur Börsenspekulation, ist der Weltmarkt zu einer Kampfzone geworden, in der die ökonomische Konkurrenz mit allen Mitteln fortgesetzt wird. Das schließt die so genannten nationalen Befreiungskriege und religiös motivierten Anschläge mit ein. In dem Maß, wie die neuen religiösen und ethnischen Bewegungen Wirtschaftsunternehmen geworden sind, können moderne Wirtschaftsunternehmen nicht auf Religion, Philosophie, korporative oder stammesähnliche Organisationsformen verzichten.

Über die reine Funktionalität des Sozialdarwinismus hinausgehende Rationalität, Autonomie und Selbstorganisation der Individuen werden mithilfe von Firmenmythen und Kultveranstaltungen in eine ethnische Gemeinschaft gepresst. Hymnen, Rituale und Beschwörung des Teamgeists erinnern an Stammesriten und Stammeskulte, die die Angestellten in eine Gemeinschaft verwandeln, an das Firmenimperium binden und mit Angst vor jedem Eigenwillen erfüllen sollen.

Die Wiederkehr von Aberglaube, Religion und Gewalt sind Symptome einer in die Krise geratenen Zivilisation. Ihr Projekt ist an seinen eigenen Widerspruch gestoßen, nämlich Universalismus ohne seine Entsprechung in der Realität, Menschenrechte ohne ökonomische Sicherheitsgarantien durchsetzen zu wollen. Das Wort Zivilisation ist heute schon zu einem Kampfbegriff für den entfesselten Markt geworden. Die Wirtschaftsform setzt Ungleichzeitigkeit und Ungleichheit voraus, jeder Gewinn ist nur möglich, wenn ihm ein Verlust gegenübersteht, das geht bereits aus der Opferlogik hervor. Das Ziel einer zivilen Weltgesellschaft aber hätte, über gleiche Rechte hinaus, auch die Voraussetzungen für deren Realisierung einzuschließen.

# Anmerkungen

## I. Der befreite Markt

1 Ludwig von Mieses, *Die Bürokratie, Klassiker der Freiheit*. Bd. 3, Sankt Augustin 1997, S. 105.

2 Milton Friedman, »Playboy Interview«, in: *Es gibt nichts umsonst*, München 1979.

3 Ein Wiener Ökonom, der damals an der London School of Economics lehrte und in seinem Buch *The Road to Serfdom* (Der Weg in die Knechtschaft, London 1947) Kritik nicht nur an der Wirtschaft totalitärer Staaten, sondern an jeder auch nur partiell durch den Staat kontrollierten Wirtschaft geübt hatte.

4 Die Namen der Präsidenten dieser Gesellschaft, die sich bis heute in regelmäßigen Abständen an verschiedenen Orten der Welt trifft, liest sich wie ein *Who's who?* in der Wirtschaftspolitik. Anfang der sechziger Jahre war es Wilhelm Röpke, der Lehrer Ludwig Erhards, der einen nicht unwesentlichen Einfluss auf Konzept und Praxis der westdeutschen Wirtschaft in den Wunderjahren hatte. Anfang der siebziger Jahre war es Milton Friedman, einer der großen Propagandisten des radikalen Neoliberalismus, US-Präsidenten- und Weltbankberater, Anfang der achtziger Jahre James Buchanan und Anfang der neunziger Jahre Gary Becker, der die Kosten-Nutzen-Rechnung der Betriebwirtschaft auch auf Liebe, Religion und Kriminalität anwandte und 1992 den Nobelpreis für Ökonomie erhielt.

5 Carl L. Becker, *Der Gottesstaat der Philosophen des 18. Jahrhunderts*, Würzburg 1946.

6 Francis Bacon, *Neu-Atlantis*, Berlin 1959.

7 William Shakespeare, *Timon of Athens* (1607-1608), in: *Complete Works of William Shakespeare*, London 1958, S. 674-675 und 678, Übersetzung von Erich Fried.

8 In meinem Buch *Triebstruktur des Geldes*, Wagenbach, Berlin 1974, habe ich die Genesis des Geldes aus dem Opferkult ausführlich diskutiert. Geld heißt nicht nur Opfer, es ist bis heute der materielle Ausdruck aller gesellschaftlichen Opferverhältnisse.

9 Martin Kuckenburg, *Die Entstehung von Sprache und Schrift*, Köln 1989, S. 142.

10 Martin Kuckenburg, a.a.O., S. 143/144.

11 Luca Pacioli, *Unsung Hero of the Renaissance*, Hrsg. Paul Jackson, Cincinnati 1990.

12 Edward Paragallo, *Origin and Evolution of Double Entry Bookkeeping, A Study of Italian Practice from the Fourteenth Century*, New York 1938.

13 Die »göttliche Proportion«, der »Goldene Schnitt«, die »Fibonacci Reihe« oder auch *Phi* (nach dem griechischen Bildhauer Phidias, der das Phänomen als erster Künstler untersucht hat) genannt, entspricht einem universellen Teilungsverhältnis. Es bezieht sich auf eine einmal geteilte Strecke, bei der der kleinere zum größeren Teil sich wie der größere zur gesamten Strecke verhält. Offenbar in der menschlichen Psyche als ein aus dem Opferkult stammendes, sozialpsychologisches Verhältnis verankert, projizieren wir das Teilungsverhältnis allein durch unseren Standpunkt sowohl in die beobachtete Natur, von der Nautilusschnecke bis zu den Galaxien, als auch in die sozialen Kulturprodukte. Durch die sozial vermittelte subjektive Weltsicht und das daraus resultierende Weltbild wird es zur objektiven Realität. Es wurde in Ägypten und Mexiko bei der Konstruktion von Pyramiden verwendet. Die Griechen benutzten es in Architektur und Plastik. Das Parthenon in Athen ist ein klassisches Beispiel. Dass es sich dabei um eine sozial produzierte Weltsicht und Interpretation handelt, drückt auch Platon im *Timaios* mit dem Verweis auf einen Gott als Produzenten aus [Platon, *Timaios*, 32a–32c, sämtl. Wke. Bd. 5, Hamburg 1959, S. 156/157].

14 S. Paul Garner, *Evolution of Cost Accounting to 1925*, Chapter I, »Industrial Accounting in the Mediaeval Era, The Medici Accounts«, Cleveland, Ohio 2000.

15 Ludwig von Mieses, *Die Bürokratie*, a.a.O., S. 38.

16 Ludwig von Mieses, *Die Bürokratie*, a.a.O., S. 52.

17 Adam Smith, *Der Wohlstand der Nationen*, München 1978. Das Buch, an dem Smith zwölf Jahre gearbeitet hatte, wurde 1776 in London veröffentlicht und erlebte schon 1778 eine zweite Auflage. Im Grunde handelt es sich um zwei Bücher, die den Weltruhm von Adam Smith begründeten und bis heute als Grundstein der liberalen Wirtschaftstheorie gelten: *The Theory of Moral Sentiments*, London 1767, und *An Inquiry into Nature and Causes of Wealth of Nations*, London 1776. Während in der *Theory of Moral Sentiments* die psychologische Grundlage moderner Tauschverhältnisse behandelt wird, wie sie Adam Smith verstand, werden in *An Inquiry into the Nature and Causes of Wealth of Nations* die Elemente der liberalen Marktwirtschaft diskutiert, die eine Gemeinschaft zu beachten hat, will sie zu Wohlstand gelangen.

18 Herodot, *Historien 3, 196,* übertragen von Eberhard Richtsteig, München 1961, S. 103.

19 Heraklit von Ephesos, 61 fr. 90.

## III. Anstiftung zur Gewalt

20 Wie Unterhaltung und Krieg auch im Ernstfall miteinander verbunden sind, zeigte die Einladung des amerikanischen Verteidigungsministeriums an Regisseure und Produzenten von Katastrophenfilmen, um nach den Anschlägen auf das World Trade Center und das Pentagon mögliche Szenarien weiterer Terroranschläge islamischer Fundamentalisten durchzuspielen.

21 Niklas Luhmann, *Die Gesellschaft der Gesellschaft.* Bd. 2, Kap. 4, »Differenzierung, III. Inklusion und Exklusion«, Frankfurt/M. 1997.

22 Hans Magnus Enzensberger, *Aussichten auf den Bürgerkrieg*, Frankfurt/M. 1993, S. 56-57.

23 Rem Koolhaas und Elia Zenghelis mit Madelon Vriesendorp und Zoe Zenghelis, Exodo *The Voluntary Prisoners*, Fotomontage 1972, Museum of Modern Art, New York.

24 Ulla Hanselmann, »Angenehm in Alcatraz«, in: *Frankfurter Rundschau* vom 2.1.2001; Helmut Höge, »Lustvoll bauen am Checkpoint Charlie«, in: *Die Tageszeitung* vom 10.4.2001.

25 Eine Studie über die »gesellschaftliche Akzeptanz von Rechtsextremismus und Gewalt«, die im Auftrag der Friedrich-Ebert-Stiftung im Jahr 2000 durchgeführt wurde, belegt, dass 15 Prozent der Deutschen die Aktionen gegen Ausländer in Ordnung finden, denn »irgendwer muss doch etwas tun«. Da fehlt die starke Hand. Ein Fünftel fordert sie uneingeschränkt, 44 Prozent tendenziell. [Gunter Hofmann, »Starke Hand gesucht«, in: *Die Zeit*, Nr. 52/2000]. Der Ruf nach Heimat, Identität und dem stolzen Deutschen sind erste Anzeichen für wieder aufkommenden Nationalismus und Führerkult. Natürlich mit allen Techniken, die Unterhaltungsindustrie und Popkultur bisher entwickelt haben. Die neuen Führerfiguren sind zugleich Stars des politischen Showgeschäfts.

26 *Kanaka*, so nannten sich die Einwohner von Hawaii. Das bedeutet »Mensch« und offenbart die rassistische Grundlage jeder Stammesbildung: Fremde sind keine Menschen. Britische Kolonialisten haben die Bezeichnung auf alle Polynesier ausgedehnt, die als Sklaven auf die Baumwollfelder Queenslands in Australien verschleppt wurden. Das machte auch die Einwohner des Bismarck-Archipels automatisch zu Kanaken, zu Wilden in der Obhut des »Vereins für die Pflege des Deutschtums im Ausland«. Für die teutonischen Enkel des »Dritten Reichs« sind schließlich alle Fremden, die nicht in ihre Köpfe passen, Kanaken.

27 Helmut Höge, »Die Strategie des Partisanen, die Befehlskette der Okkupanten zu verwirren, um sie zu zermürben, ist heute Vorbild für den Wirtschaftskampf um Kunden und Aufträge«, *Frankfurter Rundschau* vom 27.2.2001.

28 Mark Rosenberg, zit. n. Margaret Gerteis, *Violence, Public Health, and the Media*, based on the conference »Mass Communication and Social Agenda Setting«, The Annenberg Washington Program, Washington D.C. 1993.

29 Die US-Kontrollkommission für Handfeuerwaffen belegt, dass jährlich etwa 800 Personen von Jugendlichen unter 19 Jahren getötet werden – Kinder, die ihre Eltern, Lehrer und Mitschüler erschießen. Trotz Sicherheitsmaßnahmen wie Taschen- und Leibesvisitationen in Schuleingängen, Waffendetektoren und so weiter, nimmt die Zahl der Massaker ständig zu.

30 Die Geschichte der Hainuwele aus den Volkserzählungen der Molukken-Insel Ceram, um nur ein Beispiel zu nennen, berichtet, wie aus dem Opfer des Mädchens Hainuwele – sie wird erschlagen und tanzend in den Boden gestampft – der ganze Reichtum des Stammes entstanden sein soll, vor allem Wertgegenstände und Zahlungsmittel. [Horst Kurnitzky, *Triebstruktur des Geldes*, Berlin 1974, S. 59 f.]

31 Klaus Heinrich, »Geschlechterspannung und Emanzipation«, ein Interview, in: *Das Argument*, Nr. 23, Berlin 1962, S. 25.

32 Francis Fukuyama, *The End of History and the Last Man*, New York, 1992.

33 Lester C. Thurow, »Wir testen das System«, Spiegel-Gespräch, in: *Der Spiegel* 40/1996.

34 Spencer, Herbert, *Social Statics; or, The Conditions Essential to Human Happiness Specified, and the first of Them Developped*, London 1850.

## IV. Ethnische Gemeinschaft oder Corporate Identity?

35 Forschungsstelle Kriege, Rüstung und Entwicklung – und Arbeitsgemeinschaft Kriegsursachenforschung (AKUF), Institut für Politische Wissenschaften, Universität Hamburg: http://www.sozialwiss.uni-hamburg.de/lpw/Akut/kriege_text.html.

36 Benedict Anderson, *Imagined Communities, Reflections on the Origin and Spread of Nationalism*, London 1983; Anthony D. Smith, *National Identity*, London 1991.

37 Richard Wagner, »Über Staat und Religion«, in: *Mein Denken. Eine Auswahl der Schriften*, München 1982, S. 300.

38 Richard Wagner, »Über Staat und Religion«, a.a.O., S. 294-295.

39 Die Technik der kommerziellen Werbung für politische Zwecke zu nutzen – heute ein Standard des Geschäfts –, das haben bereits die deutschen Führer des NS praktiziert. Für Goebbels – »ich habe Domizlaff auswendig gelernt« – war das Buch *Propagandamittel der Staatsidee* des Werbemanagers Hans Domizlaff eine Bibel. »Genau wie in einem kaufmännischen Unternehmen ist eine starke führende Persönlichkeit [das wäre heute ein Schauspieler oder Popstar, H.K.], und in ganz besonders hohem Maße der Gründer und Erneuerer einer Volksgemeinschaft, als Bindeglied wirksam, und so fühlt man seit Jahrtausenden immer in Zeiten der Not die Sehnsucht nach dem Halbgott, der es fertig bringen soll, die Volksgemeinschaft zu erwecken. ... Das Volk will ge-

führt werden, aber es sucht einen Führer, der den Eigenarten der Masse entspricht. Das Volk will vergöttern und einen Repräsentanten gewinnen, dem es blindlings folgen kann, ohne sich mit Verantwortung und Denkarbeit zu belasten.« [Hans Domizlaff, *Propagandamittel der Staatsidee*, Altona-Othmarschen 1932, S. 26]

40 Sigmund Freud, »Massenpsychologie und Ich-Analyse«, in: Sigmund Freud, *Gesammelte Werke*. Bd. 13, Frankfurt/M. 1967.

41 Elias Canetti, *Masse und Macht*, Frankfurt/M. 1980.

42 Die Korruption verkörpert das Gewinnprinzip schon in der Bürokratie. *Corrumpere* heißt verletzen, verderben, zerstören. Korruption fügt der Gesellschaft immer einen Schaden zu. Sie zerfrisst sie von innen.

43 Max Weber, *Wirtschaft und Gesellschaft*. Bd. 2, Köln 1964, S. 726.

44 Max Weber, *Wirtschaft und Gesellschaft*. Bd. 2, a.a.O., S. 1059.

45 Zygmunt Bauman, *Dialektik der Ordnung, die Moderne und der Holocaust*, Hamburg 1992, S. 119.

46 Botho Strauss, »Anschwellender Bocksgesang«, in: *Der Spiegel*, 6/1993.

47 Was bei Wagner der Wahn, im Sinne von wähnen, erwarten, hoffen, nämlich auf den Volkskönig, der das Volk in den »würdigen Untergang« führt, ist bei Heidegger das »Kommen des deutschen Volkes unter der Befehlskraft der neuen deutschen Wirklichkeit« [Immatrikulationsrede vom 25. November 1933, siehe: Ludger Lütkehaus, »Der Staat am Sterbebett«, in: *Die Zeit*, Nr. 22/2001], also das Kommen des vom Führer in den »Opfergang« geführten Volks. Ein Totalopfer, wie es der Seinsbegriff des NS-Philosophen lange vor der Herrschaft seiner Partei intendiert hat.

48 Gottfried Benn, »Kunst und Drittes Reich«, *Gesammelte Werke*. Bd. 1, Stuttgart 1977, S. 299.

49 Paul Tillich, *Die sozialistische Entscheidung*, Berlin 1980, S. 34.

50 Carola Lentz, *Die Konstruktion von Ethnizität. Eine politische Geschichte Nord-West Ghanas 1870-1990*, Köln 1998.

51 Von etwa elf Millionen 1520 lebten 1570 noch 3,5 Millionen und 1650 eine halbe Million. Mit den Indios verschwand auch deren Kultur. [S.L. Cook und W. Borah, »El siglo de la depresión«, *El pasado de México: aspectos sociodemográficos*, Mexiko 1989, S. 218]

52 Die ethnischen Neuschöpfungen, auf die sich Marcello Carmagnani in seinem Buch *El regreso de los dioses* [Mexiko 1988, S. 13] bezieht, sind nicht nur mit der Kolonialstruktur vereinbar, sie sind aus ihr hervorgegangen.

53 Richard Trexler, »We Think, They Act: Clerical Readings of Missionary Theatre in the 16th Century Mexiko«, in: *Church and Community 1200-1600*, Rom 1987.

54 Justino Fernández/Vicente T. Mendoza/ Antonio Rodríguez Luna, *Danzas de los Concheros en San Miguel de Allende*, San Miguel de Allende 1940 [Nachdruck, El Colegio de México, ohne Datum].

55 Der spanische Chronist Gerónimo de Mendieta schrieb Ende des 16. Jahrhunderts, dass das Verständnis und der Gebrauch der indianischen Sprache jeden Tag mehr verfällt, »weil wir Spanier gewöhnlich die indianische Sprache sprechen wie die Neger die unsere, und unsere Art, die indianische Sprache zu sprechen, von den Indios dann wieder übernommen wird, die dadurch die Sprache ihrer Väter, Großväter und Vorfahren vergessen.« [*Historia eclesiástica indiana*, Mexiko 1980, S. 552 f.]

56 Wieweit Erinnerung auch verdrängt und durch eine Erfindung ersetzt werden kann, hat kürzlich eine Studie der VW-Stiftung über die in Familien tradierte Erinnerung der Erfahrungen aus der deutschen NS-Vergangenheit belegt, wenn der SS-Opa zum Widerstandskämpfer stilisiert wird. [Harald Welzer, »Nazis, das waren immer die andern«, in: *Neue Zürcher Zeitung*, 23.4.2001]

57 Hernán Cortés, *Cartas de Relación*, Mexiko 1985.

58 Thomas Benjamin, »Tiempo de Reconquista«, *American Historical Review*, Vol. 105, Nr. 2, April 2000.

59 Victoria Bricker Reifler, *The Indian Christ, the Indian King*, Austin 1981; Francisco Núñez de la Vega, *Constituciones Diocesanas del Obispado de Chiapas*, Rom 1692, S. 237.

60 Thomas Benjamin, a.a.O.

61 »Votan-Zapata vive en nuestras muertes«, *La Jornada*, Mexiko 11.4.1994.

62 »Enrique Dussel«, in: Anne Huffschmid, *Subcomandante Marcos, ein maskierter Mythos*, Berlin 1995.

63 *Newsweek* vom 16.4.2001.

64 Die Soziologin Susanne Karstedt hat bei einem Vergleich von Tötungsdelikten in 39 Ländern kollektivistischer, also meist ethnisch bestimmter, und individualistischer Gesellschaften festgestellt, dass die kollektivistischen Gesellschaften erheblich gewalttätiger sind als individualistische Gesellschaften [Susanne Karstedt, »Individualismus und Gewalt: Extreme Modernisierung oder Re-Traditionalisierung der Gesellschaft?«, Vortrag auf einem Kongress über »Gewaltkriminalität zwischen Mythos und Realität«, Universität Bielefeld, Oktober 1988].

65 Der politische Gebrauch des Begriffs »Rasse« wurde von der Wissenschaft abgelehnt und Rasse durch den Begriff Ethnie ersetzt. 1942 hat der amerikanische Anthropologe Ashley Montagu [*Man's Most Dangerous Myth: The Fallacy of Race*, New York 1942] vorgeschlagen, den Begriff »lokale Rassen« (Nationalitätengruppen in den USA) fortan »Ethnie« zu nennen.

66 Fernando Reinares, *Patriotas de la muerte*, Madrid 2001, Vorabdruck in: *El País* vom 6.5.2001.

67 Xavier Bougarel, »Zur Ökonomie des Bosnienkonflikts: zwischen Raub und Produktion«, in: François Jean und Jean-Christophe Rufin (Hg.), *Ökonomie der Bürgerkriege*, Hamburg 1999.

68 *El País* vom 19.5.2001; Ahmed Rashid, *Militant Islam, Oil and Fundamentalism in Central Asia*, London 2000.

69 *El País* vom 24.5.2001.

70 Alain Labrousse, »Territoriale Netzwerke: das Drogengeschäft«, in: François Jean und Jean-Christophe Rufin (Hg.), *Ökonomie der Bürgerkriege*, Hamburg 1999.

71 Susan George in einem Interview mit *El País* vom 25.2.2001.

72 In ihrem Buch *The Lugano Report: On Preserving Capitalism in the Twenty-First Century*, London 1999, spekuliert Susan George darüber, wie der Kapitalismus im 21. Jahrhundert überleben kann und wie die weltweit herrschenden Mega-Companys es in den nächsten 20 Jahren in Verbindung mit den Regierungen schaffen können, die Weltbevölkerung nicht über vier Milliarden wachsen zu lassen. Mehr kann die Welt nicht ernähren. Die Antwort: durch Verbreitung von Seuchen wie AIDS und durch Ausrottung ganzer Ethnien wie in Ruanda.

73 Der französische Soziologe Michel Maffesoli hat in seinem Buch *Les Temps des Tribus, Le décline de l'individualisme dans les sociétés de masse* [Paris 1988] beschrieben, wie in der postmodernen Massengesellschaft, in der sich das Individuum nicht mehr als Individuum realisieren kann, weil sich alle individuellen Beziehungen auflösen, wieder eine Tendenz zu stammesähnlichen Gemeinschaftsbildungen entsteht. Eine Regression, die auch in der Eventkultur der Massengesellschaft zum Ausdruck kommt.

74 Konrad Lischka, »Englisch ist die Weltsprache«, in: *Süddeutsche Zeitung* vom 31.2.2001.

75 Heiner Köhnen, »Ein Gigant mit vielen Gesichtern – Wal-Mart, in: *Frankfurter Rundschau* vom 24.11.2000.

76 Heiner Köhnen, a.a.O.

77 Heiner Köhnen, a.a.O.

## V. Die Korrosion der Gesellschaft

78 Norbert Elias, *Über den Prozess der Zivilisation. Soziogenetische und psychogenetische Untersuchungen,* Frankfurt/M. 1977.

79 Hannah Arendt, *Elemente und Ursprünge totaler Herrschaft*, München 1986, S. 371.

80 Immanuel Kant, *Grundlegung zur Metaphysik der Sitten*, Stuttgart 1962, S. 68.

81 Herman Broch, »Bemerkungen zur Utopie einer ›International Bill of Rights and of Responsibilities‹«, in: *Menschenrecht und Demokratie*, Frankfurt/M. 1978, S. 107.

82 Hermann Broch, »Bemerkungen zur Utopie einer ›International Bill of Rights and of Responsibilities‹«, a.a.O., S. 110.

## VI. Der neue Mensch

83 Richard Sennett, *Der flexible Mensch*, Berlin 1998, S. 151.

84 Ernst Kistler/Thomas Schäfer,»Eliten und Heloten, herrschen und dienen«, in: *Soziale Sicherheit*, 47. Jahrgang, Heft 4, Köln, 1998.

85 Sternberger/Storz/Süskind, *Aus dem Wörterbuch des Unmenschen*, Hamburg 1957.

86 Dolf Sternberger,»Wissen um …«, in: *Aus dem Wörterbuch des Unmenschen*, a.a.O.

87 Im 17. Jahrhundert wurden in Frankreich eingefangene Stadtstreicher in Zucht- und Arbeitshäuser gesteckt, um als mehr oder weniger kostenlose Arbeitskräfte in den ersten mit staatlicher Unterstützung eingerichteten Manufakturen zu arbeiten, und das Verlassen des Arbeitsplatzes wurde noch im 18. Jahrhundert mit der Todesstrafe bedroht. Arbeit war Strafarbeit, so lange, bis sie schließlich internalisiert und zur selbstverständlichen Grundlage der Arbeitsgesellschaft geworden ist. [Max Adler, *Fabrik und Zuchthaus*, Leipzig 1924]

88 Ulrich Beck,»Das große Los – arbeitslos«, in: *Süddeutsche Zeitung*, München vom 19. Juni 1998.

89 Johannes Goebel/Christoph Clermont, *Die Tugend der Orientierungslosigkeit*, Berlin 1997.

90 Richard Sennett, *Der flexible Mensch*, Berlin 1998, S. 36.

91 Loïc Wacquant,»In den USA wird die Armut bekämpft, indem man sie kriminalisiert«, in: *Le Monde diplomatique* (deutsche Ausgabe) vom 8.7.1998.

92 Konrad Lischka,»Wo die Strafen keinen Namen haben«, *Süddeutsche Zeitung* vom 24.4.2001.

93 Konrad Lischka, a.a.O.

94 Jordan Mejias,»Jailhouse Blues«, *Frankfurter Allgemeine Zeitung* vom 6.6.2001.

95 Konrad Lischka, a.a.O., zit. Loïc Wacquant, *Elend hinter Gittern*, Köln 2000.

96 Joseph T. Hallinan, *Going Up The River*, New York 2001, zitiert bei Jordan Mejias,»Jailhouse Blues«, a.a.O.

97 Jordan Mejias,»Jailhouse Blues«, a.a.O.

## VII. Leben im Paradies

98 Während der Erfolge der Armeen Napoleons in Europa hatte Hegel die *Phänomenologie des Geistes* (1807) geschrieben, in der Meinung, dass Napoleon der Vollstrecker der Weltgeschichte sei, die »Weltseele«, und dass es nach dem bürgerlichen Nationalstaat keinen Fortschritt in der Geschichte mehr geben werde. »Das Wahre ist das Ganze. Das Ganze aber ist nur das durch seine Entwicklung sich vollendende Wesen.« [Georg Wilhelm Friedrich Hegel, *Phänomenologie des Geistes*, Berlin 1964, S. 21].

99 Alexandre Kojève, als Alexander Wladimirowitsch Koschewnik 1902 in Moskau geboren, Neffe von Wassily Kandinsky, floh 1920 über Polen nach Deutschland, wo er bei Karl Jaspers in Heidelberg Philosophie studierte. 1926 ging er nach Paris, änderte seinen Namen in Alexandre Kojève und avancierte zum größten Hegelinterpreten Frankreichs. Vor allem seine Interpretation von Hegels *Phänomenologie des Geistes*, in der er, nach seiner Auffassung, Bedeutung und Ziel der Weltgeschichte vollständig entwickelt fand, machten ihn als intellektuellen Vater der Posthistoire weit über die Grenzen Frankreichs berühmt. Unter seinen Schülern waren André Breton, George Bataille, Raymond Aron, Maurice Merleau-Ponty, Eric Weil, Roger Caillois, Pierre Klossowski, Jean Hyppolite, Jacques Lacan, Raymond Queneau, Michel Foucault, Jacques Derrida und Francis Fukuyama. Kojève bezog den Gedanken Hegels, dass Napoleon die »Weltseele«, also der Vollstrecker der Weltgeschichte sei, auf Stalin, den er den roten Napoleon nannte. Ein Führer in die Posthistoire. Immer auf der Suche nach dem Vollstrecker der Weltgeschichte und dem Führer in die Posthistoire, hatte er 1940 auch einmal darüber spekuliert, dass vielleicht das damals erfolgreiche NS-Imperium dazu ausersehen sei, der Geschichte ein Ende zu setzen. Er erkannte mit Heidegger, dass Russland und Amerika metaphysisch das Gleiche seien, und nannte den mit dem NS sympathisierenden Henry Ford den einzigen authentischen Marxisten des 20. Jahrhunderts. Nach dem Ende des Zweiten Weltkriegs wurde er Vertrauter von Charles de Gaulle und Valery Giscard d'Estaing, träumte von einem Vereinigten Europa als Renaissance des römischen Imperiums, wurde Mitbegründer und Unterzeichner des GATT, französischer Euro-Bürokrat und starb 1968 in Brüssel an einem Herzinfarkt. Wie der französische Geheimdienst *Direction de la Surveillance du Territoire*, DST, 1999 entdeckte, war Alexandre Kojève über viele Jahre Agent des sowjetischen KGB. Für ihn bedeutete das Ende der Geschichte weder den Sieg des Kommunismus über den Kapitalismus noch den Sieg der liberalen Demokratie über den Kommunismus, nach seiner Auffassung würden beide Ideologien verschwinden, alle Konflikte aufhören und eine unpolitische Weltgesellschaft an die Stelle der ideologisierten Gesellschaftsformen treten. Francis Fukuyama beruft sich in seinem Buch *The End of History* in weiten Teilen auf Kojève und seine Hegelinterpretation, und Tony Blairs Visionen eines postkonservativen, postnationalen, postpolitischen und posthistorischen Europa könnten von Alexandre Kojève stimuliert worden sein [»Alexandre Kojève, KGB spy«, *The New Criterion*, November 1999; »Conservative Idol, Soviet Agent«, *Kritika&Kontext*, Bratislava 01/2000; »The Spy Who Loved Hegel«, *Linguafranca*, Vol.10, Nr. 2, March 2000].

100 Francis Fukuyama, *The End of History and the Last Man*, New York 1992.

101 Walter Benjamin, »Geschichtsphilosophische Thesen«, in Walter Benjamin, *Illuminationen*, Frankfurt/M. 1961.

102 Klees *Angelus Novus* scheint eher eine ältere Dame darzustellen, mit gro-

ßem Kopf und zierlichem Körper, eine Bekannte vielleicht, von aufgerissenen Augen und aufgerissenem Mund keine Spur. Sie schielt nach links.
Und die Flügel könnten hochgerissene, federbekleidete Arme sein, jedenfalls keine Flügel, mit denen dieser Kopf und dieser Körper in der Luft zu
halten wären.

103 Karl Kraus, *Die letzten Tage der Menschheit*, München 1964.

104 Norbert Bolz, »Theorie der Müdigkeit – Theoriemüdigkeit«, in: *Telepolis*,
»Müdigkeit«, archiv spezial, Hannover 1996/1997.

105 Antoine Augustin Cournot, 1801-1877, Mathematiker, Begründer der mathematischen Ökonomie und Theoretiker der nicht-kooperativen Spiele,
brach mit dem Determinismus von Laplace und erkannte den Zufall als objektive Tatsache an.

106 Norbert Bolz, a.a.O.

107 Alexandre Kojève, zitiert bei Norbert Bolz a.a.O.

108 Heinz Horat, »Ortsbild und Themenpark in Amerika«, in: *Neue Zürcher Zeitung* vom 31.3.2001.

109 http://www.venetian.com.

110 Von den Glücksspielbaronen in Las Vegas, einer Gründung des Al-Capone-
Nachfolgers Meyer Lansky, Metropole der amerikanischen organisierten
Kriminalität, Schmuggelzentrale und Geldwaschanlage, wurden seit 1947
die Wahlkämpfe vieler Präsidenten der USA finanziert. »Geld, und sei es il-
legal, macht den Weg frei«, schreibt Willi Winkler. »Seit Dwight Eisenhower
konnte ohne gute Verbindungen nach Las Vegas niemand mehr Präsident
werden. Schönstes Muster dafür ist immer noch die Familie Kennedy. Der
Vater Joseph, selber einst Alkoholschmuggler und entsprechend vermö-
gend, später Filmproduzent und Botschafter am englischen Hof, tritt hier
[im Buch von Sally Denton und Roger Morris: *The Money and the Power.
The Making of Las Vegas and its Hold on America, 1947-2000*, New York 2001]
als ›Gangster aus der Oberwelt‹ auf. Die Laufbahn seines Zweitgeborenen
›verlief parallel zum Aufstieg der Stadt‹. Joe Kennedy durfte auf die Beihilfe
seiner Gangsterfreunde vertrauen, und aus Las Vegas kamen bis dahin unerhörte 15 Millionen Dollar Wahlkampfhilfe.« [Willi Winkler, »Las Vegas«, in:
*Süddeutsche Zeitung* vom 12.6.2001]

111 Jörg Häntzschel, »Das Geld ist nicht genug«, in *Süddeutsche Zeitung* vom
6.3.2001.

112 Konzeption: artmobil (Franz Aumüller, Stephanie Laimé, Hans-Christoph
Mücke, Hanne Reichel, Klaus Scharffer), Informationsbroschüre der EXPO
2000, Hannover 2000.

113 Homepage von Disneyland Paris: http://www.dipran.org/ger/s/007.htm.

114 »The Mouse Trap, inside Disney's dream machine«, *The New Internationalist*,
No. 308, Dezember 1998.

115 http://www.teriisner.com/celebration.htm.

116 »The Mouse Trap, inside Disney's dream machine«, *The New Internationalist*, a.a.O.

117 Jacob Heilbrunn, »Alles Schall und Raum«, *Süddeutsche Zeitung* vom 19.6.2001.

118 Adrian Kreye, »Statt Stadt«, in: *Süddeutsche Zeitung* vom 30.5.2001.

119 Eva Schweitzer, »Generationenkonflikt«, in: *Frankfurter Rundschau* vom 2.2.2001.

120 Die Frage ist, ob nach dem großen Terroranschlag auf das World Trade Center eine Reflexion auch über den *American way of life* beginnt – die Reaktion einiger New Yorker könnte darauf hinweisen –, oder ob mit einem *The show must go on* weitergemacht wird, wie bisher – worauf offizielle Reaktionen eher deuten.

121 Robert Venturi/Denise Scott Brown/Steven Izenour, »Learning from Las Vegas«, Cambridge, Mass. 1972.

122 Jeremy Rifkin, *Access*, Frankfurt/New York 2000.

123 Eine Mall war ursprünglich eine von Bäumen eingefasste Allee, auf der *Pall Mall* oder *Palla Maglio* gespielt wurde. *Palla* ist ein Holzball, der mit dem *Maglio*, einem Holzhammer, durch einen Eisenring getrieben wird. Die Londoner Straße Mall war vermutlich einmal ein derartiger *Playground.*

124 Jeremy Rifkin, a.a.O., S. 209.

125 Jeremy Rifkin, a.a.O., S. 211.

126 Florian Illies, »Generation Golf«, Berlin 2000, S. 112.

127 Reinhard Wolff, »Hitlergruß in Schweden«, in *Die Tageszeitung* vom 18.5.1998.

128 Ingvar Kamprad, *The Testament of a Furniture Dealer*, IKEA.

129 Das »Volksheim«, ein gutes Heim für alle Schweden, ist ein Konstrukt der schwedischen Sozialdemokratie des 20. Jahrhunderts, mit dem versucht wurde, den Klassenantagonismus durch die Wiederherstellung der traditionellen Volksgemeinschaft und die Anknüpfung an ihre handwerkliche Alltagskultur zu überwinden. Durch inszenierte Wohnkultur eine kollektive Identität zu schaffen, war das Ziel. Ihre Stereotypen – helles Holz, weiche und helle Farben – wurden von IKEA als Ausdruck der schwedischen Nationalkultur in der ganzen Welt verbreitet und insbesondere in Deutschland von der Eigenheim- und Schöner-Wohnen-Bewegung der Nachkriegszeit begeistert aufgenommen. Sie konnte damit mehr oder weniger bruchlos an die ästhetischen Vorgaben der Siedlungs- und Heimkultur des NS anknüpfen [Gabriela Häfner, »Ellen Kay und das Selbstverständnis Schwedens zwischen Tradition und Moderne«, Arbeitspapiere »Gemeinschaft«, Band 18].

130 Klaus Heinrich, »Konstruktionen der Subjektlosigkeit«, Vorlesung an der Freien Universität Berlin, Sommer 1986, Nachschriften.

## VIII. Welcome to Global Village

131 In seinem Aufsatz »Eine Theorie des Tourismus« [*Einzelheiten*, Frankfurt/M. 1962] weist Hans Magnus Enzensberger darauf hin, dass im alten Hebräisch die Wörter Kaufmann und Reisender noch synonym waren. Die Händler waren Reisende, die Waren aus aller Herren Länder auf den Markt brachten.

132 Christian Marek, »Die ersten Global Players«, in: *Neue Zürcher Zeitung* vom 24.2.2001. Er bezieht sich darin auf Lionel Casson, *The Periplus Maris Erythraei, Text with Introduction, Translation and Commentary*, Princeton 1989. Ein Bericht über den Fernhandel durch das Rote Meer, das zu jener Zeit Eritreisches Meer genannt wurde.

133 Emily Edwards, *Painted Walls of Mexiko: From prehistoric times until today, photographs by Manuel Alvarez Bravo*, Austin 1966, S. 107-108.

134 Die Geschichte des Schulwesens in Preußen: http://literatur.freepage.de.

135 Ein weiteres Beispiel für die Globalisierung eines Nahrungsmittels von »oben« ist die Einführung des Rindfleischverzehrs in der autoritären Gesellschaft Japans, wo das Fangen und Töten von Tieren vom Buddhismus tabuiert war und Rindfleisch und Milch lange als schmutzig galten. Selbst nach der Öffnung des Landes 1868, als die Kultur Europas und Nordamerikas zum Modell für die eigene Entwicklung übernommen und Fleischgenuss mit dem zivilisatorischen Vorsprung des Okzidents in Verbindung gebracht wurden, hatten Aufklärung und Propaganda für Rindfleisch keinen Erfolg. Erst als die Presse am 24. Januar 1872 meldete, dass die kaiserliche Familie Rindfleischeintopf gegessen habe, wuchs auch das Interesse der Untertanen an diesem Modernisierungsmittel, und der Fleischverbrauch stieg sprunghaft an [Michael Kinski, »Braten fürs Vaterland«, *Neue Zürcher Zeitung* vom 21.4.2001].

136 Thomas B. Macaulay, *Die Glorreiche Revolution. Geschichte Englands 1688/89*, Zürich 1998, S. 112-115.

137 Frantz Fanon, *Peau noire, masques blancs*, Paris 1952.

## IX. Rasende Bewegungslosigkeit

138 Lewis Carroll, *Alice hinter den Spiegeln*, Frankfurt/M. 1998 (engl.: *Through the Looking Glass*, London 1965).

139 Lagerkosten werden durch die *Just-in-time* Produktion auf ein Minimum reduziert. Diese Form stammt vom Hochhausbau in den amerikanischen Ballungszentren, wo die Lagerung großer Mengen von Baumaterial auf den Grundstücken nicht möglich ist und darum ein Zeitplan die Anlieferung

auf den Zeitpunkt festlegt, an dem das Material auch gleich verbaut werden kann. Die Globalisierung dieser Logistik hat dazu geführt, dass Lastwagen als rollende Lager oft tagelang auf Autobahnen umherfahren, bis ihre Ladung zur Verarbeitung gebraucht wird. Das ist billiger, als teure Lagerhallen auf teuren Grundstücken zu unterhalten.

140 Seit es Fernhandel und kapitalistische Produktionsweisen gibt, war der Gewinn von der Transportgeschwindigkeit der Waren abhängig. Regelrechte Wettfahrten der Windjammer mit der neuen Teeernte aus Indien brachten dem Gewinner nicht nur einen schönen Preis ein, sie ließen auch den Preis für seine Waren steigen. Die durch Dampfschiff, Eisenbahn und Flugzeug, in Verbindung mit neuen Kommunikationsmitteln wie Telefon, Email und Netz verkürzten Umschlagzeiten der Waren erhöhten den Gewinn.

141 Was einmal ein Ding, eine Sache, lateinisch *res*, also real im Gegensatz zu ideal war und so auch ein Verhältnis zu anderen Sachen und Interessen ausdrückte und im germanischen Thing (Ding) auf dem Thingplatz die Volksversammlung bezeichnete, die als *res publica* zur öffentlichen Angelegenheit wird, ist als realisiertes Kapital zu arbeitendem, das heißt wertschöpfendem Kapital geworden. Setzt man die Wortreihe fort, folgt als nächstes der Begriff Exekution.

142 Paul Virilio, »Das letzte Fahrzeug«, in: *Aisthesis, Wahrnehmung heute oder Perspektiven einer anderen Ästhetik*, Leipzig 1990.

143 Virtual Art Gallery: http://www.ftp.clark.net/pub/borg/art/home/html.

144 http://www.culture.fr/culture/arcnat/fr/lascaux/index3.html.

145 http://www.culture.fr/culture/arcnat/fr/grsites.htm.

146 Carlo Ginzburg, »Spurensicherung. Der Jäger entziffert die Fährte, Sherlock Holmes nimmt die Lupe, Freud liest Morelli – die Wissenschaft auf der Suche nach sich selbst«, in: Carlo Ginzburg, *Spurensicherung*, München 1988.

147 Ministère de la Culture – Direction du Patrimoine: http://www.culture.fr/culture/gypda.htm.

148 Carl Einstein, »Negerplastik«, in: *Werke*. Bd. 1, Berlin 1980, S. 245-263.

149 Erika Simon, *Das antike Theater*, Freiburg/Würzburg 1981.

150 *Tartaros* heißt Gefängnis. Er ist das Gefängnis, in das bestrafte Götter und gefallene Engel geworfen werden, wie Luzifer der Lichtbringer. Ein Beiname des christlichen Gottes, ehe sein »teuflischer« Teil in die Unterwelt verbannt wurde.

151 Robert von Ranke-Graves, »Belos und die Danaiden«, in: *Griechische Mythologie, Quellen und Deutung*, Reinbeck 1960, Bd. II, S. 179-183.

152 Karl Kerényi, »Mnemosyne – Lesmosyne, Über die Quellen der Erinnerung und der Vergessenheit«, in: *Humanistische Seelenforschung*, München/Wien 1966, S. 316/317.

153 Julius Schlosser, *Die Kunst- und Wunderkammern der Spätrenaissance, Ein Beitrag zur Geschichte des Sammelwesens*, Braunschweig 1978, S. 28 ff.

154 Hanno Rautenberg, in: *Die Zeit*, Nr. 31 vom 23.7.1998.

155 David Bearman, Museum Strategies for Success on the Internet, http://www.nmsi.ac.uk/inofosh/bearman.htm.

156 Die Reduktion der Vielfalt der realen Welt und damit die Reduktion der Erfahrungsmöglichkeiten hat sich vor etwa 30 bis 40 Jahren in der explosionsartigen Erweiterung des Kinderspielzeugmarktes angekündigt. Das meistbenutzte Spielzeug besteht heute aus Plastikmaterial, ist ein Abfallprodukt der Erdölindustrie und zeichnet sich durch immergleiche Oberfläche und eine äußerst reduzierte Farbskala aus. Im Verhältnis zu natürlichen Materialien ist es virtuell, es vermittelt den Kindern eine total indifferente und uniforme Welt. Damit trägt es zu einer »Analphabetisierung« schon in den ersten Jahren der Kindheit bei, in einer Zeit, in der Alphabetisierung heißt, mit den Primärsinnen einen Zugang zur Welt der Gegenstände zu eröffnen und erste Erfahrungsspuren im Gedächtnis zu hinterlassen.

157 Sigmund Freud, »Über Psychoanalyse, Fünf Vorlesungen, gehalten zur zwanzigjährigen Gründungsfeier der Clark University, in Worcester, Mass.«, September 1909, in: Sigmund Freud, *Gesammelte Werke*. Bd. VIII, Frankfurt/M. 1964.

158 Max Dorra, »Surfen durch den schönen Schein«, in: *Le Monde diplomatique*, Juni 1996. Dorra bezieht sich auf: Aronson, »Does exessive television viewing contribute to the development of dementia?«, in: *Medical Hypotheses*, Nr. 41(5), November 1993.

159 Wieweit Krieg und Unterhaltung miteinander verbunden sind, zeigt nicht nur CNN, auch die Tatsache, dass das Pentagon sich in Zeiten außerordentlicher Bedrohung von Regisseuren aus Hollywood mögliche Terrorszenarien ausspinnen lässt, weist in die gleiche Richtung.

160 Klaus Heinrich, »Konstruktionen der Subjektlosigkeit«, Vorlesungen an der Freien Universität Berlin, Sommersemester 1986, Nachschriften.

161 John Perry Barlow, »Das Netz ist mein Gehirn«, Interview mit Uwe Jean Heuser, *Die Zeit*, Nr. 28, vom 5.7.1996.

162 Jeremy Rifkin, *Access*, Frankfurt/New York 2000.

## X. Auf eigenes Risiko

163 Ulrich Beck, *Risikogesellschaft. Auf dem Weg in eine andere Moderne*, Frankfurt/M. 1986.

164 Michael Mandel, »The high-risk society: peril and promise in the new economy«, New York 1996.

165 David D. Friedman, *The Machinery of Freedom; Guide to Radical Capitalism*, New York 1973.

166 John Kenneth Galbraith, *The Great Crash 1929* (dt.: *Der große Crash 1929: Ursachen, Verlauf, Folgen*, 1989, S. 29).

167 Die Manipulation vor allem der Rohstoffpreise, und nicht etwa der freie Wettbewerb auf dem Markt, gehört zum Standard des Wirtschaftskampfes, wo durch Preistreiberei Finanzprobleme gelöst und durch manipulierten Preisverfall Konkurrenten in den Bankrott getrieben und ohne großen Kostenaufwand übernommen werden können. Der Sieger verschafft sich dadurch ein Monopol und die Freiheit, die Preise diktieren zu können.

168 Ernst Curtius, *Der religiöse Charakter der griechischen Münze*, Monatsberichte der Königlich Preußischen Akademie der Wissenschaften (Aus dem Jahre 1869), Berlin 1870.

169 Aristoteles, »Politik«, in: *Hauptwerke*, Stuttgart 1953, S. 301/302.

170 Die Champagnermessen waren, nach dem Aufkommen des Fernhandels in Folge der Kreuzzüge, vom 12. bis zum 14. Jahrhundert die bedeutendsten Messen des Kontinents. Eine Region, in der sich die Handelswege zwischen Mittelmeer und Nord- und Ostsee und Italien und den Britischen Inseln kreuzten und wo die Händler, ohne das Risiko von Überfällen, an den Messeplätzen Troyes, Brie, Bar-sur-Aube und Langny-sur-Marne ihren Geschäften nachgehen konnten. In der Champagne gab es das ganze Jahr über Messen.[Josef Kulischer, *Allgemeine Wirtschaftsgeschichte des Mittelalters und der Neuzeit*, Darmstadt 1971, Band I, S. 230 f.]

171 Josef Kulischer, a.a.O., Bd. I, S. 330 f.

172 Wechsel sollen im 12. Jahrhundert in den oberitalienischen Städten aufgekommen sein. Als Wertpapier revolutionierten sie den Handel, beschleunigten den Geldverkehr und schafften derart erst die Voraussetzung für die Entwicklung der Börse.

173 Vitruv, *Baukunst*. Bd. 1, fünftes Buch, Zürich und München 1987, S. 202. Faksimile der Ausgabe von August Rodes, *Des Marcus Vitruvius Pollio Baukunst*, Leipzig 1796.

174 Vitruv, *Baukunst*, a.a.O., S. 202.

175 Ehrenberg, »Zeitalter der Fugger«, I, 1896, zitiert bei: Josef Kulischer, *Allgemeine Wirtschaftsgeschichte des Mittelalters und der Neuzeit*, a.a.O., Bd. II, S. 314.

176 Das lateinische Wort *bursa* stammt vom griechischen Wort *byrsa*, Leder. *Bursa* war ursprünglich ein lederner Geldbeutel. Im Mittelalter wurde der Ausdruck auf Geldsummen übertragen und später auf gemeinschaftliche Kassen, Bursen, während man kaufmännische Vereinigungen *bourses communes* nannte. Und das Wort *Bursche* für Student stammt von den *bursae scolarum*, den gemeinschaftlichen Studentenkosthäusern. [Josef Kulischer: *Allgemeine Wirtschaftsgeschichte des Mittelalters und der Neuzeit*, a.a.O., Bd. II, S. 316] Aus einem Gebäude der Gemeinschaft der Händler ist die Börse zu einem allgemeinen Kampfplatz geworden.

177 Josef Kulischer, *Allgemeine Wirtschaftsgeschichte des Mittelalters und der Neuzeit*, a.a.O., Bd. II, S. 316.

178 Zusammengesetzt aus *con* »mit« und *panis* »Brot«, ist *companium* ursprüng-

lich eine Brot-, also eine Familiengesellschaft, und der *Kumpan* ist ein *cumpanion*, ein Brotgenosse.

179 Fernand Braudel, *Sozialgeschichte des 15.-18. Jahrhunderts, Der Handel*, München 1986.

180 Die Seeräuber sind im Griechischen *peiratas*, weil sie etwas versuchen, wagen, unternehmen, *peiran*. Sie setzen sich der Gefahr aus und sind zugleich eine Gefahr, lateinisch *periculum*.

181 Während der holländischen Kaperkriege gegen England ist aus dem Wort *kap*, Kauf, ein verhüllender Ausdruck für Seeraub geworden, aus *kapia*, kaufen, wurde wegnehmen, rauben. Dass Raub und Tausch nicht immer zu trennen waren, belegt auch eine Bemerkung von Josef Kulischer:»Es ist schwer zu entscheiden, ob die Wikinger mehr Kaufleute oder mehr Räuber waren. Wenn sie in einen Hafen einliefen, hissten sie als Friedenszeichen einen roten Schild auf den Mast, um ihn nach Beendigung des Tausches herabzulassen und sofort Raub und Plünderungen zu beginnen. Sachsen, Dänen, Wenden, alle begannen sie ihre Tätigkeit mit Raub und Piraterie. Gewinn (winnunge) bedeutet ursprünglich Kampfertrag.« [Josef Kulischer, a.a.O., Bad. I, S. 90] Bis heute lässt die Redewendung,»sich jemand kaufen zu wollen«, an dem aggressiven Potential des Wortes keine Zweifel.

182 Drake war in der zweiten Hälfte des 16. Jahrhunderts einer der erfolgreichsten und gewinnbringensten Korsaren der britischen Krone. 1572 bemächtigte er sich des Hafens Nombre de Dios im heutigen Panama, 1577 bis 1580 umsegelte er als Korsar die Welt, plünderte im Pazifik Valparaiso, Callao, Lima, Panama und Huatulco, einen Hafen von Oaxaca, 1586 überfiel er mit 18 Schiffen Santo Domingo, zerstörte mehr als ein Drittel der Gebäude und raubte 25 000 Dukaten, plünderte Puerto Rico, Cartagena de Indias und selbst den Hafen von Cadiz in Spanien, wo er 30 Schiffe zerstörte, die gerade mit der Armada in die Neue Welt auslaufen wollten, und, allerdings ohne Erfolg, die Kanarischen Inseln. Als er 1572 einen seiner erfolgreichen Raubzüge wiederholen wollte, wurde er vernichtend geschlagen und starb 1596 in Sichtweite des Hafens Porto Bello an Dysenterie. [José Luis Martínez, *Pasajeros de Indias*, Madrid 1984, S. 111 f.]

183 Giovanni da Verrazano (1485?-1528?), von den Spaniern Juan Florín oder el Florentín, der Florentiner genannt, war eine typische Unternehmer- und Abenteurerfigur einer Zeit, in der Recht mit Gewalt durchgesetzt wurde und auch nur soweit reichte wie der Arm der Recht garantierenden Macht. Als Florentiner Kaufmann hat er die Portugiesen im Seiden- und Gewürzhandel nach Syrien und Kairo geführt und mit seinem siebten Sinn für die Navigation die Spanier in die Karibik. 1524 hat er im Auftrag des französischen Königs, in dessen Dienste er als Korsar getreten war, als erster die amerikanische Küste bis in die Gegend von New York erkundet, wo heute die Verrazano-Brücke, die Brooklyn und Staten Island verbindet, an ihn erinnert. Sein Bruder Hieronimus hat eine *Mapamundi* gezeichnet, die sich in der Bibliothek des

Vatikan befindet. [José Luis Martínez, *Pasajeros de Indias*, a.a.O., S. 113-117] Nicht selten waren die Helden jener Zeit Wissenschaftler und Künstler, Händler und Kriminelle in einer Person. Des Florentiners hervorragende nautische Fähigkeiten waren Gold wert, weil es noch keine genau gehenden Uhren gab, mit deren Hilfe man den Meridian bestimmen konnte, eine Voraussetzung für jede Ortsbestimmung auf See. Die in Sevilla jährlich veranstalteten Preisfragen über die Entfernung nach Amerika kamen deshalb auch zu weit voneinander abweichenden Ergebnissen. Die Kapitäne der Atlantikroute führten Bordhefte mit Notizen über Reiseerfahrungen, Windrichtungen, Wetter, Untiefen, Inseln, die sie wie Betriebsgeheimnisse hüteten. Mit Hilfe dieser Gedächtnisprotokolle haben sie die wegen der Piraten und der wenigen kundigen Seefahrer meist in Flottenverbänden fahrenden Schiffe über den Atlantik gelotst. Erst 1736 gelang es dem britischen Uhrmacher John Harrison, einen genau gehenden *time keeper* zu konstruieren und die Seefahrt zu revolutionieren. [Dava Sobel, *Longitude*, London 1995]

184 Darüber schreibt Bernal Díaz de Castillo in seinem Buch *Historia verdadera de la conquista de la Nueva España* von 1632: »Sie haben zwei Schiffe mit 88 000 Castellanos in Goldbarren geraubt, die Kleiderkammer des großen Montezuma, die Guatemuz genommen hatte, sie sollte schließlich ein würdiges Geschenk für unseren großen Cäsar sein. Sie enthielt sehr kostbaren Schmuck, Perlen so groß wie Haselnüsse und viele *chalchihuis*, das sind Edelsteine, Smaragden vergleichbar, von denen einer den Durchmesser einer Handbreite hatte, und vielen anderen Schmuck, den zu beschreiben ich mich zurückhalte, davon spreche ich nicht, aber behalte es im Gedächtnis.« [zitiert bei: José Luis Martínez, *Pasajeros de Indias*, a.a.O., S. 115]

185 Don Joseph de la Vega, *Confuzion de Confuziones*, 1688 (Deutsch, Breslau 1919).

186 Peter N. Martin, *Die großen Spekulationen in der Geschichte*, München 1982, S. 74.

187 Jan Breughel II., *Allegorie op de tulpenmanie*, ca. 1640, Frans Halsmuseum, Haarlem.

188 Marco d'Eramo, *Das Schwein und der Wolkenkratzer, Chicago, eine Geschichte unserer Zukunft*, München 1996.

189 Peter N. Martin, *Die großen Spekulationen der Geschichte*, a.a.O., S. 92-93.

190 John Kenneth Galbraith, »Vision and Boundless Hope and Optimism«, in: *The Great Crash 1929*, London 1992.

191 John Kenneth Galbraith, *The Great Crash 1929*, a.a.O., S. 33.

192 Ignacio Ramonet, »Beten für die Börsenkurse«, in: *Le Monde diplomatique* vom 22.9.1997.

## XI. Die Wiederkehr des Schicksals

193 Das unbekannte Schicksal wird in Dienst zu nehmen versucht, bleibt aber für Menschen nicht verfügbar. Es bricht als Geschick über Individuum und Gemeinschaft herein. Die frühen Semiten nannten es *gad* – was in etwas eindringen, etwas schneiden heißt –, ein Angriff, ein feindlicher Einfluss, der von außen wie eine Naturgewalt hereinbricht und durch Kult und lokale Götter weder beherrscht noch vorausgesehen werden kann. Auch das hebräische Wort für Zufall, *oness*, steht in diesem Zusammenhang, es bezieht sich auf Zwang und Nötigung, auf Situationen, in denen der Zufall unabhängig von Göttern und Menschen entscheidet. Darum der Kampf gegen das Hasardspiel unter den Juden, weil der Spieler sich der Entscheidung einer höheren Macht unterwirft, welche nicht durch Gott legitimiert ist. [*Jüdisches Lexikon*, Berlin 1930]

194 Zivilisiert ist die Natur an die Leine genommen, wie es Paolo Uccello in seinem Bild *San Giorgio e il dragone* [1550-1560, London, Nationalgalerie] darstellt. Auf dem Bild tötet ein kindlich wirkender San Giorgio zu Pferd einen Drachen, der von einer Dame – seiner Mutter? – an einer Leine gehalten wird. [vgl. meine Interpretation in: *Ödipus, Ein Held der westlichen Welt*, Berlin 1978.] Natur und Frauen werden dadurch in Produktionsfaktoren verwandelt, und der Zufall wie das gefürchtete Schicksal – dafür stehen die Ungeheuer ein – für die gesellschaftliche Reproduktion disponibel gemacht. Das ist die Absicht. Unbefriedigte Triebwünsche, Aufstände und unerwartete Katastrophen sprechen allerdings gegen die endgültige Wirksamkeit derartiger Unterwerfungsrituale.

195 Die Sterndeuterin und Horoskopistin Elisabeth Teissier zum Beispiel erwarb an der Pariser Sorbonne mit einer Werbeschrift für die Astrologie in der postmodernen Gesellschaft den Doktorgrad, très honorable, im Fach Soziologie. Ihr Ziel ist, die vor 300 Jahren wegen Unwissenschaftlichkeit, das heißt Unbeweisbarkeit, ausgeschlossene Astrologie an der Sorbonne wieder als Lehrfach einzuführen. [Ulrich Schnabel, »Astrologin der Postmoderne«, in: *Die Zeit*, Nr. 36/2001]

196 *Alea* ist im Lateinischen Würfelspiel, Glücksspiel, Hasard, also das Risiko wagen, eine Bedeutung, die auch im Französischen *aléa*, Risiko, Wagnis, Zufall, noch lebendig ist. Aleatorische Systeme haben dem Zufall unter den Bedingungen eines Systems Raum gegeben, wie die gleichnamige Kompositionstechnik, und aleatorische Verträge sind vom Zufall abhängige Spekulationsverträge.

197 Es wird vermutet, dass das Wort vom dem Arabischen *jasara*, würfeln, *jasar*, Würfelgesellschaft, stammt, das wiederum vom Persischen *zâr*, türkisch, *zar*, Würfel, entlehnt sei. Die ursprüngliche Bedeutung des arabischen Wortes *zahr* aber ist Blume und lässt vermuten, dass es sich auch um eine phone-

tische Anlehnung gehandelt haben kann. Wie immer, Hasard ist überall das risikoreiche Spiel und *nard* das älteste Würfelspiel, nach dem die Muslime in Spanien und anderswo närrisch sein sollen. [Franz Rosenthal, *Gambling Islam, A Note on Hazard*, Leiden 1975, S. 172 f.]

198 Im Gegensatz zu den kubischen Würfeln, auf deren sechs Seiten die Zahlen von eins bis sechs mit konzentrischen Kreisen als Augen markiert waren, hatten die *astragaloi* nur vier ungleiche Seiten mit Namen oder Zahlen. Die Zahlen zwei und fünf fehlten.

199 Glücksräder dienten Hilfesuchenden zur Auswahl von Schutzaposteln, mit ihnen wurden besonders zu feiernde Marientage, Monatsheilige und Leitsprüche ermittelt, also Losungen, die wie jedes Los über Glück oder Unglück des Schicksalsgläubigen entschieden.

200 Moses IV, 26, 54-55 [Lutherübersetzung].

201 »Ungerecht ist offenbar, wer die Gesetze übertritt, wer mehr haben will als andere und wer ein Feind der Gleichheit ist. Daraus ergibt sich, dass gerecht ist, wer die Gesetze einhält und wer sich mit der Gleichheit zufrieden gibt. Gerecht ist also, was den Gesetzen und der Gleichheit entspricht, ungerecht, was mit den Gesetzen und der Gleichheit in Widerspruch steht. Da nun aber der Ungerechte auch mehr haben will als andere, so bezieht sich also die Ungerechtigkeit auf die Güter, nicht auf alle, sondern nur auf diejenigen, auf denen äußeres Glück und Unglück beruht und die zwar an sich immer gut sind, für manche Leute aber auch nicht immer. Die Menschen freilich wünschen sie sich und jagen ihnen nach, was sie nicht tun sollten, sondern sie sollten wünschen, dass das, was an sich gut ist, auch für sie gut sein möge, und nach dem streben, was für sie gut ist.« [Aristoteles, »Nikomachische Ethik, Einzelne Tugenden: Die Gerechtigkeit«, in: Hauptwerke, Stuttgart 1953, S. 251]

202 Hermann Broch, »Forderung nach einer Bill of Economic Rights«, in: Hermann Broch, *Menschenrecht und Demokratie*, Frankfurt/M. 1978, S. 84-85.

203 Aristoteles, »Politik, Verfassungsformen«, in: *Hauptwerke*, Stuttgart 1953, S. 314.

204 Das Wort Wette geht auf Pfand, Einsatz, Preis zurück, altenglisch *wed*, Pfand, und bezieht sich auf einen Vertrag. Will jemand wetten, will er einen Vertrag eingehen, im Angelsächsischen *weddian*, sich verloben zum Beispiel. Dazu muss er ein Pfand hinterlegen. Beim *wedding*, der Hochzeit, wird dann der Preis der Kaufehe fällig. Dass in Las Vegas die *Wedding Chapels* bei den großen Casinos stehen, ist vermutlich ein Zufall, es sei denn, dass die befreite Ökonomie des Casinos sich auch auf die private Ökonomie der Spieler erstreckt. Hochzeit – Scheidung – Hochzeit ist die Bewegungsform der Joint Ventures auf dem Markt.

205 Das lateinische Wort *sors* entstammt dem Opferzusammenhang – *sortior* heißt durch das Los teilen –, geht aber über das Opfer und die Orakelfrage hinaus. Wenn *sortilegium* noch Wahrsagerei ist, ist der *sortilarius* schon ein Zau-

berer, der scheinbar neue Tatsachen schafft, eine praktische Wendung, die das Wort Los auch durch Romanisierung erfährt und es in Lotto oder in der Lotterie zu einem Glücksinstrument wie dem Würfelspiel macht.

206 Giacomo Casanova, *Geschichte meines Lebens*. Bd. V, Frankfurt/M., Berlin 1964.

207 Eine Studie des nationalen Gesundheitsinstituts der USA weist 177 Millionen Gewohnheitsspieler aus. Dazu kommen fast zehn Millionen kranke und impulsive Spieler. [Héctor Javier/Gonzáles Delgado,»Casinos Indios golpean LasVegas«, in: *Crónica*, Mexiko 11.3.2001]

208 Héctor Javier/Gonzáles Delgado,»Casinos Indios golpean Las Vegas«, in: *Crónica*, Mexiko 11.3.2001.

209 Niccolò Machiavelli, *Il Principe, Der Fürst, XXV,*»Was Fortuna in den Angelegenheiten der Menschen vermag und wie man ihr entgegentreten soll«, Stuttgart 1986, S. 193.

210 Der als Exorzist bekannte Bischof Milingo von Sambia, der sich selbst als Messias von Afrika bezeichnet hat – »wir, die wir mystische Kräfte haben, werden nie verstanden« –, hatte an einer Massenhochzeit der Moon Sekte in New York teilgenommen [*El País*, 28.5.2001], ist aber längst wieder in den Schoß der Kirche zurückgekehrt. Die katholische Kirche versucht in Entwicklungsländern, durch Exorzisten und Wunderheiler so genannte Volkskirchen an sich zu binden. Von den von der *World Christian Encyclopedia* aufgelisteten 33 800 christlichen Sekten sind viele durch persönliche Prophezeiungen und Wunderheilungen zustande gekommen. Dass die Kirche durch diese Verbindung wieder zu ihrem Ursprung zurückkehrt – ihr Gründer war einmal Wunderheiler –, ist Teil einer weltweiten Regressionsbewegung. [Kenneth L. Woodward,»The Changing Face of the Church«, in: *Newsweek*, 16. April 2001]